银行业务纠纷裁判规则解读与适用

北大法律信息网 / 组织编写

王子龙　唐涣 / 著

Interpretation and Application
of Adjudicative Rules
on Disputes over Banking Business

图书在版编目（CIP）数据

银行业务纠纷裁判规则解读与适用／王子龙，唐涣著. —北京：北京大学出版社，2019.3
（北大法宝法律实务丛书）
ISBN 978-7-301-30187-6

Ⅰ.①银⋯ Ⅱ.①王⋯ ②唐⋯ Ⅲ.①银行业务—经济纠纷—审判—中国 ②银行业务—经济纠纷—法律适用—中国 Ⅳ.①D922.281

中国版本图书馆 CIP 数据核字（2019）第 001108 号

书　　　名	银行业务纠纷裁判规则解读与适用
	YINHANG YEWU JIUFEN CAIPAN GUIZE JIEDU YU SHIYONG
著作责任者	王子龙　唐　涣　著
策 划 编 辑	陆建华
责 任 编 辑	陆建华　商思悦
标 准 书 号	ISBN 978-7-301-30187-6
出 版 发 行	北京大学出版社
地　　　址	北京市海淀区成府路 205 号　100871
网　　　址	http://www.pup.cn　http://www.yandayuanzhao.com
电 子 信 箱	yandayuanzhao@163.com
新 浪 微 博	@北京大学出版社　@北大出版社燕大元照法律图书
电　　　话	邮购部 010-62752015　发行部 010-62750672　编辑部 010-62117788
印 刷 者	北京宏伟双华印刷有限公司
经 销 者	新华书店
	730 毫米×1020 毫米　16 开本　14 印张　210 千字
	2019 年 3 月第 1 版　2019 年 6 月第 2 次印刷
定　　　价	49.00 元

未经许可，不得以任何方式复制或抄袭本书之部分或全部内容。
版权所有，侵权必究
举报电话：010-62752024　电子信箱：fd@pup.pku.edu.cn
图书如有印装质量问题，请与出版部联系，电话：010-62756370

丛 书 序

随着"互联网+"、大数据、微时代的来临,信息传播的介质呈现出多样化发展态势,博客、微博、微信等自媒体的快速发展为数字化阅读提供了条件,但由此形成的碎片化阅读、浅阅读使读书成为一种"被动"的行为,也让真正有效的阅读变得艰难。纸质出版物作为传统媒介,对培养深度阅读习惯有着重要的、不可替代的作用。"北大法宝"和北大法律信息网作为法律信息传播的领跑者,从未忽视纸媒阵地的作用,一直在网络、出版和自媒体领域积极探索,努力打造精品。

"北大法宝"作为国内最早的法律专业数据库,30年来在法律信息方面一直走在行业前列,尤其注重内容建设。其2010年组织编写的"北大法宝法律人高级助手书系"是业内较早的与数据库关联的法律实务系列丛书,引起较大反响。北大法律信息网作为国内第一个法律信息网站,20余年来一直走在学术前沿,用平台优势积极培养优秀作者,自2013年起持续出版《北大法律信息网文粹》,已成为互联网法律前沿文章的重要集结地。2013年、2014年先后开设"北大法宝"和"北大法律信息网"微信公众号,实现了网络平台、新媒体平台和纸媒平台的共通、共赢发展。

根据国家"互联网+法律"的时代需求,"北大法宝"在三大平台的基础上,实施深入挖掘法律实务内容,推送优秀作者,大力发展纸媒平台的发展策略,"北大法宝法律实务丛书"应运而生。从"北大法宝"纸媒平台的发展趋势来看,"北大法律信息网文粹"作为学术类出版物、"北大法宝法律实务丛书"作为实务类出版物将长期存在和运营。未来"北大法宝"将根据研究和业务领域的延展,不断推出新的研究成果。

"北大法宝法律实务丛书"侧重法律实务研究,丛书选题契合法律实务热点和难点,以法律实务工作者关注的法律问题作为研究内容,以司法案例分析为基础,将法律实务问题与案例要点分析完美结合,提炼法律实务要点,提示法律风险,提出法律启示和规避要素。本丛书邀请的作者,均为从事法律实务工作的优秀法律人，也是北大法律信息网的优秀作者，不仅有良好的法律教育背景，同时有多年的法律从业经验，在他们所工作和研究的领域享有良好的声誉。本丛书计划将二维码技术贯穿始终，尽可能让文中所使用的案例、法规可通过扫描二维码的方式在北大法律信息网、北大法宝数据库中查阅，帮助读者充分享受数字化与传统阅读相结合的乐趣！

"北大法宝法律实务丛书"将持续出版，欢迎法律专业人士和法律爱好者们为我们提供宝贵建议，你们的关注是我们发展的最大动力！我们力争将该丛书打造成业内一流的法律实务出版物。

丛书的出版，应当感谢北京大学出版社的大力支持，感谢北京大学出版社编辑团队的积极推动，感谢作者提供的优秀文稿和苛求的写作态度，感谢"北大法宝"优秀的编辑和技术团队，感谢为本书出版默默付出的所有工作人员。

郭　叶
北大法律信息网副总编
2018 年 10 月

自 序

近年来,我国金融业快速发展,在助力供给侧结构性改革的同时,与银行相关的金融纠纷也与日俱增。在维权意识得以普及的时代,越来越多的银行遭到起诉维权,如何有效防范和化解相关法律风险,实现依法合规经营,已成为各大银行的必修课。法律的生命在于经验,而不在于逻辑。案例作为法治的前沿阵地,不仅包含了实体法与程序法规则本身,也包含了法官对具体法律条款的诠释与运用,每个鲜活生动的案例背后均凝结了无数法律人智慧的结晶,有助于公众直观地了解司法审判机关对具体案件所持的立场和裁判尺度。

以银行相关从业人员为例,阅读一篇好的金融案例分析:首先,能够掌握一定的基本法律知识,能够熟悉与银行业密切相关的各项法律、行政法规、部门规章、司法解释以及相关规范性文件;其次,能够规范自身行为,在日常经营过程中强化法律风险意识,提升业务管理水平;最后,可以运用法律完善业务流程,达到防范和化解各项业务风险的目的。

鉴于此,笔者撰写了这本《银行业务纠纷裁判规则解读与适用》。本书通过对中华人民共和国最高人民法院(以下简称"最高院")历年公布的银行业相关指导与典型案例的梳理与分析,以司法实务为基础,辅之以法律理论,在梳理和精炼基本案情的基础上,归纳和解读相关裁判规则,深入浅出地介绍了案例中所蕴含的相关法学理论,同时提出了可供参考的风险防控对策,并且在每一案例后总结了相关的重点法律依据供读者学习。具体而言,本书具有以下几个方面的特点:

第一,案例选材上具有较强的权威性和典型性。本书案例大部分取自《中华人民共和国最高人民法院公报》《人民司法·案例》等刊载的由最高院审理的银行相关纠纷,其中不乏一些指导性案例。虽然我国并非判例法国家,但是案例指导制度是我国特色,案例指导是统一裁判标准的重要方式。最高院发布并实施的《最高人民法院关于案例指导工作的规定》(法发〔2010〕51号)第7条"最高人民法院发布的指导性案例,各级人民法院审判类似案例时应当参照",以及《〈最高人民法院关于案例指导工作的规定〉实施细则》(法〔2015〕130号)第9条"各级人民法院正在审理的案件,在基本案情和法律适用方面,与最高人民法院发布的指导性案例相类似的,应当参照相关指导性案例的裁判要点作出裁判"的规定,均一以贯之地体现了我国案例指导制度的内容。由此可见案例在我国司法审判实务当中的重要作用。

第二,所涉案件纠纷类型全面,基本涵盖了银行各项常规业务领域。本书选取的案件纠纷类型包括储蓄存款合同纠纷、担保合同纠纷、借款合同纠纷、票据纠纷、委托合同纠纷、侵权纠纷等银行在日常经营过程中具有普遍性、典型性的纠纷。所涉业务类型涵盖储蓄存款业务、担保业务、贷款业务、票据业务、委托理财业务、征信业务、保理业务、期货业务、信用证业务等银行各项业务领域。

第三,分析内容侧重司法实务。每一篇案例均包含"实务规则""规则解读"部分,列明了该件案例所抽象出的司法裁判规则,并结合笔者多年的实务经验,抽丝剥茧地进行了精确解读;"案情概述"部分精炼了案件所涉的关键法律事实,其中的"审理要览"提炼了一审、二审,乃至再审法院对案件所持观点。

第四,重点探讨疑难问题,兼采百家观点。"规则适用"部分在结合具体案情的基础上,通过对相关法律规定、法院观点的诠释,辅之以法学理论分析,对案件所涉重点法律问题进行了卓有成效的探讨。

第五,关注重点法律风险的防控,提出实用性强、具有可操作性的风险防控对策。"风控提示"部分内容是作者在十余年金融法律实务经验的基础上进行的总结与提炼,基于对案件所涉重点法律风险点的把控,结合我国银行相关监管部门发布的部门规章及规范性文件,旨在提出可供参考的风险防控建议。

最高院在《关于进一步加强金融审判工作的若干意见》(法发〔2017〕22号)中指出,金融是国家重要的核心竞争力,金融安全是国家安全的重要组成部分,金融制度是经济社会发展中重要的基础性制度,要加强新类型金融案件的研究和应对,统一裁判尺度。在复杂多变的经济形势下,我国金融业面临着严峻考验,加强银行内部控制和风险管理具有十分突出的重要性和紧迫性。银行的管理人员、业务人员和操作人员应增强法律规则意识和风险防控意识,注意学习掌握必要的基础法律知识、司法裁判规则和行业监管规则,同时要注意将所学应用于日常业务当中,将防止和避免法律风险落到实处,切实降低因规则和风险意识缺乏为银行带来损失的可能性。

本书可以供从事银行相关法律工作的专业人士作为案例检索、适用法律参考之用。期望本书的出版可以推动银行业相关法律规制和法律适用研究,推动银行责任承担法律知识和公众认知的普及,推动银行相关纠纷的合法公正解决。如本书能够对律师同行、银行法律职业人员、银行业法律研究者及其他社会人士有一定的借鉴和帮助作用,则笔者得偿所愿。同时,笔者也会在日后的工作中不忘初心,砥砺前行,不断修订、充实本书内容,以飨读者。不足之处,诚愿广大读者批评、指正。

对于本书的完成,笔者要感谢北大法律信息网的精心组织,感谢陆建华先生、郭叶女士、刘馨宇女士、孙妹女士、商思悦女士的辛勤付出,同时也要感谢团队成员邓若钦、倪荣、辛欣,以及实习生张树祥的资料支持,本书的完成是大家共同努力的结果。

王子龙　唐　泱
2018 年 12 月 18 日

目录

第一章 储蓄存款合同

01【银行对工作人员和经营场所的管理存在疏漏导致客户损失的赔偿】
中国工商银行股份有限公司上海市鞍山路支行等与俞某某储蓄存款合同纠纷上诉案 ················· 001

02【银行管理不善导致损失应当赔偿】
安徽泗县农村合作银行与潘某某储蓄存款合同纠纷案 ················· 008

03【银行内部业务规定调整不影响外部效力且应当告知】
梅州市梅江区农村信用合作联社江南信用社诉罗某某储蓄合同纠纷案 ······ 014

04【银行未尽安全保障义务导致储户存款损失应当赔偿】
王某某诉中国银行股份有限公司南京河西支行储蓄存款合同纠纷案 ········ 022

05【银行未履行相应的告知义务导致客户损失的应当赔偿】
张某某与中国光大银行股份有限公司上海金桥支行储蓄存款合同纠纷案 ········ 027

06【银行在储户挂失后如存款被他人冒领的应当赔偿】
乌某某诉中国工商银行股份有限公司乌兰察布盟分行、集宁市桥东支行储蓄存款合同纠纷案 ················· 034

07【银行在告知且不违反禁止性规定的情况下有权收取手续费】
吴某某诉上海花旗银行储蓄合同纠纷案 ················· 041

第二章 担保合同

01【抵押共同共有物未经其他共有人同意的，除非其他共有人追认或者不提出异议，否则无效】
中国建设银行股份有限公司深圳市分行与邹某某、龚某某、罗某某与孟某借款合同纠纷案 ················· 050

02 【抵押权预告登记不能使银行获得抵押权】
中国光大银行股份有限公司上海青浦支行诉上海东鹤房地产有限公司、陈某某保证合同纠纷案 ……………………………………… 055

03 【借新还旧中除保证人知道或者应当知道的外，保证人不承担民事责任】
广西贵港市石油贮存公司诉中国银行股份有限公司贵港市分行借款担保合同纠纷案 ………………………………………………… 065

04 【银行在接受质押时未尽审查义务的，应当认定银行对因质物虚假而造成的损失存在过错】
招商局物流集团上海有限公司与被申请人中国招商银行股份有限公司上海宝山支行、上海宏飞实业有限公司、上海宝铁储运有限公司、焦某某合同、侵权纠纷案 ……………………………………… 074

第三章 借款合同

01 【"假按揭"合同中银行的损失由开发商承担赔偿责任】
中国建设银行股份有限公司中山市分行、王某某金融借款合同纠纷 ……… 086

02 【同业拆借合同的内容若违反管制性强制性规范，其作为"借款"性质的民事合同，若不违反效力性强制性规范，依然有效】
西安市商业银行与健桥证券股份有限公司、西部信用担保有限公司借款担保合同纠纷案 ………………………………………………… 093

03 【银行发放借款违反审慎义务，可以认定主观上具有过错，应当承担相应责任】
沈阳水泥机械有限公司与朝阳银行股份有限公司龙城支行、朝阳重型建材技术装备公司借款合同纠纷案 …………………………… 101

04 【银行负责人以职务行为签订借款合同，法律后果由银行承担】
中信银行长沙晚报大厦支行与李某某借款合同纠纷案 ……………… 110

第四章 票据纠纷

01 【汇票质押没有背书记载的并不必然无效】
滕州市城郊信用社诉中国建设银行股份有限公司枣庄市薛城区支行票据纠纷案 ………………………………………………………… 118

02【银行未鉴别出票据上的印鉴系伪造而向他人错误付款的，具有重大过失，应当承担与其过错相应的赔偿责任】

内蒙古乾坤金银精炼股份有限公司与中国农业银行股份有限公司兰州市七里河区支行票据纠纷案 ………………………………… 125

第五章 委托合同

01【委托贷款合同中，约定"全部风险由委托人承担"的条款无效】

李某某与广汉珠江村镇银行股份有限公司委托合同纠纷案 ………… 132

02【银行履行风险揭示义务，对格式条款作出说明，则委托理财合同不得因重大误解或显失公平而被撤销】

吴某某与渣打银行（中国）有限公司上海浦西支行委托理财合同纠纷上诉案 …………………………………………………………… 142

第六章 侵权纠纷

01【公共场所的管理人未尽注意义务导致他人损害的，应该承担赔偿责任】

阔某某诉招商银行股份有限公司上海金桥支行公共场所管理人责任纠纷案 ……………………………………………………………… 151

02【金融机构如实上报被冒名人个人征信信息的，不构成侵犯名誉权的行为】

周某某诉中国银行股份有限公司上海市分行名誉权纠纷案 ………… 158

03【银行在推出无密扣款服务的信用卡时，应告知当事人，否则将承担侵权责任】

谢某与中国工商银行股份有限公司上海市第一支行、携程计算机技术（上海）有限公司财产损害赔偿纠纷上诉案 ……………………… 164

第七章 其他纠纷

01【办理保理业务的银行仅将债权转让登记于应收账款质押系统，不具有通知的效力】

中国工商银行股份有限公司上海市青浦支行与上海康虹纺织品有限公司等合同纠纷上诉案 ………………………………………………… 174

02【当事人与具备从事金融衍生品发行资格的主体签订的黄金期权合约不是期货合约】

李某某与中国银行股份有限公司北京上地信息路支行期货欺诈责任纠纷上诉案 ………………………………………………………… 181

03【银行不能提供证据证明客户多取款的，不能要求客户承担不当得利返还的责任】

江苏省大丰市农村信用合作联社大龙分社与吴某某不当得利纠纷上诉案 ……… 189

04【银行行使提单质权的方式与行使提单项下动产质权的方式相同】

中国建设银行股份有限公司广州荔湾支行与广东蓝粤能源发展有限公司等信用证开证纠纷案 …………………………………………… 194

05【银行未履行审查义务造成客户存款损失的，应当承担相应的责任】

张某某与中国工商银行股份有限公司昌吉回族自治州分行、新疆证券有限责任公司、杨某、张某民财产损害赔偿纠纷案 ……………… 203

第一章　储蓄存款合同

01 【银行对工作人员和经营场所的管理存在疏漏导致客户损失的赔偿】中国工商银行股份有限公司上海市鞍山路支行等与俞某某储蓄存款合同纠纷上诉案

一、实务规则

［储蓄存款合同］银行对工作人员和经营场所的管理存在疏漏，未按照操作规范办理业务，给犯罪分子可乘之机，导致客户资金损失的，应当按照储蓄存款合同向客户承担责任。

二、规则解读

银行在日常经营中对工作人员、经营场所管理不严，以及操作流程内控失范，导致犯罪分子可以在银行营业场所、营业时间，采用虚构银行高息揽储业务的手法诱导储户，并非法侵占储户存入账户内资金的，如果客户可以证实与银行之间存在真实的资金存入关系，则应认定双方之间存在储蓄存款合同法律关系。因犯罪分子的犯罪行为导致的损失，客户可以按照储蓄存款合同关系，要求银行承担违约责任。

三、案情概述

（一）案情简介

案例名称：中国工商银行股份有限公司上海市鞍山路支行等与俞某某储蓄存款合同纠纷上诉案

案例来源：《最高人民法院公报》2015年第3期

案号：（2013）沪二中民六（商）终字第8号

关键词：储蓄存款合同　违约责任　严格责任　过失相抵

具体案情：

2008年5月上旬，案外人徐某某和被告中国工商银行股份有限公司上海市鞍山路支行（以下简称"工行鞍山路支行"）的客户经理陈某虚构该行销售年息高达16%的一年期定期储蓄产品，诱骗俞某某前往该行存款。2008年5月10日，俞某某到工行鞍山路支行开立理财金账户。在办理开户手续时，陈某擅自将上述账户开通网上银行并领取U盾，且仅交给俞某某一张银行卡及一本理财金账户对账簿，未告知开通网上银行的情况，亦未将银行打印的办理业务回单交给俞某某。

次日，俞某某先后在自动存款机和银行柜面分别向上述账户存入人民币200元和500元。同月14日，俞某某与陈某、徐某某签订《委托书》一份，约定由原告存入被告中国工商银行股份有限公司上海市杨浦支行（以下简称"工行杨浦支行"）2 500万元，期限一年，不提前支取，不转移，不挂失。陈某以中国工商银行经办人的名义在该合同上签字，并利用职务之便，在合同上偷盖了工行杨浦支行的业务章。当日，俞某某先后分5笔分别转入该账户1 941万元、50万元、100万元、200万元和209万元，其中100万元、200万元和209万元系从案外人余某账户转入。徐某某向该账户内存入409万元作为所谓的"高额息差"。同日，徐某某利用上述U盾冒充俞某某登录网上银行，将上述存款先后分两笔通过网上转账将1 991万元和509万元划至户名为李某的工行账户内，两次网上转账共被扣取手续费各50元。

2011年2月23日，上海市第一中级人民法院判决：徐某某犯票据诈骗罪，判处无期徒刑，剥夺政治权利终身，并处没收其个人全部财产；犯诈骗罪，判处无期徒刑，剥夺政治权利终身，并处没收其个人全部财产，决定执行无期徒刑，剥夺政治权利终身，并处没收其个人全部财产。陈某犯诈骗罪，判处有期徒刑15年，剥夺政治权利4年，并处罚金人民币50万元；将违法所得予以追缴，发还给被害单位（人），不足部分责令退赔；等等。上述判决作出后，因部分被告人提起上诉，上海市高级人民法院作出终审判决：徐某某犯诈骗罪，判处无期徒刑，剥夺政治权利终身，并处没收其个人全部财产；犯票据诈骗罪，判处有期徒刑14年，剥夺政治权利3年，并处罚金人民币50万元，决定执行无期徒刑，剥夺政治权利终身，并处没收其个人全部财产。陈某犯诈骗罪，判处有期徒刑15年，剥夺政治权利4年，并处罚金人民币25万元。违法所得予以追缴并发还，不足部分责令退赔；等等。

（二）审理要览

一审法院认为，俞某某与工行鞍山路支行储蓄存款合同关系依法成立并生效，工行鞍山路支行有义务按照约定支付本息，并保证储户存款安全。因该行员工陈某利用工作便利，擅自为俞某某开立网上银行，并领取U盾交由徐某某，骗取了涉案款项，工行鞍山路支行显然存在过错，应当承担向俞某某返还存款本息的责任。虽然工行杨浦支行并非储蓄存款合同关系的当事人，但《委托书》上载明工行杨浦支行愿意负责该账户资金安全并承担返还存款本息的责任。且工行鞍山路支行、工行杨浦支行无证据证明该份《委托书》系俞某某伪造，因此，俞某某系善意的金融交易相对人，即便印章系陈某私自加盖，该行为亦产生表见代理的效力，工行杨浦支行作为工行鞍山路支行的上级主管单位，应当对其工作人员在办理业务中加盖该行业务章的行为承担相应的法律责任。故俞某某要求工行杨浦支行共同承担还款责任之请求合法有据，应予支持。

至于俞某某是否存在过错，一审法院认为：首先，俞某某作为普通的储户，其选择在银行内部、与银行工作人员进行开户交易，已尽到合理的注意和审查义务，不应苛求其充分了解银行内部关于工作人员的职权分工。其次，陈某以工行鞍山路支行客户经理身份在工行鞍山路支行营业场所和营业时间为俞某某提供服务，系代表工行鞍山路支行的行为，即便其超越职权为俞某某代办开户，并不意味着俞某某作出委托陈某个人的意思表示，陈某亦未以俞某某代理人的身份在开户申请资料上出现。最后，即便如工行鞍山路支行、工行杨浦支行抗辩所述，陈某无办理开户的权限，工行鞍山路支行内部有办理开户业务权限的人员应当了解陈某的职责范围，其在发现陈某持有客户开户申请资料和身份证原件代办开户手续时，理应要求客户本人到场核实，但其却违规办理并将银行卡、U盾等直接交给陈某，对此，工行鞍山路支行显然存在过错。

关于俞某某在空白的办理业务回单上签字，且在业务办理完毕后未索取业务回单客户联的行为，一审法院认为：首先，俞某某的行为是基于一般储户对银行以及银行工作人员的信任，并不能由此推定出其对超出本意或者银行未明确告知的业务均予以认可。相反，银行办理开户业务的人员有义务要求客户本人重新核对确认，并将回单客户联交付给客户。其次，开户申请书背面记载的相关业务规定是银行印制的格式条款，并非专门针对俞某某的业务。在俞某某办理业务过程中，银行并未充分提示和解释，不能认定俞某某已充分知晓和理解。

本案中，俞某某追求高额利息与涉案款项被骗并无必然的因果关系。俞某某按照工行鞍山路支行的开户流程和要求办理储蓄存款手续，双方之间成立合法的储蓄存款合同法律关系。虽然开户申请书背面的"特别提示"条款中载明储蓄存款业务中高额利息不受法律保护，但俞某某所收取的高额利息并非基于储蓄存款合同的约定。案外人支付高额利息给俞某某并不影响案涉储蓄存款合同法律关系，也不能因此减少或免除工行鞍山路支行在保护储蓄存款安全方面的责任和义务。从刑事认定的事实以及现有证据来看，不能以此认定俞某某明知犯罪分子系涉案款项的实际用资人；且俞某某提供的《委托书》是在银行工作人员确认的情况下作出的相应承诺，存款后未主动查询，亦是基于储户对于银行的信任，不能因此认为俞某某对涉案款项被骗存在过错。

案涉账户在2008年5月14日存入的2500万元中有409万元是犯罪分子存入的，是为骗取俞某某的账户控制权而支付的高额利息，故该款项理应从存款本金中扣除。案涉账户开户时，双方并未约定系开立定期存款账户，并且根据账户对账簿上的交易记载，俞某某开户时即应当知道已开立活期账户，而其存入相应款项后亦未与工行鞍山路支行就利率适用达成新的约定，在俞某某提供的《委托书》上，工行杨浦支行亦未就利率适用作出承诺，因此俞某某要求存款第一年按照定期存款利率计算缺乏依据。此后，因涉案款项涉及犯罪，工行鞍山路支行、工行杨浦支行未及时兑付，并非恶意违约，俞某某按照同期贷款利率主张利息亦缺乏依据，工行鞍山路支行、工行杨浦支行应当按照活期存款利率支付相应利息。而转账手续费，因涉案款项被划转并非基于俞某某的意思，也系工行鞍山路支行、工行杨浦支行未确保俞某某账户安全所致，因此，工行鞍山路支行从俞某某存款本金中扣取该笔费用缺乏依据，理应返还。

在储蓄存款合同关系中，储户将存款存入银行后，资金所有权即归属于银行，储户享有依据储蓄存款合同向银行主张本息的债权。因此，犯罪分子利用储户账户控制权骗划资金后，追赃所得的资金款项所有权应当归属银行，故俞某某未领取追赃款并不影响其依据储蓄存款合同关系向工行鞍山路支行、工行杨浦支行主张债权。

综上，一审法院判决工行鞍山路支行、工行杨浦支行应于判决生效之日起10日内返还俞某某存款本金人民币20 910 050元，并支付俞某某相应的利息。

一审判决后，工行鞍山路支行、工行杨浦支行不服提起上诉，并提供储户白某某退款申请书及中国农业银行对账单以证明其他受害储户领取了赃款。

二审法院认为，本案二审中的争议焦点为俞某某对系争款项被骗是否有过错，若有过错是否能够减免工行鞍山路支行的责任；相关刑事判决追赃是否影响俞某某向工行鞍山路支行、工行杨浦支行主张民事权利。

如果储户在开户前明知可能发生不法侵害却没有采取必要的防范措施，或故意违反储蓄机构必要的安全规章制度而导致其财产被损，且该过错与损害结果之间存在因果关系，则储户应当在其过错范围内承担相应的责任。本案中，虽然俞某某在案外人的高额报酬诱惑下去工行鞍山路支行处开户、存款，但他是亲自到工行鞍山路支行的营业网点办理的开户业务，只要工行鞍山路支行与俞某某均按照规定的开户流程办理开户业务，案外人则无法获取与俞某某账户相关联的U盾，更无法在俞某某不知情的情况下从其账户将资金转至他人账户。因此，俞某某的存款目的与存款被骗取之间并无直接因果关系。俞某某作为普通储户不可能对银行业务流程细节以及银行员工职责分工都充分了解。俞某某在工行鞍山路支行营业场所内经工行鞍山路支行职员陈某的指导填写了开户申请书，且实际也领取了存折，因此俞某某足以有理由相信陈某有权办理开户手续。设置客户确认栏是为了使储户与银行对所办理的业务进行确认，但不能以此免除银行审核申请表内容是否系储户真实意思的责任。而银行柜面工作人员显然知晓陈某的职权范围，也明知储户应在核对电脑打印内容确认一致后签字。银行柜面工作人员发现陈某持有储户开户申请书及身份证原件办理开户手续时，应当要求储户亲自到柜面办理。尤其是当银行柜面工作人员发现储户已在尚未打印开户申请情况的申请书中确认时，其应注意到将存折、U盾交由其他工作人员转交对储户的资金安全存在风险，并及时提醒储户核对所办理的业务信息。而对于普通储户来说，其显然比银行工作人员更难以预见在整个开户业务办理过程中存在银行人员私开网上银行功能的风险。此外，俞某某为了确保账户信息正确，于开户后的次日先后在自动存款机和银行柜面分别向系争账户存入500元及200元，在查询确认上述款项存入其账户后并以此确信账户的真实性后才向该账户存入1 991万元。存款后俞某某也尽到妥善保管存折之义务。综上，俞某某已尽合理注意义务。

在储蓄存款合同关系中，储户享有依据储蓄存款合同向银行主张本息的权利，工行鞍山路支行拒绝支付本息已构成违约。俞某某有权依据储蓄存款合同关系向工行鞍山路支行主张支付存款本息，工行鞍山路支行、工行杨浦支行在其履行了民事赔偿责任后，也同时获得了追偿权，其有权获得相关刑事案件追赃所得的资金款项。

因此，二审法院判决驳回上诉，维持原判。

四、规则适用

（一）关于储户的注意义务

《中华人民共和国合同法》（以下简称《合同法》）第107条规定了违约责任的归责原则。从该条规定来看，并未出现"但当事人能够证明自己没有过错的除外"的字样，因此，应该说，我国现行《合同法》采取的是"严格责任原则"。[①] 我国《合同法》并未将储蓄存款合同规定为有名合同，因此，储蓄存款合同的归责原则应当适用其一般规定，即适用严格责任原则。但从民法的公平原则和诚信原则出发，与有过失规则应当作为限定违约损害赔偿范围的规则之一，即赔偿权利人对损害的发生或者扩大有过失的，法院可以减轻赔偿金额或者免除赔偿责任。[②] 在储蓄存款合同纠纷案件司法实务中，因储户一方的过错造成储蓄机构进行了错误的支付导致储户损失的情形也比较常见，因此储蓄机构通过举证证明储户有过错，从而达到全部或者部分免除违约责任的目的。在本案的审理过程中，被告工行鞍山路支行和工行杨浦支行即希望通过证明原告俞某某未尽到应尽的注意义务，对损失的发生具有过错，从而减轻或者免除自己的赔偿责任。

本案中，案外人陈某、徐某某等人利用陈某作为银行工作人员的便利，以"高息揽储"的方式将原告俞某某诱骗至工行鞍山路支行开办了理财金账户。工行鞍山路支行、工行杨浦支行主张，我国法律禁止"高息揽储"行为，且工行鞍山路支行提供的开户申请书背面多处条款亦明文约定储蓄利率以银行公布的利率为准；而俞某某为了追求高额利息，对于上述异象未予以警觉，导致款项被骗；且俞某某应当知晓陈某只是工行杨浦支行的客户经理，无权办理开户手续；在俞某某和陈某一同

[①] 参见梁慧星：《从过错责任到严格责任》，载梁慧星主编：《民商法论丛》（第8卷），法律出版社1997年版，第1—7页。

[②] 参见韩世远：《合同法总论》（第3版），法律出版社2011年版，第634页。

前往柜面办理开户手续的过程中，其应当明知案涉账户注册了网上银行等事项，即使其不知晓，也是因为俞某某本人在尚未办理业务内容的开户申请书上亲笔签名确认，而没有向陈某取回客户留存联导致的。因此，被告认为，俞某某在开户时没有尽到应尽的注意义务，对损害结果的发生具有过错。

但法院认为，首先，俞某某的存款目的与本案的损害结果之间不存在因果关系。俞某某亲自前往工行鞍山路支行的营业网点办理了开户业务，而案外人取得与案涉账户相关联的U盾等信息的原因，是由于工行鞍山路支行也没有按照开户的相应办理规定。其次，俞某某作为普通储户不可能对银行业务流程细节以及银行员工职责分工都充分了解。而银行柜面工作人员显然知晓陈某的职权范围，也明知储户应在核对电脑打印内容确认一致后签字。银行柜面工作人员发现陈某持有储户开户申请书及身份证原件办理开户手续时，应当要求储户亲自到柜面办理。尤其是当银行柜面工作人员发现储户已在尚未打印开户申请情况的申请书中确认时，其应注意到将存折、U盾交由其他工作人员转交对储户的资金安全存在风险，并及时提醒储户核对所办理的业务信息。而对于普通储户来说，其显然比银行工作人员更难以预见在整个开户业务办理过程中存在银行人员私开网上银行功能的风险。此外，俞某某为了确保账户信息正确，于开户后的次日先后在自动存款机和银行柜面分别向系争账户存入500元及200元，在查询确认上述款项存入其账户后并以此确信账户的真实性后才向该账户存入1 991万元。存款后俞某某也尽到妥善保管存折之义务。因此，俞某某已尽合理注意义务。

（二）关于刑事判决追赃与当事人民事权利的关系

需要明确的是，储蓄存款合同法律关系是银行与储户之间的债权债务关系。储户在银行开立账户存款，填写开户申请书、开立账户存款的过程，就是与银行订立合同的过程。储户将款项存入银行后，银行与储户之间形成债权债务法律关系，银行是债务人，储户是债权人；而银行向储户提供的存折、存单等，则是储户与银行之间合同关系的证明。①

在本案中，俞某某在工行鞍山路支行开设了理财金账户后，将1 991万元存入该账户，已经与银行之间存在了债权债务法律关系。在储蓄存款合同关系中，作为债权人的储户当然有权利要求银行根据合同的约定支付相应的本息。而犯罪分子利用储户账户控制权骗划资金后，追赃所得的资金款项所有权应当归属于银行。因此，俞某某未领取追赃款并不影响其依据储蓄存款合同关系向工行鞍山路支行、工行杨浦支行主张债权。而且，从法理上而言，俞某某作为债权人也无权领取案涉追赃款。

---

① 参见李晗：《银行法判例与制度研究》，法律出版社2015年版，第76页。

五、风控提示

（一）规范柜面操作，严格按照流程办理业务

本案中，工行鞍山路支行作为金融机构，相较于储户而言，具有更高的注意义务和更强的防范风险的能力。实际上，工行鞍山路支行在开户过程中即可以发现问题，从而避免储户和自身的损失。《中国人民银行关于加强银行卡业务管理的通知》规定，"客户为其所申请银行卡或所持有银行卡申请开通网上支付、电话支付、手机支付，以及其他电子支付等非柜面业务的，发卡银行除审核其居民身份证等有效身份证明文件外，可要求客户提供其他辅助身份证明文件，进一步核实客户身份"；"由其他个人代理办理银行卡的，如需开通网上支付、电话支付、手机支付，以及其他电子支付等非柜面业务，应由被代理人持本人有效身份证件到发卡银行网点申请办理，不得由他人代理申请"。但由于该行的柜面工作人员并未按照相关的规范进行业务操作，导致陈某等人可以利用职务上的便利在俞某某不知情的情况下取得案涉账户相关联的U盾等信息，给案外人实施犯罪行为提供可乘之机。

（二）银行应开辟多渠道的风险提示服务

在日常的交易中，法律除了明确规定银行在开户时应该尽到向客户告知风险的义务外，还规定了银行对客户资金的安全保障义务。银行与储户之间形成的储蓄存款合同关系是一种连续性的债权债务关系。在该债权债务关系存续期间内，为了防范风险，银行应该通过多种渠道向储户进行安全告知和风险提示。银行除了通过传统的方式，例如通过网点办公电话联系客户、向客户邮寄相关的账户信息，提示风险外，还应该积极利用高科技手段，用更加便捷有效的方式提醒客户注意资金安全。例如，银行可以通过短信、微信的方式，争取在最短的时间内联系上客户，防止损失的发生或者扩大。

在金额较大的交易中，风险提示服务尤为重要。本案中的犯罪分子仅用两笔网银交易即将账户中的2 500万元资金转走，应该说银行对于客户的资金安全没有尽到充分的保障义务。针对大宗的交易，在不给客户增加不必要的负担的前提下，银行应该设置级别更高的支付要求。例如，银行除了要求客户填写账户密码等基础信息外，还可以要求其填写支付验证码等动态信息，并及时确认相关操作是否是客户本人所为。

六、法律依据

- 《中华人民共和国合同法》（全国人民代表大会发布，1999年10月1日实施，法宝引证码：CLI.1.21651）

第八条 【依合同履行义务原则】依法成立的合同，对当事人具有法律约束力。当事人应当按照约定履行自己的义务，不得擅自变更或者解除合同。

依法成立的合同,受法律保护。

第四十九条 【表见代理】行为人没有代理权、超越代理权或者代理权终止后以被代理人名义订立合同,相对人有理由相信行为人有代理权的,该代理行为有效。

第六十条 【严格履行与诚实信用】当事人应当按照约定全面履行自己的义务。

当事人应当遵循诚实信用原则,根据合同的性质、目的和交易习惯履行通知、协助、保密等义务。

第一百零七条 【违约责任】当事人一方不履行合同义务或者履行合同义务不符合约定的,应当承担继续履行、采取补救措施或者赔偿损失等违约责任。

- 《中国人民银行关于加强银行卡业务管理的通知》(中国人民银行发布,2014年1月8日实施,法宝引证码:CLI.4.217662)

一、加强实名制审核,规范银行卡发卡业务

(一)严格落实银行账户实名制。发卡银行应严格执行客户身份识别制度和银行账户实名制,认真审核银行卡申请资料的真实性和有效性,确保银行卡申领为客户本人真实意愿。客户为其所申请银行卡或所持有银行卡申请开通网上支付、电话支付、手机支付,以及其他电子支付等非柜面业务的,发卡银行除审核其居民身份证等有效身份证明文件外,可要求客户提供其他辅助身份证明文件,进一步核实客户身份。……

(二)规范代理办卡业务流程。……由其他个人代理办理银行卡的,如需开通网上支付、电话支付、手机支付,以及其他电子支付等非柜面业务,应由被代理人持本人有效身份证件到发卡银行网点申请办理,不得由他人代理申请。

二、强化银行卡风险管理,保障持卡人合法权益

……

(二)健全银行卡交易监测机制。发卡银行应对同一持卡人在本行办理的所有银行卡进行综合风险管理,建立卡号、账号、持卡人等多维度的交易监测体系,实现对银行卡交易、额度控制、授权管理等多个环节的实时监测和事后监测。

……

 02【银行管理不善导致损失应当赔偿】

安徽泗县农村合作银行与潘某某储蓄存款合同纠纷案

一、实务规则

[储蓄存款合同] 储蓄存款合同中由于银行内部管理不善所致存款人的损失,应当由银行承担相应责任。

二、规则解读

在银行与当事人之间的储蓄存款合同有效的情况下,由于银行内部管理不善,存款人存入银行的款项被银行内部工作人员违反操作规程,违规从银行转出,如果当事人对存款的划转、流失不存在过错,则应当由银行对存款本金损失承担相应的责任。

三、案情概述

(一)案情简介

案例名称:安徽泗县农村合作银行与潘某某储蓄存款合同纠纷案

案例来源:最高人民法院网站

案号:(2014)民一终字第238号

关键词:储蓄存款合同纠纷　合同效力　中止诉讼

具体案情:

一审法院经审理查明:2011年3月28日,潘某某在安徽泗县农村合作银行(以下简称"泗县农合行")存入5 000万元,泗县农合行开具一张个人定期存单。该存单上载明:户名潘某某,金额5 000万元,储种整存整取,起息日2011年3月28日,存期1年,到期日2012年3月28日,利率年3%,到期利息150万元。上述存单到期后,泗县农合行未予兑付。

另查明,2012年2月18日,潘某某与刘某某签订一份《投资合作协议》,主要约定:双方注册成立的"中航宏信装备制造股份有限公司"为项目投资主体;潘某某于2012年4月2日前将全部投资款1亿元汇入刘某某指定账户,以上海浦发银行×××年3月21日到期理财产品及泗县农合行2012年3月28日到期存单作为投资付款保证依据;潘某某如不能按约定期将上述款项汇到刘某某指定账户,自愿提供总出资额的20%作为违约金,赔偿刘某某损失。后刘某某因潘某某未履行《投资合作协议》约定的义务,向辽宁省大连市中级人民法院起诉。2013年3月18日,该院作出(2012)大民三初字第276号民事判决,判令潘某某给付刘某某违约金,刘某某不服上述民事判决,向辽宁省高级人民法院提起上诉。2013年6月19日,该院作出(2013)辽民一终字第137号民事判决,驳回上诉,维持原判。2013年9月12日、13日,潘某某向刘某某分两笔转款合计840万元。

2013年8月30日,潘某某为本案诉讼与安徽中天恒律师事务所签订一份《委托代理合同》,支付律师代理费150万元。

再查明,安徽省宿州市人民检察院宿检刑诉(2012)86号起诉书载明:被告人邱某以"高息揽储"为名,经中间人帮助,将辽宁省大连市人潘某某介绍到泗县农合行存款。2011年3月27日,潘某某办理了5 000万元个人定期存单。被告人高某将潘某某的5 000万元个人定期存单进行了挂失,并将重置的密码和潘某某身证复印件提供给邱某。2011年3月31日，邱某将伪造的存单、身份证复印件、密码交给夏某某，指使其到营业部通过高某将5 000万元存款提前支取。夏某某将5 000万元取出后，将其中的3 000万元存入以潘某某身份证复印件开立的另一账户，之后被邱某和夏某某分多次取出使用，另2 000万元存入大连金鼎恒安工贸有限公司账户。2011年4月，邱某通过中间人汇款给潘某某和其妻子账户利息共计800万元。至案发，潘某某5 000万元本金未归还，个人得到利息800万元。

（二）审理要览

一审法院认为，本案争议焦点为：案涉储蓄存款合同效力如何认定；案涉存款本金金额如何认定，潘某某主张泗县农合行赔偿损失应否得到支持；本案应否追加有关刑事案件被告人作为第三人参加诉讼；本案应否中止诉讼。

本案中，潘某某持有泗县农合行开具的个人定期存单，同时提交了泗县农合行出具的客户回单，以证明双方当事人之间具有真实的存款关系。泗县农合行虽对该存单及客户回单的真实性提出异议，但未提交足以反驳的相反证据，故依据《最高人民法院关于民事诉讼证据的若干规定》第70条第（一）项之规定，一审法院对该存单及客户回单的证明力予以确认。至于客户回单载明的交易日期与泗县农合行加盖的印章日期不一致，属于上述凭证存在的瑕疵问题，出现该瑕疵的主要原因在泗县农合行，且该瑕疵不足以否定双方当事人之间真实的存款关系，故依据《最高人民法院关于审理存单纠纷案件的若干规定》第5条第（二）项的规定，一审法院认定潘某某与泗县农合行之间的储蓄存款合同关系成立并合法有效。潘某某作为存款人享有自愿存款及自由取款的权利，泗县农合行在潘某某要求支取存款本息时，应履行支付存款本金及利息的义务。泗县农合行以安徽省宿州市人民检察院宿检刑诉（2012）86号起诉书载明的部分内容辩解称，潘某某已收到相关刑事案件被告人支付的与本案存款具有关联性的800万元，该笔款项应当从5 000万元存款本金中予以扣除，并向一审法院申请本案中止诉讼。本案审理过程中，泗县农合行对潘某某在其处存款4 200万元并不持异议，依据《中华人民共和国民事诉讼法》（以下简称《民事诉讼法》）第153条"人民法院审理案件，其中一部分事实已经清楚，可以就该部分先行判决"之规定，泗县农合行可就存款本金4 200万元先行支付给潘某某。对于潘某某是否收到案涉800万元款项以及该800万元属于何种性质的款项，是否应当从5 000万元存款本金中予以扣除的问题，应以所涉刑事案件的审理结果作为本案认定事实的依据。另潘某某诉请泗县农合行赔偿损失以及本案案件受理费负担问题亦应以最终认定的存款本金数额作为计算依据。鉴于相关刑事案件[安徽省宿州市中级人民法院（2013）宿中刑重字第00007号]尚在审理中，故依据《民事诉讼法》第150条第1款第（五）项之规定，一审法院对本案其他纠纷（除存款本金4 200万元以外）裁定中止诉讼。泗县农合行辩解本案应追加有关刑事案件被告人作为第三人参加诉讼无事实和法律依据，一审法院不予采纳。

综上，一审法院于 2014 年 3 月 21 日作出（2013）皖民二初字第 00015 号民事判决，判决泗县农合行于判决生效之日起 10 日内支付潘某某存款本金 4 200 万元。

泗县农合行不服该判决向最高人民法院提起上诉。最高人民法院经审理查明的事实与一审法院查明的事实相同。二审期间，泗县农合行亦未提交新的证据。最高人民法院于 2014 年 11 月 27 日作出终审判决：驳回上诉，维持原判。

四、 规则适用

（一） 关于以合法形式掩盖非法目的

根据《中华人民共和国民法通则》（以下简称《民法通则》）第 58 条第 1 款第（七）项的规定，以合法形式掩盖非法目的的民事行为无效。根据《合同法》第 52 条第（三）项的规定，以合法形式掩盖非法目的的合同应确认无效。

结合以合法形式掩盖非法目的的合同的特点，在实践中对此种合同的认定，主要有以下四个方面：

（1）这种行为就其外表来看是合法的。

（2）合同行为只是一种表象，其被掩盖的是一种非法的隐匿行为。

（3）当事人主观上具有规避法律的故意，知道其所隐匿的行为与外表行为不一致，也就是说当事人所要达到的非法目的是故意的，而不是过失造成的非法结果。

（4）结合《合同法》第 52 条其他项下的规定。

银行上诉主张中间人及银行工作人员以"高息揽储"为名与储户订立的储蓄存款合同是以合法形式掩盖非法目的的无效合同，但并未提供证据证明储户明知犯罪分子涉嫌犯罪活动仍至银行办理账户设立、存款手续，银行工作人员的涉嫌犯罪行为不影响其对外承担的民事责任。银行上诉主张储蓄存款合同系无效合同的请求不能成立。

（二） 关于中止诉讼

中止诉讼必须具有法律规定的原因。民事诉讼中止，是指在民事诉讼进行过程中，因发生某种特别的情况，致使诉讼无法继续进行或不宜进行，因而由法院裁定暂时停止诉讼程序的制度。

本案系储户依据其与银行之间存在的存款关系诉至法院，请求法院判令银行支付其存款本金及利息等。诉讼中，银行以相关起诉书载明的部分内容辩称储户已经收到的 800 万元应从本金中扣除，但对存款本金 4 200 万元不持异议。一审法院依照《民事诉讼法》的相关规定，就已经清楚的 4 200 万元本金事实部分先行判决，对其他纠纷裁定中止诉讼，符合规定。

（三） 关于第三人参加诉讼

我国民事诉讼法以第三人对争议的诉讼标的是否具有独立请求权为依据，将第三人分为"有独立请求权的第三人"和"无独立请求权的第三人"两类。其中，有独立请求权的第三人认为有权以提起诉讼的方式参加诉讼；无独立请求权的第三人认为案件处理结果对他有法律上的利害关系的，可以申请参加诉讼，或者由人民法院通知他参加诉讼。

根据相关刑事案件起诉书载明的有关情况看，储户在银行正常办理了5 000万元个人定期存单，账户内款项系他人违规从银行转出。犯罪分子所涉犯罪活动不影响储户起诉要求银行承担支付本息的民事纠纷的审理，犯罪分子与民事诉讼的处理结果不具有法律上的利害关系，不符合法律规定的第三人参加诉讼的条件。

（四）关于损失责任承担上，储户是否具有过错

过错责任原则包含以下含义：第一，它以行为人的过错作为责任的构成要件，行为人具有故意或者过失才可能承担侵权责任。第二，它以行为人的过错程度作为确定责任形式、责任范围的依据。在过错责任原则中，不仅要考虑行为人的过错，往往也会考虑受害人的过错或者第三人的过错。如果受害人或者第三人对损害的发生也存在过错，则要根据过错程度来分担损失，由此可能减轻甚至抵销行为人承担的责任。

从已经查明的本案有关事实看，储户存入银行的款项为银行内部工作人员违反操作规程，违规从银行转出，为银行内部管理不善所致。储户对款项被他人划转情况、流失情况均不知情，其对此不存在过错，不应对存款本金的损失承担责任。银行上诉主张储户应对存款本金损失承担相应责任的请求不予支持。

五、风控提示

（一）风险管理尽量前移，风险控制从选择客户开始

银行要不断完善客户信用评级体系，确定风险大小。银行对客户评级时考虑的因素有：对借款人财务报表的分析，对借款人行业的分析，对借款人财务信息质量的分析，对借款人资产的变现性分析，对借款人管理水平的分析，对评级交易的结构分析等。关注客户各项信息，从正常的生产经营到股东的家庭生活，从审计报表到水电发票，应随时关注潜在的风险点，作为决策的依据。尤其应当关注：借款人的还款能力、借款人的还款记录、借款人的还款意愿、贷款项目的盈利能力、贷款的担保、贷款偿还的法律责任等情况。

（二）加强风险预防和风险规避，尤其要注重银行内部管理制度设计

银行进行风险控制首先靠的是各项规章制度，对内部管理人员加强培训。无论是柜面操作还是信贷业务，只要严格照章办事，就能规避绝大多数风险。在规章制度之外，银行还应该每年或每季度下发指引、办法一类文件作为规章制度这类硬性标准的补充和说明，不断强化内部人员的道德素质和业务素质，使各项业务有据可依。另外，要及时发现经营管理活动中的违规违法行为；及时发现经营过程中发生的风险事件；对违规行为、风险事件及时进行处理，强制整改；堵塞经营管理中的漏洞；确保银行合规合法、稳健审慎经营。

（三）在信贷风险管理中，要加强事后控制

事后控制，包括对授信风险管理政策制度执行情况和授信项目执行情况进行现场或非现场检查，对贷后管理、资产质量状况进行评价，并以此相应调整授信政策和授权方案。银行开具的个人定期存单、客户回单一般可作为银行和储户存在真实存款关系的证据。在储户对款项被他人划转情况、流失情况均不不存在过错的条件下，中间人与银行工作人员恶意串通，划转储户存款的行为不能作为否定储户与银行存在存款关系的抗辩依据。

六、法律依据

- 《最高人民法院关于民事诉讼证据的若干规定》（最高人民法院发布，2008年12月31日实施，法宝引证码：CLI.1.21651）

第七十条 一方当事人提出的下列证据，对方当事人提出异议但没有足以反驳的相反证据的，人民法院应当确认其证明力：

（一）书证原件或者与书证原件核对无误的复印件、照片、副本、节录本；

（二）物证原物或者与物证原物核对无误的复制件、照片、录像资料等；

（三）有其他证据佐证并以合法手段取得的、无疑点的视听资料或者与视听资料核对无误的复制件；

（四）一方当事人申请人民法院依照法定程序制作的对物证或者现场的勘验笔录。

- 《最高人民法院关于审理存单纠纷案件的若干规定》（最高人民法院发布，1997年12月13日实施，法宝引证码：CLI.3.19182）

第五条 对一般存单纠纷案件的认定和处理

（一）认定

当事人以存单或进帐单、对帐单、存款合同等凭证为主要证据向人民法院提起诉讼的存单纠纷案件和金融机构向人民法院提起的确认存单或进账单、对账单、存款合同等凭证无效的存单纠纷案件，为一般存单纠纷案件。

（二）处理

人民法院在审理一般存单纠纷案件中，除应审查存单、进账单、对账单、存款合同等凭证的真实性外，还应审查持有人与金融机构间存款关系的真实性，并以存单、进账单、对账单、存款合同等凭证的真实性以及存款关系的真实性为依据，作出正确处理。

1. 持有人以上述真实凭证为证据提起诉讼的，金融机构应当对持有人与金融机构间是否存在存款关系负举证责任。如金融机构有充分证据证明持有人未向金融机构交付上述凭证所记载的款项的，人民法院应当认定持有人与金融机构间不存在存款关系，并判决驳回原告的诉讼请求。

2. 持有人以上述真实凭证为证据提起诉讼的，如金融机构不能提供证明存款关系不真实的证据，或仅以金融机构底单的记载内容与上述凭证记载内容不符为由进行抗辩的，人民法院应认定持有人与金融机构间存款关系成立，金融机构应当承担兑付款项的义务。

3. 持有人以在样式、印鉴、记载事项上有别于真实凭证，但无充分证据证明系伪造或变造的瑕疵凭证提起诉讼的，持有人应对瑕疵凭证的取得提供合理的陈述。如持有人对瑕疵凭证的取得提供了合理陈述，而金融机构否认存款关系存在的，金融机构应当对持有人与金融机构间是否存在存款关系负举证责任。如金融机构有充分证据证明持有人未向金融机构交付上述凭证所记载的款项的，人民法院应当认定持有人与金融机构间不存在存款关系，判决驳回原告的诉讼请求；如金融机构不能提供证明存款关系不真实的证据，或仅以金融机构底单的记载内容与上述凭证记载内容不符为由进行抗辩的，人民法院应认定持有人与金融机构间存款关系成立，金融机构应当承担兑付款项的义务。

4. 存单纠纷案件的审理中，如有充足证据证明存单、进账单、对账单、存款合同等凭证系伪造、变造，人民法院应在查明案件事实的基础上，依法确认上述凭证无效，并可驳回持上述凭证起诉的原告的诉讼请求或根据实际存款数额进行判决。如有本规定第三条中止审理情形的，人民法院应当中止审理。

- 《中华人民共和国民事诉讼法》（全国人民代表大会常务委员会发布，2017年6月27日修正，法宝引证码：CLI.1.297379）

第一百五十条　有下列情形之一的，中止诉讼：
（一）一方当事人死亡，需要等待继承人表明是否参加诉讼的；
（二）一方当事人丧失诉讼行为能力，尚未确定法定代理人的；
（三）作为一方当事人的法人或者其他组织终止，尚未确定权利义务承受人的；
（四）一方当事人因不可抗拒的事由，不能参加诉讼的；
（五）本案必须以另一案的审理结果为依据，而另一案尚未审结的；
（六）其他应当中止诉讼的情形。
中止诉讼的原因消除后，恢复诉讼。

第一百五十三条　人民法院审理案件，其中一部分事实已经清楚，可以就该部分先行判决。

03 【银行内部业务规定调整不影响外部效力且应当告知】
梅州市梅江区农村信用合作联社江南信用社诉罗某某储蓄合同纠纷案

一、实务规则

［储蓄存款合同］银行内部业务规定的调整，不影响银行对外从事的民事法律

行为的效力,且银行对于该调整规定负有告知储户的义务。

二、规则解读

银行的内部业务规定的目的不是规制其对外签订、履行储蓄存款合同,不影响其进行的民事法律行为的效力。且银行作为专业金融机构,对于关乎储户切身利益的内容负有告知储户的义务。

三、案情概述

(一) 案情简介

案例名称:梅州市梅江区农村信用合作联社江南信用社诉罗某某储蓄合同纠纷案

案例来源:《最高人民法院公报》2011年第1期

案号:(2009)梅中法民二终字第75号

关键词:效力性强制性规定　告知义务　财产保全

具体案情:

2000年7月6日,被告罗某某在原告梅州市梅江区农村信用合作联社江南信用社(以下简称"江南信用社")处存入人民币77 000元,原告开具定期储蓄存单1份并交于被告收执,存单内容显示:种类栏为整存整取,存入日和起息日栏均为2000年7月6日,存期栏为8年,到期日栏为2008年7月6日,利率栏为空白,密码栏为密码身份证,到期利息栏为空白,户名栏为罗某某,账号栏为59606090007409。原、被告均在相应栏目签名盖章确认。

2008年10月14日,被告到原告处办理上述定期储蓄存单支取手续,原告按8年期储蓄存款利率将上述存款本息(扣除利息税)支付给被告,并开具储蓄存款利息支付清单1份交给被告收执。该清单内容显示"账号:10159600704212000000051,户名:罗某某,种类:对私账户,期限:8年,计息本金:77 000元,起息日期:2000年7月6日,止息日期:2008年10月14日,天数:2 978天,利率:17.1%,利息金额:105 486.92元,利息合计:105 486.92元。应纳税利息:105 486.92元,税率:5%,代扣利息税款:19 313.20元,实付利息:86 173.72元,实付本息:163 173.72元。"清单由原、被告签名盖章确认后,被告将款支出并存入在原告处另行开立的账户。

国务院发布的《储蓄管理条例》第22条规定:"储蓄存款利率由中国人民银行拟订,经国务院批准后公布,或者由国务院授权中国人民银行制定、公布。"第23条规定:"储蓄机构必须挂牌公告储蓄存款利率,不得擅自变动。"1996年5月中国人民银行广东省分行发布的《转发中国人民银行总行关于降低金融机构存、贷款利率的通知》第6条规定:"取消八年期存款利率种类,约定存期和实际存期都在五年以上的存款,按五年期的存款计息。即在五年存期内按五年期定期存款利率计息,超过五年的按活期存款计息。"

针对涉案存单上的"利率"栏和"到期利息"栏为空白的情况,原告江南信用社认为:被告罗某某在2000年存款时选择8年存期,而当时中国人民银行已明确规定取消8年期存款利率,所以涉案存单上的"利率"和"到期利息"栏目均为空白,应视为双方未约定利率和利息,对此应当根据"有约定按约定,无约定按法定"的原则处理。该社按前述规定计算并提交了《关于罗某某存款利息计算方法》,具体如下:本金77 000元按5年期定期计算利息为8 870.4元(扣除利息税后),本息合计85 870.4元作本金按3年期定期计算利息至2008年7月6日,同年7月6日至同年10月14日按活期利率计付利息,被告罗某某应实得利息为16 080.12元(扣除利息税后)。被告取款时因原告工作人员工作疏忽导致多付利息给被告。由于电脑程序及操作问题,存款当时原告无法复核存单内容,因此在取款后予以复核。原告一经发现多付利息给被告,即与被告交涉。

被告则认为:被告存款时已与原告约定利率为17.1%,当时并未注意存单上未显示利率。存单到期后,被告已支取本息,双方各自履行了合同义务并均无异议。

诉讼中,原告江南信用社向梅州市梅江区人民法院提出财产保全申请,梅州市梅江区人民法院作出(2008)梅区民初字第543号民事裁定书,依法冻结被告罗某某在江南信用社1015960070121200037703账户内的存款,冻结金额以人民币73 000元为限。

(二) 审理要览

梅州市梅江区人民法院一审认为:被告罗某某于2000年7月6日到原告江南信用社处存入人民币77 000元,原告开具定期储蓄存单交于被告收执,原、被告之间的储蓄合同关系成立。但原告江南信用社与被告罗某某在涉案存单中约定的8年存期违反了《储蓄管理条例》第22条、第23条和中国人民银行广东省分行发布的《转发中国人民银行总行关于降低金融机构存、贷款利率的通知》第6条的规定,应认定为无效。原告根据被告存款时的利率政策和标准计算出被告应得利息为16 080.12元(扣除利息税后),符合有关规定,应予认定。

原告江南信用社与被告罗某某虽然在涉案存单中约定存期为8年,但涉案存单上"利率"栏和"到期利息"栏均为空白,说明双方就该部分内容未达成一致意见,没有形成完整的储蓄合同。造成上述瑕疵,双方均有责任,原告作为金融部门疏于管理,未按有关规定执行存款存期和利率,并且在被告取款过程中,原告工作人员仍然按照8年存期的存款利率17.1%计付利息,导致多付被告利息70 093.6元(即原告实付利息86 173.72元减去被告应得利息16 080.12元),原告对此应承担主要责任,酌定承担责任比例为60%,即42 056.16元;被告作为储蓄合同的一方,对合同的主要条款负有与原告达成一致意见的责任,但对原告出具的涉案存单内容未进行详细审阅,亦有过失,应承担次要责任,酌定承担责任比例为40%,即

28 037.44 元。据此，被告应返还原告人民币 28 037.44 元。

综上，梅州市梅江区人民法院依据《中华人民共和国民法通则》（以下简称《民法通则》）第 4 条、第 6 条、第 84 条，《中华人民共和国合同法》（以下简称《合同法》）第 7 条、第 58 条之规定，判决罗某某应在本判决生效之日起 5 日内返还原告江南信用社利息人民币 28 037.44 元。

江南信用社、罗某某均不服一审判决，向广东省梅州市中级人民法院提起上诉。

二审法院认为，本案的争议焦点是：上诉人罗某某与上诉人江南信用社签订的涉案储蓄存单关于 8 年存期的约定是否有效，存单利率应如何确定。

上诉人罗某某到上诉人江南信用社处存入人民币 77 000 元，江南信用社开具定期储蓄存单交于罗某某收执，双方的储蓄存款合同关系成立。

关于涉案储蓄存单中 8 年存期的约定的效力问题，二审法院认为根据《合同法》第 52 条第（五）项和《最高人民法院关于适用〈中华人民共和国合同法〉若干问题的解释（二）》第 14 条的规定，违反法律、行政法规中的效力性强制性规定的合同无效。国务院《储蓄管理条例》第 22 条和第 23 条是对金融机构关于储蓄存款利率拟订、公布、变动等的管理性规定，不是对储蓄机构对外签订、履行储蓄存款合同的效力性规定，不影响储蓄机构在从事民事活动中的行为的效力，不能以储蓄机构违反该项规定为由，确认涉案储蓄合同关于存期的约定无效。而中国人民银行广东省分行于 1996 年 5 月发布的《转发中国人民银行总行关于降低金融机构存、贷款利率的通知》属于部门规章，不属法律法规，不能导致双方签订的合同条款无效。在没有法律法规明确规定涉案存单关于 8 年存期的约定为无效条款的情况下，不能仅根据上述规定确认该约定无效。上诉人罗某某与上诉人江南信用社作为平等的合同主体，均享有自愿约定合同内容的权利，故双方订立的储蓄存单中关于 8 年存期的约定合法有效。

关于涉案储蓄存单的利率如何确认的问题，二审法院认为，首先，上诉人江南信用社作为专业金融机构，对于关乎储户切身利益的内部业务规定，负有告知储户的义务。中国人民银行广东省分行于 1996 年 5 月发布的《转发中国人民银行总行关于降低金融机构存、贷款利率的通知》仅是部门规章在相关金融机构的内部告知，罗某某作为普通储户，不可能全面了解银行内部规定，银行也无权要求储户自行熟知所有储蓄规定。江南信用社作为专业的金融机构，掌握取消 8 年期定期整存整取利率种类的相关规定，而且此规定与储户的储蓄利益密切相关，储户在办理储蓄业务时是否知道该项规定决定着其是否改变储蓄存期的种类，故江南信用社有义务在罗某某办理业务时告知相关信息。但江南信用社未尽告知义务，没有向罗某某说明 8 年期定期整存整取利率种类已取消，而是直接与罗某某签订了 8 年期整存整取储蓄存单。罗某某作为普通储户，签订存单时约定为 8 年存期、种类为整存整取，其自然认为涉案储蓄存单是以 8 年期定期整存整取利率即 17.1% 计息。

其次，如银行未就有关内部业务规定向储户履行告知义务，当双方对于储蓄合同相关内容的理解产生分歧时，应当按照一般社会生活常识和普遍认知对合同相关内容作出解释，不能片面依照银行内部业务规定解释合同内容。根据本案事实，上诉人罗某某与上诉人江南信用社签订储蓄存款合同时，双方共同约定储蓄存期为8年期、种类为整存整取。普通储户的存款储蓄年限是根据储蓄机构提供的储蓄种类及利率来设定的，就储户对储蓄业务的了解，定期存款的储蓄种类和利率是一一对应的，即相应的存期对应相应的利率。储蓄机构在1996年5月前开设过8年期存款，对应利率为17.1%。罗某某在江南信用社办理涉案存款业务时，该社在没有告知8年期定期整存整取利率已取消的情况下，与罗某某签订了涉案存单，并约定存期为8年期、种类为整存整取，按照一般社会生活常识，罗某某有理由相信8年期定期整存整取储蓄种类仍然存在且对应利率保持17.1%不变，其不可能想到这一存款利率种类已被取消。因此，虽然本案存单上"利率"栏和"到期利息"栏为空白，但不能仅以银行内部关于取消8年期定期整存整取利率种类的业务规定予以解释，而应当按照一般社会常识和储户对于存单约定内容的普遍认知解释相关合同内容，即涉案存单应以利率17.1%计息。

综上，上诉人江南信用社以8年期定期整存整取利率种类已被取消、上诉人罗某某取得的部分利息属不当得利为由，要求罗某某返还利息没有法律依据，不予支持。江南信用社如认为涉案存单约定8年期定期整存整取利率计息违反了金融机构的利率政策，可在对外承担合同义务的同时，对内按相关管理规定自行处理。

二审法院认为，一审判决认定事实基本清楚，但适用法律错误，处理不当，应予纠正。梅州市中级人民法院依照《中华人民共和国民事诉讼法》（以下简称《民事诉讼法》）第153条第1款第（二）项的规定，于2009年12月15日判决如下：撤销梅州市梅江区人民法院（2008）梅区民初字第543号民事判决，并驳回上诉人江南信用社的诉讼请求。

四、规则适用

（一）关于效力性强制性规定

《民法通则》规定违反法律或者社会公共利益的民事行为无效；《合同法》则规定违反法律、行政法规的强制性规定以及损害社会公共利益的合同无效。因此，法律规定可以分为任意性规定和强制性规定。根据《最高人民法院关于适用〈中华人民共和国合同法〉若干问题的解释（二）》第14条的规定，强制性规定又可分为管理性强制性规定和效力性强制性规定。任意性规定的目的在于引导、规范民事主体的行为，并不具备强制性效力，民事法律行为与任意性规范不一致的，并不影响其效力。而管理性强制性规定尽管要求民事主体不得违反，但其并不导致民事法律行为无效，其后果是由违法一方承担。效力性强制性规定是指法律、行政法规中规定的导致民事法律行为无效的强制性规定。新出台的《中华人民共和国民法总则》（以下简称《民法总则》）第153条第1款规定："违反法律、行政法规中的强制性规定的民事法律行为无效，但是该强制性规定不导致该民事法律行为无效的除外。"据此，导致民事法律行为无效的强制性规定的认定应当包括以下两方面内容：

（1）该规定在层级上为法律或者行政法规；

（2）该规定的立法目的在于违反该规定的民事法律行为无效。

在本案中，中国人民银行广东省分行《转发中国人民银行总行关于降低金融机构存、贷款利率的通知》虽然取消了8年期存款利率种类，但该通知在效力层级上不符合强制性规定的要件。而《储蓄管理条例》虽是行政法规，但该条例的目的仅在于管理金融机构的储蓄存款利率拟定、公布、变动等行为，而不是限制金融机构对外订立合同的行为。因此，本案中的储蓄合同应当认定为有效。

（二）关于诚信原则

《民法通则》《合同法》和《民法总则》都明确规定了诚信原则。诚信原则要求所有民事主体在从事任何民事活动时，都应该讲诚实、重诺言、守信用。诚信原则中的一项重要义务即是当事人在缔约过程中的如实告知义务，即民事主体在与他人开展民事活动时如实告知交易相对方自己的相关信息。在本案中，江南信用社不仅无权要求一般储户罗某某自行熟知银行的内部规定，更应当有义务告知其相关的内部规定。但江南信用社并未履行好自己的告知义务，而是直接与储户签订了案涉存单。在解释该存单中为载明的利息等事项时，应当根据一般社会生活常识和普遍认知，即根据客观的第三人的标准来解释，而不能根据银行的内部规定解释。因此，二审法院认定本案的利率应该是17.1%。

（三）关于财产保全

根据《民事诉讼法》第100条的规定，人民法院可以根据当事人的申请或者依职权对他方当事人的财产进行保全。根据该法第102条的规定，保全限于请求的范围或者是与本案有关的财物。《最高人民法院关于人民法院办理财产保全案件若干问题的规定》进一步对财产保全作了更具体的规定。根据《民事诉讼法》第100条的规定，人民法院可以责令申请人提供担保，申请人拒绝提供的，裁定驳回申请。但商业银行及其分支机构因其具有独立偿付债务能力，当申请保全有错时，一般情况下能负担得起被申请人因保全所遭受的损失，按照《最高人民法院关于人民法院办理财产保全案件若干问题的规定》第9条第1款第（一）项的规定，人民法院可以不要求商业银行及其分支机构在申请财产保全时提供担保。在本案中，原告江南信用社提出财产保全的申请，一审法院仅裁定对被告的存款进行冻结。

五、风控提示

（一）加强业务人员的培训和教育

本案中，引以为戒之处在于，江南信用社与罗某某订立储蓄存款合同时并未告知其相应的内部规定，致使双方对储蓄种类及利息产生了分歧。在日常经营中，银行应当定期对工作人员进行业务能力的培训和教育，提高工作人员的业务能力；并制定各类业务的操作指南，规范工作人员的行为。银行业务人员在与储户订立储蓄存款合同时，应当熟知该业务的具体规定，并严格按照操作指南的要求，将相关内容告知储户。

（二）加强对业务的事后审查

实际上，在案涉储蓄存款合同签订后，如果银行能及时发现其中存在的问题，或许就能避免损失。因此，银行应该建立相应的业务的时候审查机制，并对各类业务进行审查，以便于及时发现并纠正内部人员操作中存在的问题，避免不必要的损失。

六、法律依据

- 《中华人民共和国民法总则》（全国人民代表大会发布，2017 年 10 月 1 日实施，法宝引证码：CLI.1.291593）

第七条 【诚信原则】民事主体从事民事活动，应当遵循诚信原则，秉持诚实，恪守承诺。

第一百五十三条 【违反强制性规定与违背公序良俗的民事法律行为的效力】违反法律、行政法规的强制性规定的民事法律行为无效，但是该强制性规定不导致该民事法律行为无效的除外。

违背公序良俗的民事法律行为无效。

- 《中华人民共和国民法通则》（全国人民代表大会常务委员会发布，2009 年 8 月 27 日修正，法宝引证码：CLI.1.167199）

第四条 民事活动应当遵循自愿、公平、等价有偿、诚实信用的原则。

第五十八条 下列民事行为无效：

（一）无民事行为能力人实施的；

（二）限制民事行为能力人依法不能独立实施的；

（三）一方以欺诈、胁迫的手段或者乘人之危，使对方在违背真实意思的情况下所为的；

（四）恶意串通，损害国家、集体或者第三人利益的；

（五）违反法律或者社会公共利益的；

（六）以合法形式掩盖非法目的的；

无效的民事行为，从行为开始起就没有法律约束力。

- 《中华人民共和国合同法》（全国人民代表大会发布，1999年10月1日实施，法宝引证码：CLI.1.21651）

第六条 【诚实信用原则】当事人行使权利、履行义务应当遵循诚实信用原则。

第五十二条 【合同无效的法定情形】有下列情形之一的，合同无效：

（一）一方以欺诈、胁迫的手段订立合同，损害国家利益；

（二）恶意串通，损害国家、集体或者第三人利益；

（三）以合法形式掩盖非法目的；

（四）损害社会公共利益；

（五）违反法律、行政法规的强制性规定。

- 《最高人民法院关于适用〈中华人民共和国合同法〉若干问题的解释（二）》（最高人民法院发布，2009年5月13日实施，法宝引证码：CLI.3.116926）

第十四条 合同法第五十二条第（五）项规定的"强制性规定"，是指效力性强制性规定。

- 《中华人民共和国民事诉讼法》（全国人民代表大会常务委员会发布，2017年6月27日修正，法宝引证码：CLI.1.297379）

第一百条 人民法院对于可能因当事人一方的行为或者其他原因，使判决难以执行或者造成当事人其他损害的案件，根据对方当事人的申请，可以裁定对其财产进行保全、责令其作出一定行为或者禁止其作出一定行为；当事人没有提出申请的，人民法院在必要时也可以裁定采取保全措施。

人民法院采取保全措施，可以责令申请人提供担保，申请人不提供担保的，裁定驳回申请。

人民法院接受申请后，对情况紧急的，必须在四十八小时内作出裁定；裁定采取保全措施的，应当立即开始执行。

第一百零二条 保全限于请求的范围，或者与本案有关的财物。

- 《最高人民法院关于人民法院办理财产保全案件若干问题的规定》（最高人民法院发布，2016年12月1日实施，法宝引证码：CLI.3.283878）

第九条 当事人在诉讼中申请财产保全，有下列情形之一，人民法院可以不要求提供担保：

（一）追索赡养费、扶养费、抚育费、抚恤金、医疗费用、劳动报酬、工伤赔偿、交通事故人身损害赔偿的；

（二）婚姻家庭纠纷案件中遭遇家庭暴力且经济困难的；

（三）人民检察院提起的公益诉讼涉及损害赔偿的；

（四）因见义勇为遭受侵害请求损害赔偿的；

（五）案件事实清楚、权利义务关系明确，发生保全错误可能性较小的；

（六）申请保全人为商业银行、保险公司等由金融监管部门批准设立的具有独立偿付债务能力的金融机构及其分支机构的。

法律文书生效后，进入执行程序前，债权人申请财产保全的，人民法院可以不要求提供担保。

04 【银行未尽安全保障义务导致储户存款损失应当赔偿】
王某某诉中国银行股份有限公司南京河西支行储蓄存款合同纠纷案

一、实务规则

[储蓄存款合同] 商业银行负有保障储户安全的义务，因其未履行应尽的安全保障义务导致储户存款损失的，应当承担相应的赔偿责任。

二、规则解读

商业银行的保密义务不仅要求其对储户已经提供的个人信息保密，也包括为到银行办理交易的储户提供必要的安全、保密的环境。银行疏于对自助银行柜员机的管理、维护，未能及时检查、清理，没有及时发现、拆除犯罪分子安装的犯罪装置，导致储户财产损失的，应当承担赔偿责任。

三、案情概述

（一）案情简介

案例名称：王某某诉中国银行股份有限公司南京河西支行储蓄存款合同纠纷案
案例来源：《最高人民法院公报》2009年第2期
关键词：储蓄存款合同　保密义务　信用卡诈骗　赔偿责任
具体案情：

2007年10月9日，王某某在中国银行股份有限公司南京河西支行（以下简称"中行河西支行"）办理案涉长城电子借记卡（以下简称"借记卡"）。该借记卡为无存折卡，王某某在业务登记表中进行了签名，业务登记表背面附有管理协议书及借记卡章程，载有"持卡人应妥善保管密码，因密码泄露而造成的风险及损失由持卡人本人承担"的内容。

2007年12月2日晚，案外人汤某某等5人在中国银行股份有限公司南京热河南路支行（以下简称"中行热河南路支行"）自助银行网点的门口刷卡处安装读卡器，在自助银行柜员机上部安装了具备摄像功能的MP4。当日19时5分，王某某在该柜员机取款5 000元。汤某某等人遂窃取到了案涉借记卡的相关信息，并复制两张假银行卡。

2007年12月3日，汤某某等3人持其中一张卡到南昌，其余两人持另一张卡到北京，分别实施信用卡诈骗犯罪行为。

中行河西支行提供的查询明细显示：案涉借记卡于2007年12月3日在中国银行股份有限公司南京江宁大市口支行柜面被取款50 000元，于当日19时58分在中国银行股份有限公司南京光华路（以下简称"中行南京光华路"）自助银行柜员机被取款5 000元。王某某对该两次取款均予以认可。南京市鼓楼区人民法院依法调取的中国银行股份有限公司北京天缘公寓支行提供的交易明细显示：案涉借记卡于2007年12月3日22时22分9秒至2007年12月4日0时33分53秒期间在该支行所管理的自助银行柜员机上取款35 000元，发生异地取款手续费140元。

2007年12月6日，王某某发现其借记卡内存款短少，立即到中国银行股份有限公司南京下关支行（以下简称"中行下关支行"）打印交易明细并向南京市公安局鼓楼分局（以下简称"鼓楼公安分局"）报案。2008年1月11日，鼓楼公安分局将案外人汤某某抓获并于当天对其实施刑事拘留。2008年6月5日，南京市鼓楼区人民法院予以判决汤某某犯信用卡诈骗罪，但该案判决并未对案涉储蓄卡在北京的取款予以认可。

2008年1月24日，王某某为发放民工工资，与中行下关支行签订协议约定：该行先借给原告232 000元，如原告对中行下关支行提起民事诉讼且法院判决中行下关支行对原告赔偿，则中行下关支行有权以协议项下对原告的债权进行抵偿。中行下关支行于当日支付原告232 000元。2008年3月12日，原告以中行下关支行为被告向南京市下关区人民法院提起诉讼，同年4月30日，南京市下关区人民法院裁定该案中止审理，同年6月5日，南京市鼓楼区人民法院就信用卡诈骗案作出刑事判决。后原告考虑到诉讼主体资格的问题，向南京市下关区人民法院撤回起诉，并以中行河西支行为被告向南京市鼓楼区人民法院提起本案诉讼。

（二）审理要览

南京市鼓楼区人民法院认为，本案的争议焦点在于，犯罪分子通过窃取原告借记卡的卡号、信息及密码，复制假的银行卡，将借记卡账户内的钱款支取、消费的事实发生后，中行河西支行是否还要承担支付责任。

首先，原告王某某与中行河西支行建立了储蓄存款合同关系。中行河西支行有义务根据原告的指示，将存款支付给原告或者原告指定的代理人，并负有保证原告借记卡内存款安全的义务。根据《中华人民共和国商业银行法》（以下简称《商业银行法》）第29条第1款的规定，商业银行应当承担为存款人保密，保障存款人的合法权益不受任何单位和个人的侵犯的义务。保密义务不仅要求商业银行对储户的个人信息保密，也应该为到银行办理交易的储户提供必要的安全、保密的环境。因此，商业银行有义务对其设置的自助银行柜员机进行日常维护、管理，以实现为储户提供安全、保密的交易环境的义务。汤某某等人在中行热河南路支行自助银行网点门口刷卡处安装读卡器、在柜员机上部安装具有摄像功能的MP4，窃取了王某某借记卡的卡号、信息及密码，复制了假的银行卡，并从王某某借记卡账户内支取、消费428 709.50元。上述事实说明，中行热河南路支行自助银行柜员机存在重大安全漏洞，银行及其工作人员未能及时检查、清理自助柜员机，没有及时发现、拆除犯罪分子安装的装置，给犯罪分子可乘之机，导致储户的损失。因此，原告借记卡密码被犯罪分子所窃取，是银行未能履行其为储户提供必要的安全、保密环境的义务所致。

其次，虽然双方签订的借记卡管理协议书及章程中已经约定"持卡人应妥善保管密码，因密码泄露而造成的风险及损失由持卡人本人承担"。但该约定应当是指在银行已经为持卡人提供了安全、保密的交易环境的前提下，完全由于持卡人自己的过失使借记卡遗失或密码失密造成的风险及损失。而本案中原告借记卡失密，是银行违反安全保密义务所致。储户在使用自助银行柜员机进行交易时，难以辨别门禁识别装置是否正常，是否安装了其他不明识别器，也难以发现柜员机上方是否安装非法摄像装置。因此，银行主张风险一律由持卡人本人承担，没有法律依据。

再者，虽然原告的损失是由他人的犯罪行为所致，即案外人汤某某等人利用被告未尽保密义务、对自助柜员机疏于管理的安全漏洞，窃得原告借记卡的密码，而后使用复制的假卡进行支取和消费。但是这是由于银行未能准确地识别该复制的假卡，从而将原告借记卡账户中的存款错误地交付给假卡持有人。因此，在真借记卡尚由原告持有的情况下，汤某某等人的行为并非直接侵害了原告的财产所有权，而是侵犯了银行的财产所有权。原告与被告建立的储蓄存款合同关系合法有效，双方的债权债务关系仍然存在。被告认为原告借记卡内的资金短少属于犯罪行为给原告造成的资金损失，被告不应承担民事责任的主张，没有事实根据和法律依据，不予支持。此外，《商业银行法》第33条规定规定了商业银行的保证支付义务，被告错误的将原告借记卡账户内的存款交付给假卡持有人，未适当完成自己的支付义务，故原告要求中行河西支行支付相应存款及相应利息的主张合法，应予以支持。

最后，被告认为，涉案借记卡账户在北京被支取的35 140元未被刑事判决所认定，该款项不排除原告王某某自行支取的可能。对此法院认为，根据鼓楼公安分局对案外人汤某某的询问笔录，汤某某等人于2007年12月2日晚复制原告的借记卡后即离开南京到江西南昌、余干和北京等地，这说明2007年12月3日晚19时58分在中行南京光华路自助银行柜员机从涉案借记卡账户中支取的5 000元并非汤某某等人利用复制的假银行卡所支取的，原告亦认可其于2007年12月3日晚19时58分在该处取款5 000元的事实。这一事实同时证明2007年12月3日晚8时左右原告尚在南京市区。而案涉借记卡在北京的交易时间段离原告在光华路自助银行柜员机取款的时间不足两个半小时。在如此短的时间内，原告显然不可能从南京到北京取款。因此，中行河西支行在不能证明该款项是按原告的指示予以支取的情况下，有义务向王某某承担给付责任。

中行下关支行于2008年1月24日出借给原告232 000元，现其同意在本案中作为被告中行河西支行的出借款予以抵扣，符合双方签订协议的真实意思，中行河西支行与原告在庭审中亦予以认可，对此予以准许。

综上，原告王某某借记卡账户内资金短少系因被告中行河西支行未履行其应尽的安全、保密义务所致，原告要求中行河西支行支付存款及相应利息的诉讼请求应予以支持，但应扣除中行下关支行已出借的232 000元。据此，南京市鼓楼区人民法院判决：被告中行河西支行于本判决生效之日起10日内一次性支付原告王某某存款人民币231 849.2元及相应利息。

一审宣判后，双方当事人在法定期限内均未提出上诉。

四、规则适用

（一）关于银行的安保义务

自助设备一般被司法机关认为是储蓄机构营业场所的物理延伸，根据《商业银行法》等有关法律的规定，储蓄机构有义务为储户提供安全的交易环境，确保经营场所的安全。商业银行安保义务的具体内容包括：

（1）商业银行营业场所的设施布置及保卫人员的配备，必须符合有关法律法规以及文件的规定。

（2）商业银行应对客户尽必要的说明、告知和提示义务。商业银行应该在其营业场所醒目的位置，设置警示牌，张贴有关安全须知的告示，告诉客户在办理义务的过程中可能存在的不安全因素，提高客户的防范意识。

因此，储蓄机构有义务对经营场所的技术和设备进行清理、维修和改造升级，并对储户进行必要的用卡安全的提示告知。因自助设备故障或者是自助服务区域安全措施不到位，给不法分子以可乘之机，导致储户的经济损失的，设置自助设备或自助服务区域的储蓄机构应该承担相应的过错责任，不能以该损失是因他人的不法行为造成为由免责。

（二）关于银行的举证责任

本案中，中行河西支行主张，在北京地区发生的35 140元未被刑事判决所认定，该款项不排除原告王某某自行支取的可能。但是，法院根据一般的常理推断，在该时间段内原告王某某难以进行两地取款的行为，而中行河西支行又未能提供其他证据证明其主张。

根据《中华人民共和国民事诉讼法》第64条的规定，当事人负有对自己主张的事实的举证责任。根据《最高人民法院关于民事诉讼证据的若干规定》第2条的规定，当事人对于自己主张的事实，没有证据或者证据不足的，应该由负举证责任的一方承担不利的后果。因此，我国民事诉讼中，举证责任包括行为与结果两方面的含义：

（1）谁主张就由谁提供证据加以证明，即行为意义上的证明责任；

（2）不尽举证责任，应当承担的法律后果，即结果意义上的证明责任。

在本案中，中行河西分行未提供足够的证据证明案涉35 140元的交易是其根据原告的指示作出的，且该交易的发生与一般的常理不符，因此，中行河西分行并未尽到应尽的举证义务，应当承担相应的不利后果。

五、风控提示

（一）加强安全用卡的宣传，提高储户的自我保护能力

不法分子窃取储户的密码等信息的方法主要有：一是在自助网点门禁系统或自助设备上安装假刷卡装置、假键盘等；二是在自助设备附近安装摄像头或者通过高倍望远镜窃取密码；三是在POS机上加装读卡装置或代存款人结账时在读卡装置上刷卡，并偷窥存款人密码；四是以高额授信为诱饵，为存款人代办信用卡后盗取卡号及初始密码。为了提高储户的鉴别和自我保护能力，储蓄机构应该利用各种途径宣传安全用卡常识，并在必要的地方向储户提示相关风险。

（二）定期对自助设备进行维护，尽到自身的安全保障义务

不法分子的手段层出不穷，储蓄机构应该从自身安全保障义务的履行出发，保护储户的人身和财产安全。自助设备或自助服务区域是不法分子窃取储户信息、侵犯储户财产权益的"高危区"。储蓄机构应该对自己设置的自助设备或者是自助服务区域进行安全监控，及时发现不法分子的犯罪行为，并对自助设备或自助服务区域进行定期的清理维护，及时清除不法分子安装的犯罪设备。因第三人不法行为导致储户损失的案件中，司法机关在认定银行的责任时，往往以储蓄机构的过错为基础，即储蓄机构承担的是过错责任。在尽可能履行好安全保障义务的情形下，储蓄机构才可以减少损失。

六、法律依据

- 《中华人民共和国商业银行法》（全国人民代表大会常务委员会发布，2015年8月29日修正，法宝引证码：CLI.1.256594）

第二十九条 商业银行办理个人储蓄存款业务，应当遵循存款自愿、取款自由、存款有息、为存款人保密的原则。

对个人储蓄存款，商业银行有权拒绝任何单位或者个人查询、冻结、扣划，但法律另有规定的除外。

- 《中华人民共和国民事诉讼法》（全国人民代表大会常务委员会发布，2017年6月27日修正，法宝引证码：CLI.1.297379）

第六十四条 当事人对自己提出的主张，有责任提供证据。

当事人及其诉讼代理人因客观原因不能自行收集的证据，或者人民法院认为审理案件需要的证据，人民法院应当调查收集。

人民法院应当按照法定程序，全面地、客观地审查核实证据。

- 《最高人民法院关于民事诉讼证据的若干规定》（最高人民法院发布，2008年12月31日实施，法宝引证码：CLI.3.219034）

第二条　当事人对自己提出的诉讼请求所依据的事实或者反驳对方诉讼请求所依据的事实有责任提供证据加以证明。

没有证据或者证据不足以证明当事人的事实主张的，由负有举证责任的当事人承担不利后果。

05 【银行未履行相应的告知义务导致客户损失的应当赔偿】
张某某与中国光大银行股份有限公司上海金桥支行储蓄存款合同纠纷案

一、实务规则

[储蓄存款合同] 银行在缔约、履约等环节中有义务全面、充分地告知客户该业务相应的风险，未履行相应的告知义务导致客户损失的，应当承担相应的赔偿责任。

二、规则解读

"跨行资金归集"等银行的新型业务，其风险程度比一般的业务要更高。在此类业务的办理、履行过程中，银行有义务全面、充分地告知客户相应的风险；客户向银行询问时，银行也有义务及时、专业、有效地回答客户的问题。银行未履行好自身的告知义务导致客户损失的，应当承担相应的赔偿责任。

三、案情概述

（一）案情简介

案例名称：张某某与中国光大银行股份有限公司上海金桥支行储蓄存款合同纠纷案

案例来源：2016年度上海法院金融商事审判十大典型案例

案号：（2015）浦民六（商）初字第9326号

关键词：储蓄存款合同　告知义务　跨行资金归集　赔偿责任

具体案情：

2015年7月15日，张某某在家中收到陌生人的手机号码发来的短信。对方自称是银联客户经理，可以办理额度50万元的信用卡，收两个点的手续费，让其办理光大银行的借记卡。次日，张某某遂至中国光大银行股份有限公司上海金桥支行（以下简称"光大银行金桥支行"）办理了一张卡阳光借记卡，并申领了交易令牌，开通了电子银行套餐及对外转账功能，开通的网银版本为专业版（令牌动态密码）。

开户后，原告相继将涉案借记卡卡号、网银登录密码和令牌动态密码、手机动态密码、交易密码等告知了案外人。7月20日，对方说帮其刷好了信誉，办理50万元额度的信用卡需要其在借记卡内存入25万元人民币。

2015年7月24日，张某某到光大银行金桥支行向其工作人员咨询在自己泄露了密码又重置密码的情况下账户是否安全，该工作人员给予肯定答复。同日，原告在被告工作人员指导下修改了网银登录密码及交易密码，并转入涉案账户133 731元。随后，张某某又拨打了光大银行的客服电话询问在自己泄露了网银密码又重新修改了密码的情况下，他人能否通过网上银行将账户内的资金转走，客服人员回复"转不了的"。2015年7月26日，原告又向涉案账户转入123 998元。至此，该账户余额为257 729元。

2015年7月26日，涉案账户合计对外转出200 000元，银行的查询明细显示为"收网银支付借记"。张某某当即拨打光大银行客服电话口头挂失并冻结了涉案账户。次日，张某某向上海市公安局浦东分局金桥出口加工区治安派出所报案。

另查明，2015年7月20日17时28分54秒及17时34分48秒，涉案账户分别通过令牌版网银进行了两笔付款授权签约业务的操作，付款授权协议的生效日期均为2015年7月20日，单笔限额均为50 000元，日累计金额上限均为100 000元，其中一笔授权签约验证交易的收款人账号为×××，收款人户名为李某某，收款开户机构为中国工商银行；另一笔交易收款人账号为×××，收款人户名为龙某，收款开户机构为中国工商银行。原告签约手机号××××××××××自开户之日起未作变更。光大银行个人资金归集业务签约流程如下：①经他行网银链接跳转到光大网银页面，输入登录名、登录密码后登录个人网银；②选择登录的网银版本，验证对应的动态密码；③选择被扣款光大账户信息，设置被扣款限额后验证交易密码；④阅读页面显示的授权支付协议（指定收款人）内容；⑤再次验证动态密码（手机动态密码验证）；⑥光大账户被扣款签约成功。若选择登录令牌版网银，办理资金归集签约业务过程中持卡人的签约手机会收到三条短信：第一条短信显示"您正在登录我行网银，请认准www.cebbank.com并核对防伪信息，确认后输入令牌密码，谨防泄露"；第二条短信显示"签约成功后，您账户内资金将随时转至他人账户，且无需再验证交易密码，请谨慎操作。确认后输入动态密码××××××，发送序号为×，请勿泄露给他人（含银行）"。第三条短信显示"您已授权他人通过他行网银或其他渠道对您尾号为×××的光大账户进行资金转出，交易时无需验证密码。如有疑问详询95595"。

再查明，登录被告门户网站www.cebbank.com查询，其发布的《中国光大银行网上银行个人客户章程》第13条规定："客户有义务采取风险防范措施，安全使用网上银行。这些措施包括但不限于：（一）妥善保管与办理网上银行业务相关的各项重要资料……不要在不信任的网站或其他场所留下卡号、存折账号、身份证号、常用电话号码等个人信息，防止被他人利用；（二）保护好自己的银行卡密码、存折密码、网上银行密码、阳光网盾密码等重要信息,不要告知包括银行人员在内的任何人;不要在计算机、电话、手机或其他电子设备上记录或保留,在任何情况下,中国光大银行都不会向客户索要银行密码的内容。当他人(包括银行人员)向客户索要银行密码时,请不要提供……"《中国光大银行个人网上银行客户服务协议书》第2条甲方(即原告)权利、义务规定:"……二、义务(一)甲方办理网上银行业务,应遵守《中国光大银行电子银行个人客户章程》和乙方公布的交易规则……(四)甲方注册开通网上银行后,所享有的网上银行服务内容依照乙方网银实际提供的功能确定;(五)甲方必须妥善保管本人客户号、注册卡(折)号、密码、证件号码及数字证书,并对通过以上信息完成的金融交易负责……(六)……避免将密码提供给他人……由于密码泄露造成的后果由甲方承担,甲方应谨慎保管数字证书、阳光令牌和签约手机,避免将数字证书或阳光令牌/签约手机上的交易验证动态密码提供给他人,由于数字证书损毁、遗失和/或密码、阳光令牌、交易验证动态密码遗失或泄露造成的后果由甲方承担……"《中国光大银行电子银行个人客户交易规则》第6条交易风险提示规定:"个人网上银行数字证书、令牌动态密码、手机动态密码是保证网上银行交易安全的重要手段,专业版客户请注意妥善保管,以便安全地使用网上银行……(2)保护好个人账号和密码……不要将密码提供给他人。"

(二) 审理要览

上海市浦东新区人民法院审理认为,在储蓄存款合同项下,储户的主要合同义务包括存款、妥善保管账户信息及密码,同时储户还负有通知、协助、保密等义务;银行的主要合同义务包括审核交易对手身份、保障账户资金安全、依储户指令收付款项,同时还负有风险提示、解释说明、提供帮助等附随义务。本案中,原告自认将账号、网银登录密码、交易密码、令牌动态密码、手机动态密码等信息泄露给案外人,违反了储户妥善保管账户信息及密码的合同义务,对损失的产生当然负有过错。

但从本案的交易背景考察,本案系通过网上银行转走借记卡中资金引发的纠纷,涉案交易都通过原告涉案账户的网上银行进行,根据我国《电子签名法》的规定,当事人可以约定在民事合同中使用电子签名,用于识别签名人身份并表明签名人认可其中的内容,可靠的电子签名与手写签名或盖章具有同等的法律效力。本案在案证据显示,被告提供电子银行服务,通过交易令牌所载的客户证书存放客户身份标识,对网上交易数据进行加密、解密和数字认证。对此,原告在申领令牌时已签字确认,表明其对使用令牌完成的电子银行交易之效力予以认可。然而,储蓄存款合同项下网上银行这一新型的服务形式让储户对资金的管理和使用突破了物理地域限制,在提高交易效率和增加服务便捷性的同时,也大大增加了储户资金的风险。尤其是通过网上银行开通资金归集业务这类有别于传统银行业务操作模式的高风险新型业务,更应强调发卡行在缔约时的风险告知义务、在履约过程中的合理审查和安全保障义务以及储户有疑问时的安全指导、解释说明义务。被告提供的《中国光大银行综合签约业务回执》罗列了原告开通的账户账号、签约手机号、申领的电子令牌品名、型号、生产厂家以及开通的电子银行套餐项目名称等，原告在下方"本人已了解签约业务相关规定，并愿意遵守规定相应条款并确认所申请业务与银行打印栏记录相符"栏处签字确认。被告对申请项目的罗列是明确的，表述是清晰的，原告在下方签字确认，可视为双方就申请项目意思表示一致。

考量被告是否尽到风险提示义务应主要考察两个要素：第一，风险提示的内容是否全面、明确、清晰；第二，风险提示的方式是否合理。结合本案具体情况：首先，从被告提示的内容来看，业务回执虽经原告签名，但其签名确认部分笼统使用了"签约业务相关规定"和"相应条款"来概括，交易流水所示的业务种类也仅提到"对外转账"，而电子银行资金归集这一有别于常规的银行业务，与其开通后不需要密码的高风险特质却未载于业务回执的任何部分。且被告门户网站发布的《电子银行个人客户交易规则》中所列举的"交易功能"也仅包括常规的"账务查询、转账汇款、投资理财、信用卡服务等"。前述风险告知内容的缺失使得原告低估了被告提供的电子银行服务的风险，也是导致其轻信案外人从而被开通资金归集业务并被转走款项的原因之一。其次，从被告提示风险的方式来看，被告的书面业务回执中既未告知相关业务的具体名称，也未见对电子令牌及电子银行套餐使用时可能遇到的风险进行具体的书面释明和告知，结合被告提供的相关视频录像，被告工作人员也未就相关业务风险及其获知渠道作过口头提示。即使被告在业务回执底部列明了其门户网站的网址和客服电话，也不能免除被告作为金融服务提供一方应当履行的风险告知义务。因此，在网下开户及业务申请阶段，被告未能适当、全面地履行风险告知义务。

在网上交易的履约环节，根据被告提供的后台记录，本案系由案外人通过涉案账户网上银行进行资金归集支付授权签约操作，而导致原告账户内资金被他人转走。被告提供了经过公证的光大银行资金归集被他行扣款签约流程及2012年该业务上线时被告行内关于业务流程的培训材料。根据前述流程，签约过程中，被告系统会向储户预留的手机号码发送三条短信，分别是提醒储户登录网银时核对防伪信息后输入令牌密码、告知储户签约成功的后果和相应手机动态密码以及告知签约成功并再次提醒签约后果。原告主张其没有收到被告任何风险提示短信。被告辩称已发送相关提示短信，根据流程，没有短信中的验证码无法完成资金归集签约操作，但由于后台系统发送短信记录只保存6个月，现已无法提供。但无论是案发后原告向被告反映资金被盗还是涉诉后本院向被告送达诉讼材料，都未超过6个月的保存期限，然而被告却并未本着维护原告资金安全、及时解决纠纷的态度积极调查、取证，最终导致其举证不能，理应由其承担不利后果。

原告向案外人泄露密码后即多次向被告的工作人员、客服热线进行咨询。根据《中华人民共和国合同法》（以下简称《合同法》）第60条的规定，被告有义务向原告提供及时、全面、可靠的咨询服务。本案中，被告履行该项义务应当包含以下几层含义：被告工作人员应全面了解本行所开设的各类业务并熟悉大致的业务流程；被告应及时了解储户的账户情况，包括申请的业务种类及功能设置等；被告提供的咨询意见能有效解决客户问题。原告向案外人泄露了密码等相关信息后，多次向被告询问系争账户安全问题，而此时原告账户已被案外人开通了资金归集业务。被告网点工作人员及客服均在未详细了解原告账户已开通何种业务的情形下，简单答复只要新设密码并保管好其他密码，他人便无法通过网银将钱款转走。尤其是当原告至被告网点咨询时，被告工作人员仍未引起足够重视，在有条件征得原告同意为其查询账户相关信息的情况下，疏于查询，最终原告账户中的资金被案外人通过网上银行发起资金归集而转走。由此可见，被告工作人员对资金归集被扣款签约业务的风险缺乏应有关注；同时在回答原告咨询时也未能主动要求原告授权以查询其账户相关信息、了解已开通业务情况，以提供有针对性的、可靠的咨询意见；从结果来看，被告的咨询意见也并未阻止损失的产生。

综上，法院认为光大银行金桥支行未能尽到向张某某提供及时、全面、可靠的咨询服务的义务。

至于原告的损失承担问题，本案系储蓄存款合同纠纷，原、被告之间的责任认定应适用《合同法》相关规定。根据《合同法》第107条和第120条的规定，由于原、被告均有违反法定或约定义务的情形，在分配责任承担的比例时，应衡量双方当事人的违约过错程度、各自行为在导致涉案账户资金损失发生结果中的原因力比重，最终确定各自责任的大小。原告为办理大额信用卡轻信来历不明的手机短信，与素未谋面的案外人进行电话沟通，并将网银登录密码、交易密码、令牌动态密码、手机动态密码都泄露给案外人。原告的泄密行为直接导致案外人通过登录原告网银完成资金归集被扣款的签约，最终导致账户资金被划走。原告未妥善保管账户信息及密码，对账户资金的管理和使用存在重大疏忽，应承担相应违约责任，鉴于原告的过错系损失产生的主要原因，故原告对系争损失承担主要责任。被告在开户及开通网上银行的缔约环节未就电子银行的风险进行充分、全面的告知，尤其是未对资金归集这类不同于一般银行业务操作模式且风险较高的业务进行介绍和说明，致使原告放松警惕，轻视密码保管。在原告账户被进行资金归集被扣款签约操作时，未有直接证据证明被告及时将该项业务风险明确告知原告，致使原告未能及时采取措施，阻止该项交易完成或阻止损失产生。而当原告就账户安全问题向被告咨询时，被告未能抱着审慎的态度在了解其账户相关情况后给予正确的咨询意见，使原告始终不清楚涉案账户已进行了付款授权签约，误以为修改密码便能保障账户安全，以致错失防止损失产生的最后机会。综上，被告的过错虽不是造成原告损失的主要原因，但是促成损失产生的间接因素，故被告应对本案系争损失承担次要责任。据此，法院酌定原告对其损失承担70%的责任，其余30%由被告承担赔偿责任。至于原告主张的利息损失，因原告自身对该损失发生亦有过错，故法院对该部分损失不予支持。

四、规则适用

（一）关于银行的告知义务

本案中涉及的主要业务是"超级网银"的跨行资金归集义务。所谓跨行资金归集，即储户通过设置归集规则，将本行账户资金自动转账归集到经签约授权的他行账户中，或者是将经签约授权的他行账户资金自动转账归集到储户的本行账户中。一旦跨行资金归集授权成功，在没有储户输入密码等验证手段的情形下，银行也可以根据归集规则在满足条件时自动进行转账。

本案中，法院认为，根据《合同法》第60条"诚实信用原则"的规定，银行有义务履行好告知义务。一般而言，银行的告知义务包含以下几方面[①]：

（1）格式条款的说明义务。客户到银行办理业务，往往签订的都是格式合同。根据《合同法》第39条的规定，银行作为格式合同的制定者，对合同相对方利益有重大影响的事项负有告知客户的法定义务。

（2）合同履行过程中的通知义务。针对合同的内容、履行方式等发生变化的，银行应该与客户协商，及时通知客户。

（3）客户财产安全的风险揭示义务。保护客户资金的安全是银行的法定义务，银行的告知义务理所当然地包含有向客户全面准确地解释有关业务的风险的内容。这一点也得到了相关规范的肯定。例如，根据原中国银行业监督管理委员会发布的《电子银行业务管理办法》第39条的规定，金融机构有义务向客户充分揭示利用电子银行进行交易的风险，包括双方应该采取的风险控制措施、风险的责任承担等。

在本案中，法院认定光大银行金桥支行对张某某的损失具有过错的理由即为该行并未履行好相应的告知义务。在开户及开通网上银行的阶段，该行并没有向张某某全面准确地告知电子银行的风险，尤其是未对跨行资金归集这种风险较高的新型操作模式进行介绍和说明。而且，当张某某就账户安全问题向该行及其工作人员咨询时，银行及其工作人员的答复也没有尽到应尽的审慎义务，导致张某某误以为只要修改了密码就可以保障账户资金的安全，并最终造成损失。

（二）关于违约责任的承担

根据《合同法》第107条和第120条的规定，如果双方当事人都存在违约的，应该各自承担相应的责任。过失相抵的构成要件包括两部分：其一，赔偿权利人有过失；其二，赔偿权利人的过失导致损害的发生或者扩大。[②]

在本案中，张某某将案涉账户的密码等重要信息告诉他人，在账户资金的管理和使用上存在重大的过错。张某某的过错是导致其自身损失的重要原因。同时，如前所

[①] 参见卜瑞祥：《商业银行的告知义务》，载《银行家》2008年第6期。
[②] 参见韩世远：《合同法总论》（第3版），法律出版社2011年版，第634页。

述，光大银行金桥支行也对损失的发生具有过错。因此，法院判定张某某和光大银行金桥支行分别承担70%和30%的责任。

五、风控提示

（一）加强对客户的安全教育，提高客户的风险意识

本案的损失之所以发生，与客户本身的风险意识较低有直接的关系。张某某在接到陌生人短信的情况下，即对其在短信中告知的内容信以为真，并根据其指示办理相关业务、告知账户信息及密码等，足以证明张某某的风险意识较差。随着科技的进步，银行越来越多的金融服务通过网上银行办理，但在客户的风险意识普遍较低的情况下，为了更好地维护客户的资金安全，银行有必要加强对相关金融服务的宣传介绍，提高客户的认识水平和风险意识，尽可能地避免此类损失的发生。

（二）加强对员工的培训教育，提升自身的服务水平

银行的新业务类型层出不穷。本案即明显暴露出银行自身存在的问题——银行的工作人员对于相关业务的认识水平有待提高。在日常经营活动中，银行应该加强对一线的业务人员的培训教育，提升业务人员对新业务及风险的认识。只有这样，在办理具体的业务时，工作人员才有可能代表银行尽到应尽的告知义务。工作人员在办理业务时，应该主动对相关的格式条款，尤其是与当事人的权利义务和风险的责任承担息息相关的条款，进行详细的说明，并要求客户进行签字确认。银行在不断提升自身的服务水平的同时，也能尽可能地减轻自己的责任。

六、法律依据

- 《中华人民共和国合同法》（全国人民代表大会发布，1999年10月1日实施，法宝引证码：CLI.1.21651）

第六十条　【严格履行与诚实信用】当事人应当按照约定全面履行自己的义务。

当事人应当遵循诚实信用原则，根据合同的性质、目的和交易习惯履行通知、协助、保密等义务。

第一百零七条　【违约责任】当事人一方不履行合同义务或者履行合同义务不符合约定的，应当承担继续履行、采取补救措施或者赔偿损失等违约责任。

第一百二十条　【双方违约的责任】当事人双方都违反合同的，应当各自承担相应的责任。

第一百二十一条　【因第三人的过错造成的违约】当事人一方因第三人的原因造成违约的，应当向对方承担违约责任。当事人一方和第三人之间的纠纷，依照法律规定或者按照约定解决。

- 《中华人民共和国电子签名法》（全国人民代表大会常务委员会发布，2015年4月24日修正，法宝引证码：CLI.1.252611）

第三条　民事活动中的合同或者其他文件、单证等文书，当事人可以约定使用或者不使用电子签名、数据电文。

当事人约定使用电子签名、数据电文的文书，不得仅因为其采用电子签名、数据电文的形式而否定其法律效力。

前款规定不适用下列文书：

（一）涉及婚姻、收养、继承等人身关系的；

（二）涉及土地、房屋等不动产权益转让的；

（三）涉及停止供水、供热、供气、供电等公用事业服务的；

（四）法律、行政法规规定的不适用电子文书的其他情形。

- 《电子银行业务管理办法》[原中国银行业监督管理委员会发布，2006年3月1日实施，法宝引证码：CLI.4.73254]

第三十九条　金融机构应当与客户签订电子银行服务协议或合同，明确双方的权利与义务。

在电子银行服务协议中，金融机构应向客户充分揭示利用电子银行进行交易可能面临的风险，金融机构已经采取的风险控制措施和客户应采取的风险控制措施，以及相关风险的责任承担。

06【银行在储户挂失后如存款被他人冒领的应当赔偿】
乌某某诉中国工商银行股份有限公司乌兰察布盟分行、集宁市桥东支行储蓄存款合同纠纷案

一、实务规则

[存款挂失止付]储户的存折等凭证丢失后应及时向储蓄机构申请挂失，储蓄机构应按规定立即停止支付该储蓄存款，因储蓄机构没有及时停止支付而致储户存款被他人冒领，储蓄机构应对挂失后发生的损失负赔偿责任。

二、规则解读

在储蓄合同有效存续期间，如果储蓄存款人的存款凭证遗失，凭证持有人凭本人的身份证明向其开户的储蓄机构申请挂失，储蓄机构应根据《储蓄管理条例》第31条规定办理挂失止付。受理挂失前，储蓄存款已被他人支取的，储蓄机构不负赔偿责任，这一免责条款的适用，必须以储蓄机构办理挂失止付手续无过错为前提。

三、案情概述

案例名称：乌某某因其存折挂失后被他人冒领诉中国工商银行股份有限公司乌兰察布盟分行、集宁市桥东支行储蓄存款合同纠纷案

案例来源：《人民法院案例选》2005年第3辑
案号：（2003）乌法民终字第200号
关键词：存款挂失　归责原则　过错推定　证明责任
具体案情：
原告：乌某某，女，蒙古族，46岁，乌兰察布盟教育局职工。
被告：中国工商银行内蒙古自治区乌兰察布盟分行（以下简称第一被告）。
被告：中国工商银行乌兰察布盟分行集宁桥东支行（以下简称第二被告）。

2003年4月17日晚，原告乌某某在集宁市区行走中被他人将手提包抢走，包内有三个存款折计35 500元和手机、身份证等物品，乌某某立即向集宁市公安局刑警大队报案。为了防止存款被冒领，又于同日23时58分向第一被告值班室打电话申请挂失。次日7时30分去第二被告建设街储蓄所申请挂失，工作人员告诉其没有开机，乌某某将其丈夫的身份证留下，请储蓄所工作人员开机后马上办理挂失手续。又于7时40分来到第二被告公园路储蓄所，在储蓄所门口遇见熟人师××并向她说明情况，师××陪同其进入储蓄所。乌某某向储蓄所工作人员申明存款挂失，工作人员说："还没有开机请等一下。"师××看了一下表说："不到7时50分怎能开机？"在对话时银行的送款车来了，工作人员去办理交接款手续。之后，工作人员打电话要开机信号，待工作人员得到信号后给其办理挂失手续中，工作人员告诉她，存款已被取走。7时58分在文化宫储蓄所支5 000元，8时01分又在文化宫储蓄所支20 000元，8时13分在商贸城分理处支10 500元且清户，以上存款都是凭密码通过通存通兑网点支取。

原告诉称，原告存款折被抢劫后立即向第一被告值班室打电话挂失，又于第二天早晨储蓄所上班之前去第二被告储蓄所申请办理正式挂失手续。因二被告未采取有效措施，而被他人冒领，造成原告经济上的重大损失，精神上的重大打击。依据有关法律法规二被告应当共同承担赔偿责任。

第一被告辩称，原告在2003年4月17日晚手提包被抢，包内共有三个存款折（共计35 500元）及其他物品。在2003年4月18日早存款被分三次提走，其间原告曾于4月17日晚11时58分给中国工商银行股份有限公司内蒙古自治区乌兰察布盟分行（以下简称"工行乌兰察布盟分行"）值班室打去电话，认为该电话属于《储蓄管理条例》第31条规定的，在特殊情况下口头或者函电的形式申请挂失，故其存款被他人领取遭受损失要求第一被告赔偿。我们经过核实，认为原告所讲4月17日电话属于挂失事实不能成立，理由如下：①第一被告工行乌兰察布盟分行是一个业务管理单位，管理着全盟境内工商银行业务，是机关单位不是窗口单位，不直接办理金融业务，包括原告的挂失业务；②依据《储蓄管理条例》的相关规定，储户遗失存款存折需到储蓄机构办理，特殊情况口头或者函电都可以办理挂失，而本案原告称深夜电话向工行乌兰察布盟分行值班室打电话，即使是办理挂失，也是挂失对象错误；③原告的电话行为据认真核实属于原告的一种电话咨询业务，第一被告已明确告知原告次日早晨 7 时再来电话愿帮助其查找储蓄机构的电话,原告失去了这样一个机会;④事后才知,原告未来电话,也未向储蓄机构电话挂失而是亲自前往储蓄所办理挂失手续,经储蓄机构工作人员查询,发现原告要挂失的其中一户已发生二笔取款业务,总金额 35 500 元已清户。综上所述,原告的损失是犯罪嫌疑人的犯罪行为造成的,应当通过刑事附带民事的途径解决,答辩人不承担赔偿责任。

第二被告辩称,2003 年 4 月 18 日一早,原告来到第二被告公园路储蓄所,称其存款折被抢,并申请办理口头挂失业务。听完原告的述说,第二被告公园路储蓄所的工作人员立即开始查询,依据原告提供的客户信息中"姓名"项,共查出户名相符的有八笔存款,按照储户提供的金额只有一笔相符(金额 90 061.83 元)并于当时 8 时 08 分办理了口头挂失,剩余 7 笔存款金额和原告提供的信息核对不上。在办理完其中的一笔挂失手续后,答辩人的工作人员在查询剩余 7 笔存款的当日发生额时,发现有一笔存款已经发生了 3 次取款业务,分别是 7 时 58 分在文化宫储蓄所支 5 000 元,8 时 01 分在文化宫储蓄所支 20 000 元,8 时 13 分在商贸城分理处支 10 500 元且清户。以上存折支取的三笔存款都是凭密码通过通存通兑手段支取的。原告将其所有的人民币存入答辩人公园路储蓄所,开立了通存通兑的活期储蓄存折,故原告与答辩人形成储蓄法律关系,双方按照存折约定履行各自的义务,取款方式凭存折及密码支取,而本案的取款人在取款时提供了原告的存折及密码,在答辩人没有接到原告的报失情况下,根据"存款自愿和取款自由"的原则,我们理应向取款人付款,并不存在过失,无需承担赔偿责任。原告的损失是由于犯罪分子的犯罪行为造成的,应当在刑事附带民事诉讼中予以解决。

集宁市人民法院经审理认为,储蓄合同自储户将其所持有的货币存入储蓄机构,储蓄机构将存折、存单或者其他存款凭证交付储蓄人时成立。合同成立后,当事人双方互负权利义务。保护储蓄存款的安全是储蓄机构的法定责任。当事人的存折遗失,申请挂失被冒领后,作为储蓄机构必须举证自己在办理支取款的过程没有过错,否则,就推定其有过错。虽然本案原告也存在一定的过错,未妥善保管好存折,致使存折落入他人之手,同时也未保管好自己的个人信息、密码,但其过错并不至于导到第一被告本案结果的产生。储户在 2003 年 4 月 17 日晚存款折被抢劫后于 11 时 58 分已经向第一被告电话申请挂失,4 月 18 日 7 时 30 分去第二被告建设街储蓄所口头申请挂失,又在 4 月 18 日 7 时 50 分去公园路储蓄所口头申请挂失。4 月 18 日 8 时 01 分、8 时 13 分原告的存款被相继冒领两笔共计 30 500 元,均发生在原告申请挂失之后。由于储蓄机构没有立即停止支付该储蓄存款,致使原告存款被他人冒领。第二被告的文化宫储蓄所 4 月 18 日 7 时 58 分在非营业时间办理取款业务,违反了《储蓄管理条例》第 13 条的规定:"储蓄机构应当按照规定时间营业,不得擅自停业或者缩短营业时间。"原告 2003 年 4 月 18 日 7 时 50 分到公园路储蓄所申请办理口头挂失业务,而公园路储蓄所在 8 时 08 分才办完口头挂失手续,违反了《储蓄管理条例》第 31 条 2 款的规定:"储蓄机构受理挂失后,必须立即停止支付该储蓄存款;受理挂失前该储蓄存款已被他人支取的,储蓄机构不负赔偿责任。"本案原告挂失时间较他人冒领时间早 18 分钟,被告受理挂失申请后,并未按照有关规定立即办理止付手续,被告由于自己止付义务的迟延履行,主观上有过错,应当承担存款违约责任,赔偿原告被他人冒领的存款。第一被告工行乌兰察布盟分行是业务管理单位,管理着全盟内的工商银行业务,是机关行政管理单位不是窗口单位,但由于其未将原告向其电话挂失的信息告知其所属储蓄机构,应负行政管理责任。依照《中华人民共和国民法通则》第 106 条、第 111 条,《中华人民共和国合同法》第 113 条,于 2003 年 7 月 20 日判决如下:

被告中国工商银行乌兰察布盟分行、集宁桥东支行于判决生效后五日内支付原告乌某某存款本金 35 500 元。

案件受理费 2 300 元,由被告中国工商银行乌兰察布盟分行、集宁桥东支行承担。

宣判后,第二被告不服一审判决,向乌兰察布盟中级人民法院提起上诉称,一审判决认定的事实有误,判决错误,请求二审法院依法改判。被上诉人乌某某同意一审判决。

乌兰察布盟中级人民法院经审理认为,原审判决认定原告乌某某存款折被抢劫后,向存款储蓄单位挂失,因储蓄单位没有立即采取停止支付取款,导致原告乌某某的存款被他人支取,储蓄单位应该承担赔偿责任的事实清楚,适用法律正确,程序合法。上诉人中国工商银行乌兰察布盟分行集宁市桥东支行的上诉理由无法律依据不能成立。依据《中华人民共和国民事诉讼法》第 153 条第 1 款第(一)项之规定,于 2003 年 10 月 27 日判决驳回上诉,维持原判。

四、 规则适用

(一) 储蓄合同的特定规则确定规范[1]

挂失规则。挂失,是指存款人丧失存款凭证后请求存款机构暂停支付,金融机构经审查属实并符合条件时予以办理的业务活动。就其法律性质而言,挂失是存款合同中存款机构的附随义务之一。存单(折)或预留印鉴、密码如有遗失,存款人应持本人居民身份证明,并提供姓名、存款时间、种类、金额、账号及住址等有关信息,书面向原储蓄机构声明挂失止付,储蓄机构在确认该笔存款未被支取的前提下,可受理挂失手续。挂失 7 天后,储户需与储蓄机构约定时间,办理补领存单(折)或支取存款手续。如储户本人不能前往办理,可委托他人代为办理挂失手续,

---

[1] 参见吴庆宝:《基层法院民事裁判标准规范》("储蓄合同的特定规则确定规范"),载北大法宝网站,http://www.pkulaw.cn/fulltext_form.aspx? Db=pck&Gid=1308630873&EncodingName=,访问时间:2017 年 10 月 31 日。

但被委托人应出示其身份证明。如储户不能办理书面挂失手续，而用口头或函电（电话、电报、信函）等方式挂失，则必须在挂失5天内补办书面挂失手续，否则挂失不再有效。如果存款在挂失前或挂失失效后已被他人支取的，储蓄机构不负责任。应当注意的是，挂失可以由他人办理，但补领新的存款凭证或者直接支取存款则须由储户本人亲自办理，如此规定是为了充分保障存款人的合法权益。

（二）因存款被冒领引发纠纷的处理原则

存款被冒领是指存单持有人与金融机构之间存在真实之存储关系，在存款未到期之前，被不法分子用假存单、假身份证明向金融机构办理提前支付手续或以假身份证明向金融机构办理挂失后支取存款。当存款期满后存单的真实持有人持原存单要求兑付，金融机构以该存单已被挂失作废或原款已经支付为由拒绝支付，从而引起纠纷。

《中国人民银行关于执行〈储蓄管理条例〉的若干规定》中对挂失和提前支取做了详细规定。该条例第34条规定："储户支取未到期的定期储蓄存款，必须持存单和本人居民身份证明（居民身份证、户口簿、军人证、外籍储户凭护照、居住证——下同））办理。代他人支取未到期定期存款的，代支取人还必须出具其居民身份证明。办理提前支取手续，出具其他身份证明无效，特殊情况的处理，可由储蓄机构业务主管部门自定。"第35条规定："储蓄机构对于储户要求提前支取定期存款，在具备上述第三十四条条件下，验证存单开户人姓名与证件姓名一致后，即可支付该笔未到期存款。"第36条规定："储户的存单（折）分为记名式与不记名式，记名式的存单（折）可挂失，不记名式的不可挂失。"第37条规定："储户的存单、存折如有遗失，必须立即持本人居民身份证明，并提供姓名、存款时间、种类、金额、账号及住址等有关情况，书面向原储蓄机构正式声明挂失止付。储蓄机构在确认该笔存款未被支取的前提下，方可受理挂失手续。挂失七天后，储户需与储蓄机构约定时间，办理补领新存单（折）或支取存款手续。如储户本人不能前往办理，可委托他人代为办理挂失手续，但被委托人要出示其身份证明。如储户不能办理书面挂失手续，而用电话、电报、信函挂失，则必须在挂失五天之内补办书面挂失手续，否则挂失不再有效。若存款在挂失前或挂失失效后后已被他人支取，储蓄机构不负责任。"

五、风控提示

（一）银行办理挂失业务的注意事项

实践中，常常会出现真实存款被伪造证件而取走的情形，各级法院一般会根据存单司法解释的规定，以及《最高人民法院关于审理票据纠纷案件若干问题的规定》精神，审查金融机构在审查证件、印章时是否存在过错或者过失，如果存在过错或者过失，则判定金融机构对于存款被冒领负有责任，应当向存款人进行赔偿。

根据《储蓄管理条例》第 31 条第 2 款的规定，储蓄机构受理挂失后，必须立即停止支付该储蓄存款；受理挂失前该储蓄存款已被他人支取的，储蓄机构不负赔偿责任。

受理挂失前，储蓄存款已被他人支取的，储蓄机构不负赔偿责任。这一免责条款的适用，必须以储蓄机构办理挂失止付手续无过错为前提。所以负有履行义务的银行应承担举证责任。如果储蓄机构没有证据证明自己是无过错的已经支付或者是储户的责任造成存款被取走，储蓄机构就应当承担因保管储户存款不当被冒领的违约责任。本案存款被冒领的归责原则是运用过错推定原则，当事人的存折遗失申请挂失被冒领后，作为储蓄机构必须举证自己在办理支取款的过程没有过错，否则，就推定其有过错。因为储户对银行的操作过程并不知道，而银行对自身是否有过错有举证的便利。

同时，根据《储蓄管理条例》第 31 条的规定，储户遗失存单、存折或者预留印鉴的印章的，必须立即持本人身份证明，并提供储户的姓名、开户时间、储蓄种类、金额、账号及住址等有关情况，向其开户的储蓄机构书面申请挂失。在特殊情况下，储户可以用口头或者函电形式申请挂失，但必须在五天内补办书面申请挂失手续。储蓄机构受理挂失后，必须立即停止支付该储蓄存款；受理挂失前该储蓄存款已被他人支取的，储蓄机构不负赔偿责任。

根据《中国人民银行关于执行〈储蓄管理条例〉的若干规定》第 37 条的规定，储户的存单、存折如有遗失，必须立即持本人居民身份证明，并提供姓名、存款时间、种类、金额、账号及住址等有关情况，书面向原储蓄机构正式声明挂失止付。储蓄机构在确认该笔存款未被支取的前提下，方可受理挂失手续。挂失七天后，储户需与储蓄机构约定时间，办理补领新存单（折）或支取存款手续。如储户本人不能前往办理，可委托他人代为办理挂失手续，但被委托人要出示其身份证明。如储户不能办理书面挂失手续，而用电话、电报、信函挂失，则必须在挂失五天之内补办书面挂失手续，否则挂失不再有效。若存款在挂失前或挂失失效后已被他人支取，储蓄机构不负责任。

在储户要求办理挂失时，在符合规定情况下，银行工作人员应及时办理相关手续，以免存折被他人盗刷而承担责任。储蓄机构受理挂失后，必须立即停止支付该储蓄存款。受理挂失前该储蓄存款已被他人支取的，储蓄机构不负赔偿责任。

（二）储户自身对于存款安全的保护义务

储户遗失存单、存折或者预留印鉴的印章的，必须立即持本人身份证明，并提供储户的姓名、开户时间、储蓄种类、金额、账号及住址等有关信息，向其开户的储蓄机构书面申请挂失。在特殊情况下，储户可以用口头或者函电形式申请挂失，但必须在 5 天内补办书面申请挂失手续。储蓄机构受理挂失后，必须立即停止支付该储蓄存款。受理挂失前该储蓄存款已被他人支取的，储蓄机构不负赔偿责任。

取款人超越委托权限，或者通过其他方法得到存款人身份证件、存取款密码的，如果取款人以存款人的真实身份证件、密码等将存款取走，符合存取款基本要求条件，根据相关法律法规的规定，金融机构不具有过错。存款人不能证明金融机构存在明显过错的，金融机构不承担民事责任。

六、法律依据

- 《中华人民共和国民法通则》（全国人民代表大会常务委员会发布，2009年8月27日修正，法宝引证码：CLI.1.167199）

第一百零六条　公民、法人违反合同或者不履行其他义务的，应当承担民事责任。

公民、法人由于过错侵害国家的、集体的财产，侵害他人财产、人身的，应当承担民事责任。

没有过错，但法律规定应当承担民事责任的，应当承担民事责任。

第一百一十一条　当事人一方不履行合同义务或者履行合同义务不符合约定条件的，另一方有权要求履行或者采取补救措施，并有权要求赔偿损失。

- 《中华人民共和国合同法》（全国人民代表大会发布，1999年10月1日实施，法宝引证码：CLI.1.21651）

第一百一十三条　当事人一方不履行合同义务或者履行合同义务不符合约定，给对方造成损失的，损失赔偿额应当相当于因违约所造成的损失，包括合同履行后可以获得的利益，但不得超过违反合同一方订立合同时预见到或者应当预见到的因违反合同可能造成的损失。

经营者对消费者提供商品或者服务有欺诈行为的，依照《中华人民共和国消费者权益保护法》的规定承担损害赔偿责任。

- 《储蓄管理条例》（中华人民共和国国务院发布，2011年1月8日修正，法宝引证码：CLI.2.174600）

第十三条　储蓄机构应当按照规定时间营业，不得擅自停业或者缩短营业时间。

第三十一条　储户遗失存单、存折或者预留印鉴的印章的，必须立即持本人身份证明，并提供储户的姓名、开户时间、储蓄种类、金额、帐号及住址等有关情况，向其开户的储蓄机构书面申请挂失。在特殊情况下，储户可以用口头或者函电形式申请挂失，但必须在五天内补办书面申请挂失手续。

储蓄机构受理挂失后，必须立即停止支付该储蓄存款；受理挂失前该储蓄存款已被他人支取的，储蓄机构不负赔偿责任。

- 《中国人民银行关于执行〈储蓄管理条例〉的若干规定》（中国人民银行发布，1993年1月21日实施，法宝引证码：CLI.4.6099）

第三十四条　储户支取到期的定期存款，必须持有存单和本人居民身份证明（居民身份证、户口簿、军人证，外籍储户凭护照、居住证——下同）办理。代他人支取未到期存款的，代支取人还必须出具其居民身份证明。办理提前支取手续，出具其他身份证明无效，特殊情况的处理，可由储蓄机构业务主管部门自定。

第三十五条　储蓄机构对于储户要求提前支取定期存款，在具备上述第三十四条条件下，验证存单开户人姓名与证件姓名一致后，即可支付该笔未到期存款。

第三十六条　储户的存单（折）分为记名式与不记名式，记名式的存单（折）可挂失，不记名方式不可挂失。

第三十七条　储户的存单、存折如有遗失，必须立即持本人居民身份证明，并提供姓名、存款时间、种类、金额、账号及住址等有关情况，书面向原储蓄机构正式声明挂失止付。储蓄机构在确认该笔存款未被支取的前提下，方可受理挂失手续。挂失七天后，储户需与储蓄机构约定时间，办理补领新存单（折）或支取存款手续。如储户本人不能前往办理，可委托他人代为办理挂失手续，但被委托人要出示其身份证明。如储户不能办理书面挂失手续，而用电话、电报、信函挂失，则必须在挂失五天之内补办书面挂失手续，否则挂失不再有效。若存款在挂失前或挂失失效后已被他人支取，储蓄机构不负责任。

07【银行在告知且不违反禁止性规定的情况下有权收取手续费】
吴某某诉上海花旗银行储蓄合同纠纷案

一、实务规则

[储蓄合同账户管理费]储蓄合同是指存款人将人民币或外币存入储蓄机构，储蓄机构根据存款人的请求支付本金和利息的合同。存款人与储蓄机构的法律地位平等，存款人在市场上有自由选择权；储蓄机构收取手续费不违反存款有息原则，收取手续费的规则已尽到明示义务，且不违反其他法律、法规的禁止性规定的，不构成违法。

二、规则解读

存款人与储蓄机构之间地位平等，双方可以通过约定明确账户管理费的收取。但根据新规，无论是内资银行还是外资银行，商业银行应根据客户的申请，对其指定的一个本行账户（不含信用卡、贵宾账户）免收年费和账户管理费（含小额账户管理费，下同）。商业银行应通过其网站、手机 APP、营业网点公示栏等渠道，以及在为客户办理业务时，主动告知提示客户申请指定免费账户。客户未申请的，商业银行应主动对其在本行开立的唯一账户（不含信用卡、贵宾账户）免收年费和账户管理费。

三、案情概述

案例名称：吴某某诉上海花旗银行储蓄合同纠纷案
案例来源：《最高人民法院公报》2005 年第 9 期
关键词：储蓄合同　手续费　存款有息原则
具体案情：

2002 年 3 月 29 日，经中国人民银行及国家工商行政管理总局批准，被告花旗银行上海分行（以下简称"上海花旗银行"）开始经营吸收公众存款的外汇业务。上海花旗银行规定，对日平均总存款额低于 5 000 美元的客户，每月收取 6 美元或者 50 元（以下未另外注明的货币单位均为人民币）的服务费；对日平均总存款额等于或高于 5 000 美元的客户，免收此项服务费。2002 年 4 月 4 日，上海花旗银行向中国人民银行上海分行上报了《花旗银行个人银行服务》报告，其中含有上述收费内容，中国人民银行上海分行办公室于同年 4 月 28 日确认收到该报告。由于上海花旗银行此项规定与内资银行的传统做法不同，众多媒体相继进行了报道，引起广泛关注。

2002 年 4 月 8 日下午，原告吴某某支付车费 20 元，乘出租车到达被告上海花旗银行所属的浦西支行。进入浦西支行大门后，吴某某在营业厅内获取了上海花旗银行介绍上述收费内容的"货币理财组合"宣传资料，并与上海花旗银行的理财顾问邵某洽谈了个人外汇存款事项。原告得知存款额要高于 5 000 美元，低于 5 000 美元的，必须接受被告提供的个人理财服务，并向其缴纳相应的服务费。原告表示只办储蓄，不需要个人理财服务，不愿支付服务费，但被被告拒绝，以致双方不能缔结储蓄合同。原告由他处乘出租车返回，支付车费 14 元。

原告认为，为不特定社会公众提供储蓄服务，是商业银行的法定义务。银行从事储蓄业务，是对社会不特定公众的要约；储户持币开户，已构成承诺。银行没有限制储户必须存款多少的权利。被告利用优势地位以 5 000 美元划线，强迫存款额低于此数的储户接受其提供的个人理财服务，实际是变相搭售，剥夺原告对金融服务的选择权，并以服务费方式变相剥夺储户获取利息的权利，有违诚实信用原则。被告这种行为是对小额储户的歧视，给原告造成一定的心理伤害。依照《中华人民共和国合同法》（以下简称《合同法》）第 42 条的规定，被告在缔约过程中的这一行为，侵犯了原告的合法权利，应当对因缔约过失给原告造成的损害承担赔偿责任。请求判令被告赔礼道歉，赔偿原告为此次储蓄而支出的往返路费 34 元。

被告辩称，浦西支行营业大厅门口的监控录像，仅能证明原告进入浦西支行大门，而浦西支行大门除通向营业大厅外，还通向 ATM 取款机，不能以此推定原告进入浦西支行大门后的唯一目的是到被告处存款；原告可以公开得到被告的宣传资料，也可以在其他场合取得理财顾问的名片。原告提交的证据，不能证明其曾于

2002年4月8日下午至浦西支行办理个人外币储蓄手续时被拒绝的事实，其诉讼请求没有事实根据。被告没有提供过可独立于储蓄以外的个人理财服务，更没有因强行向客户搭售这种服务而收取服务费。储蓄本身是一种理财行为，收取服务费与储蓄有关。对日平均总存款额低于5 000美元的客户，被告每月确实要收取6美元或者50元的服务费，这是符合《中华人民共和国外资金融机构管理条例》（以下简称《外资金融机构管理条例》，已失效）规定的行为，且已到中国人民银行备过案。原告与被告之间没有储蓄合同，不存在违约的前提。被告也没有向原告搭售任何可独立于储蓄以外的个人理财服务，不存在缔约过失。向日平均总存款额低于5 000美元的客户收取服务费，适用于所有此类存款客户，不是单独针对原告，不存在歧视。被告没有侵害原告的任何合法权益，应当驳回原告的诉讼请求。

上海市浦东新区人民法院认为：

从双方提交的证据看，可以证明2002年4月8日下午，原告吴某某到过被告上海花旗银行所属的浦西支行营业大厅。从递交诉状到庭审陈述期间，吴某某虽然一再声称其此行目的是办理外币存款，但一直未提及其欲存的外币币种和数额，故无法确认其此行是办理外币存款，还是进行理财咨询，或者为其他目的。

若原告吴某某此行是办理外币存款，也确实是因不同意被告上海花旗银行支付小额外币存款的服务费而没有缔结外币存款合同。在这种情况下，上海花旗银行是否需要向吴某某承担缔约过失的赔偿责任，取决于上海花旗银行是否存在缔约过失。

被告上海花旗银行是依照《中华人民共和国商业银行法》（以下简称《商业银行法》）和《外资金融机构管理条例》的规定，经中国人民银行批准，在中国境内设立的外国商业银行分行，是吸收公众存款、发放贷款、办理结算等业务的企业法人。作为企业，商业银行必然以效益性、安全性、流动性为其经营原则，自主经营，自担风险，自负盈亏，自我约束。商业银行依法开展业务，不受任何单位和个人的干涉。《商业银行法》（1995年）第88条规定："外资商业银行、中外合资商业银行、外国商业银行分行适用本法规定，法律、行政法规另有规定的，适用其规定。"《外资金融机构管理条例》第22条规定："外资金融机构的存款、贷款利率及各种手续费率，由外资金融机构按照中国人民银行的有关规定确定。"对外资金融机构在办理小额存款时能否收取服务费，中国人民银行至今（指案件判决时）尚无专门规定。上海花旗银行在法律、法规和规章没有明确禁止规定的情况下，决定对小额储户收取服务费，并及时向主管部门备案。是否准许该行向小额储户收取服务费，宜由主管部门根据形势的发展，特别是我国加入世界贸易组织后的相关规则和商业惯例作出相应规定。在相应规定没有出台前，不能认定上海花旗银行此举违法。

根据《合同法》第42条的规定，在订立合同过程中，当事人只有存在"（一）假借订立合同，恶意进行磋商；（二）故意隐瞒与订立合同有关的重要事实或者提供虚假情况；（三）有其他违背诚实信用原则的行为"等情形之一，给对方造成损失的，才应当承担缔约过失的损害赔偿责任。由于被告上海花旗银行对小额储户按月收取服务费与内资银行的传统做法明显不同，因此事前有众多媒体进行了报道，引起市民的广泛关注。作为一名关心社会热点问题的法律专业人士，原告吴某某在上海花旗银行开展个人外币存款业务不久即赶至该行营业场所。尽管吴某某声称其事先对上海花旗银行的这一收费标准并不知悉，但在吴某某进入上海花旗银行营业场所后，该行工作人员向其讲解了小额存款的收费标准，吴某某也获取了上海花旗银行对这一收费标准印制的宣传材料。吴某某从上海花旗银行处得知的收费标准，与该行事先公布的标准完全相同。《合同法》第3条规定："合同当事人的法律地位平等，一方不得将自己的意志强加给另一方。"该法第4条规定："当事人依法享有自愿订立合同的权利，任何单位和个人不得非法干预。"因此，在缔结外币储蓄合同一事上，上海花旗银行与吴某某的法律地位平等。该行不存在恶意进行磋商、故意隐瞒与订立合同有关的重要事实或者提供虚假情况等行为，收费行为也不构成对小额储户的歧视。上海花旗银行没有垄断外币储蓄业务，办理外币储蓄业务的不是只此一家银行。吴某某对该行收取服务费的做法不满意，完全可以选择到其他金融机构办理，没必要非与该行缔结外币储蓄合同，也不得将自己的意志强加给该行。吴某某认为上海花旗银行违背诚实信用原则的诉讼主张，缺乏事实根据；认为上海花旗银行收费行为是对小额储户歧视且给其造成一定心理伤害的诉讼主张，缺乏法律依据。故对吴某某关于判令上海花旗银行赔礼道歉、赔偿损失的诉讼请求，难以支持。

据此，上海市浦东新区人民法院依照《中华人民共和国民事诉讼法》（以下简称《民事诉讼法》，1991年）第64条第1款的规定，于2002年10月10日判决：原告吴某某的诉讼请求不予支持。案件受理费50元，由原告吴某某负担。

一审宣判后，吴某某不服，向上海市第一中级人民法院提出上诉，理由是：存款有息是《商业银行法》（1995年）对商业银行规定的原则。被上诉人向小额储户收取服务费的行为，违反这一原则。既然该收费行为未经中国人民银行批准，即应认定违法。虽然被上诉人事先通过媒体发布了收费的消息，但这样的信息不能视为公知信息。上诉人进入被上诉人的营业大厅，与被上诉人的理财顾问洽谈有关个人外汇存款业务，这一事实已经由双方确认。被上诉人没有证据证明上诉人系为其他事由进入营业大厅，应当认定上诉人进入营业大厅的目的就是与被上诉人缔结储蓄合同。上诉人在事先不知悉收费信息的情况下，为存款有息来与被上诉人缔结外币储蓄合同，却被告知要收取服务费。这种行为确实违反诚实信用原则，侵犯了上诉人的合法权益，被上诉人应当承担缔约过失责任，给上诉人赔偿损失。请求二审撤销一审判决，改判支持上诉人在一审提出的诉讼请求。

被上诉人上海花旗银行辩称：上诉人不能证明双方已进入缔约阶段，故不存在缔约过失的前提。储蓄是一种理财行为。商业银行只有对储户的账户进行管理，才能取得效益。小额储户过多,则银行从管理这些账户取得的收益,还无法弥补为管理这些账户投入的支出。在此情况下,被上诉人只得向小额储户收取服务费,这些费用实际是账户管理费。况且,账户管理费与利息是两回事,被上诉人仍然按中国人民银行确定的利率给小额储户计算利息,没有违背存款有息的原则。作为外资银行,被上诉人在向主管部门备案后,有权向小额储户收取账户管理费。被上诉人已将这一收费信息进行了公告,没有违反法律法规的规定和诚实信用原则。市场是开放的,上诉人不满意被上诉人收费,完全可以选择其他银行提供的服务,被上诉人没有义务改变自己的服务条件来与上诉人缔结合同。一审判决正确,应当维持,上诉人的上诉请求应当驳回。

上海市第一中级人民法院经审理,确认一审查明的事实。

本案争议焦点是:对小额储户收取账户管理费,是否违背存款有息的原则,是否违法?在订立合同的过程中,是否存在缔约过失?

上海市第一中级人民法院认为:根据《外资金融机构管理条例》第22条的规定,外资金融机构在经中国人民银行批准开展的业务范围内,有权按照中国人民银行的有关规定确定各种手续费率。对小额储户收取账户管理费,这种做法是不是区别于外汇存款的一项新业务,或者这种做法是否属于外资金融机构可以确定的手续费率问题,中国人民银行目前尚未明确规定。故上诉人吴某某认为被上诉人上海花旗银行对小额储户收取账户管理费属违法行为的主张,没有法律依据。上海花旗银行在向小额储户收取账户管理费的同时,仍向小额储户计付利息,故收取账户管理费与存款有息互不关联。缔约过失责任,是指在订立合同过程中,当事人因实施违反诚实信用原则的行为给对方造成损失后应承担的法律责任。上海花旗银行在对小额储户收取管理费前,已经通过众多媒体将该信息在社会上进行了广泛报道,尽到了必要和可能的公知义务。即使吴某某事前不知道这一信息,订立合同的过程,也只能从吴某某进入上海花旗银行营业场所并受到该行工作人员接待时开始,而不是从吴某某因存款有息而动身前来缔结外币储蓄合同时开始。在订立合同的过程中,上海花旗银行工作人员向吴某某介绍了小额存款业务的相关信息,吴某某也对收费情况有了较详细的了解。没有证据证明一方当事人在订立合同的过程中有故意隐瞒或虚假陈述的行为,也没有证据证明另一方当事人在订立合同过程中因此遭受了损失,故在订立合同的过程中未发生缔约过失。吴某某尽可在清楚其权利义务后,自主确定是否与上海花旗银行订立储蓄合同。吴某某认为上海花旗银行对小额储户收取管理费违反诚实信用原则,侵犯其合法权益,构成缔约过失的诉讼主张,缺乏事实根据和法律依据,不予支持。

据此,上海市第一中级人民法院依照《民事诉讼法》(1991年)第153条第1款第(一)项规定,于2003年2月25日判决:驳回上诉,维持原判。

四、规则适用

（一）缔约过失的法律适用

本案的焦点之一是银行要求手续费的行为是否构成缔约过失责任。缔约过失责任主要规定在我国《合同法》中，该法第42条列举了三种缔约过失责任的情形：①假借订立合同，恶意进行磋商；②故意隐瞒与订立合同有关的重要事实或提供虚假情况；③有其他违背诚实信用原则的行为。《合同法》第43条亦将当事人泄露或不正当地使用订立合同过程中知悉的商业秘密之行为，纳入到缔约过失的赔偿范畴。另外，理论界也习惯于将《合同法》第58条中的赔偿责任定性为缔约过失责任，即合同无效或被撤销情形的适用——合同无效或被撤销后，有过错的一方应当赔偿对方因其过错所遭受的损失。

本案中，上海花旗银行工作人员向吴某某介绍了小额存款业务的相关信息，吴某某也对收费情况有了较详细的了解。没有证据证明被告在订立合同的过程中有故意隐瞒或虚假陈述的行为，也没有证据证明原告在订立合同过程中因此遭受了损失，故在订立合同的过程中未发生缔约过失。吴某某尽可在清楚其权利义务后，自主确定是否与上海花旗银行订立储蓄合同。因此，吴某某认为上海花旗银行对小额储户收取管理费违反诚实信用原则，侵犯其合法权益，构成缔约过失的诉讼主张，缺乏事实根据和法律依据。

（二）《国家发展改革委、中国银监会关于取消和暂停商业银行部分基础金融服务收费的通知》

中华人民共和国国家发展和改革委员会（以下简称"国家发改委"）、原中国银行业监督管理委员会（以下简称"原中国银监会"）联合发布《国家发展改革委、中国银监会关于取消和暂停商业银行部分基础金融服务收费的通知》（以下简称《通知》）。该《通知》显示，自2017年8月1日起，开始取消、暂停商业银行部分基础金融服务收费。按照国家发改委和中国银监会的测算，相关措施实施后，预计每年可减轻客户负担61.05亿元。

根据通知来看，2017年8月1日起，以下九大类银行业务将不需额外的服务费：

(1) 个人异地本行柜台取现手续费（不含信用卡取现）；
(2) 本票的手续费；
(3) 本票的挂失费；
(4) 本票的工本费；
(5) 汇票的手续费；
(6) 汇票的挂失费；
(7) 汇票的工本费；

(8) 用户指定的一个本行账户或在本行开立的唯一账户（不含信用卡、贵宾账户）的年费；

(9) 用户指定的一个本行账户或在本行开立的唯一账户（不含信用卡、贵宾账户）的账户管理费（含小额账户管理费）。

五、风险提示

（一）银行应当积极告知储户的开户状况，主动免收客户的部分服务费

《通知》规定："各商业银行应继续按照现行政策规定，根据客户申请，对其指定的一个本行账户（不含信用卡、贵宾账户）免收年费和账户管理费（含小额账户管理费，下同）。各商业银行应通过其网站、手机APP、营业网点公示栏等渠道，以及在为客户办理业务时，主动告知提示客户申请指定免费账户。客户未申请的，商业银行应主动对其在本行开立的唯一账户（不含信用卡、贵宾账户）免收年费和账户管理费。"通知要求，如果客户在商业银行中只有一个账户的，商业银行应当主动免收年费和账户管理费，但信用卡、贵宾账户除外。如果客户在同一银行同时开立多个账户的，商业银行不能对所有账户都收取年费和账户管理费，而应当积极主动告知该客户的开户情况，在客户自己作出决定后，才可以收取年费和账户管理费。

（二）银行应当主动提高客户区别不同账户的能力

一般客户在银行最常开设的账户有借记卡和信用卡账户两类。

1. 借记卡

借记卡（Debit Card）是指先存款后消费（或取现）没有透支功能的银行卡。按其功能的不同，可分为转账卡（含储蓄卡）、专用卡及储值卡。借记卡是一种具有转账结算、存取现金、购物消费等功能的信用工具，它附加了转账、买卖基金、炒股、缴费等众多功能，还提供了大量增值服务。借记卡可以通过ATM转账和提款，但不能透支，账户内的金额按活期存款计付利息。储蓄卡是银行为储户提供金融服务而发行的一种金融交易卡，属于借记卡的一种。它的主要功能是可以在联网ATM机和银行柜台存款、取款及在联网的POS机上进行消费。

2. 信用卡

信用卡分为贷记卡和准贷记卡。贷记卡（Credit Card）是指发卡银行给予持卡人一定的信用额度，持卡人可在信用额度内先消费后还款的信用卡。贷记卡是真正意义上的信用卡，具有信用消费、转账结算、存取现金等功能。它具有以下特点：先消费后还款，享有免息缴款期（最长可达56天），并设有最低还款额，客户出现透支时可自主分期还款。准贷记卡（Semi Credit Card）是指持卡人须先按发卡银行的要求交存一定金额的备用金，当备用金账户准贷记卡余额不足以支付时，可在发卡银行规定的信用额度内透支的信用卡。（现在的准贷记卡不需要交备用金）根据《通知》的规定，免收年费、手续费的账户不含信用卡。

在金融交易越来越频繁的情况下，客户在商业银行开立多个账户甚至是多种账户的情况越来越普遍。但整体而言，客户由于缺乏相应的知识，对于相关账户的区分并不清晰。商业银行与客户订立的合同，一般都属于格式合同，商业银行有义务将合同中约定的账户类型及相关权利义务主动告知客户。同时，商业银行也应该加大宣传教育力度，例如通过在营业场所发放免费宣传册、给客户发送相关短信等方式，提高客户识别相应账户和明晰权利义务的能力。

（三）外资银行属于《国家发展改革委、中国银监会关于取消和暂停商业银行部分基础金融服务收费的通知》的调整范围

《中华人民共和国外资银行管理条例》取代了本案中涉及的《外资金融机构管理条例》。《中华人民共和国外资银行管理条例》第38条明确要求外资银行营业性机构收取手续费时应当按照有关规定办理。《通知》明确提及了"外资银行"，2017年8月1日之后，外资银行也应遵守相关规定，主动对其在本行开立的唯一账户（不含信用卡、贵宾账户）免收年费和账户管理费。

六、法律依据

- 《中华人民共和国合同法》（全国人民代表大会发布，1999年10月1日实施，法宝引证码：CLI.1.21651）

第四十二条 【缔约过失】当事人在订立合同过程中有下列情形之一，给对方造成损失的，应当承担损害赔偿责任：

（一）假借订立合同，恶意进行磋商；

（二）故意隐瞒与订立合同有关的重要事实或者提供虚假情况；

（三）有其他违背诚实信用原则的行为。

第四十三条 【保密义务】当事人在订立合同过程中知悉的商业秘密，无论合同是否成立，不得泄露或者不正当地使用。泄露或者不正当地使用该商业秘密给对方造成损失的，应当承担损害赔偿责任。

第五十八条 【合同无效或被撤销的法律后果】合同无效或者被撤销后，因该合同取得的财产，应当予以返还；不能返还或者没有必要返还的，应当折价补偿。有过错的一方应当赔偿对方因此所受到的损失，双方都有过错的，应当各自承担相应的责任。

第三百七十七条 【保管物的返还】保管期间届满或者寄存人提前领取保管物的，保管人应当将原物及其孳息归还寄存人。

第三百七十八条 【货币等的返还】保管人保管货币的，可以返还相同种类、数量的货币。保管其他可替代物的，可以按照约定返还相同种类、品质、数量的物品。

第三百七十九条 【保管费支付期限】有偿的保管合同，寄存人应当按照约定的期限向保管人支付保管费。

当事人对支付期限没有约定或者约定不明确，依照本法第六十一条的规定仍不

能确定的，应当在领取保管物的同时支付。

- 《中华人民共和国商业银行法》（全国人民代表大会常务委员会发布，2015年8月29日修正，法宝引证码：CLI.1.256594）

第五十条　商业银行办理业务，提供服务，按照规定收取手续费。收费项目和标准由国务院银行业监督管理机构、中国人民银行根据职责分工，分别会同国务院价格主管部门制定。

第九十二条　外资商业银行、中外合资商业银行、外国商业银行分行适用本法规定，法律、行政法规另有规定的，依照其规定。

- 《中华人民共和国外资银行管理条例》（国务院发布，2014年11月27日修订，法宝引证码：CLI.2.240120）

第三十八条　外资银行营业性机构应当按照有关规定确定存款、贷款利率及各种手续费率。

- 《国家发展改革委、中国银监会关于取消和暂停商业银行部分基础金融服务收费的通知》（国家发展和改革委员会、原中国银行业监督管理委员会发布，2017年8月1日实施，法宝引证码：CLI.4.297682）

……

一、取消个人异地本行柜台取现手续费。各商业银行通过异地本行柜台（含ATM）为本行个人客户办理取现业务实行免费（不含信用卡取现）。

二、暂停收取本票和银行汇票的手续费、挂失费、工本费6项收费。

三、各商业银行应继续按照现行政策规定，根据客户申请，对其指定的一个本行账户（不含信用卡、贵宾账户）免收年费和账户管理费（含小额账户管理费，下同）。各商业银行应通过其网站、手机APP、营业网点公示栏等渠道，以及在为客户办理业务时，主动告知提示客户申请指定免费账户。客户未申请的，商业银行应主动对其在本行开立的唯一账户（不含信用卡、贵宾账户）免收年费和账户管理费。

四、本通知适用于商业银行开展的境内人民币业务，其中商业银行是指依据《商业银行法》、《外资银行管理条例》等法律法规设立的银行业金融机构。在中华人民共和国境内经国务院银行业监督管理机构批准设立的其他银行业金融机构，参照本通知规定执行。

第二章 担保合同

01【抵押共同共有物未经其他共有人同意的，除非其他共有人追认或者不提出异议，否则无效】
中国建设银行股份有限公司深圳市分行与邹某某、龚某某、罗某某与孟某借款合同纠纷案

一、实务规则

［抵押合同］抵押共同共有物未经其他共有人同意的，除非其他共有人追认或者不提出异议，否则无效。

二、规则解读

共同共有物的抵押应当经全体共有人同意。共同共有人未经其他共有人的同意，擅自抵押共同共有物的，抵押无效。但是，其他共有人事后追认或者知道或应当知道而未提出异议的，视为同意，抵押有效。

三、案情概述

（一）案情简介

案例名称：中国建设银行股份有限公司深圳市分行与邹某某、龚某某、罗某某与孟某借款合同纠纷案

案例来源：中国裁判文书网

案号：（2013）深中法房终字第107号

关键词：共同共有　共同共有财产抵押　担保责任

具体案情：

2009年3月27日，中国建设银行股份有限公司深圳市分行（以下简称"建设银行深圳分行"）与邹某某、龚某某、罗某某签订了《个人住房最高额抵押贷款合同》，约定邹某某向建设银行深圳分行借款900 000元整，用于购房，借款期限300个月，自2009年4月16日至2034年4月16日止，月利率为浮动基准利率（基准利率是指中国人民银行公布施行的同期同档次利率水平）。借款逾期罚息上浮50%，邹某某以分期付款等额本息还款方式，每月一期，共分300期清偿。如遇国家利率

调整，按照规定执行。该贷款合同第 12 条"违约情形"第 1 项约定，借款人向贷款人提供虚假的、无效的或不完整的信息、文件或资料的；第 2 项约定，借款人未按照本合同约定及额度支用单约定按期足额归还任一笔或任一期贷款本息或支付相关费用的；第 3 项约定，借款人未按照合同约定及额度支用单约定借款用途使用借款的；第 11 项约定，保证期间保证人发生虚假、错误事项或保证人丧失保证能力的；第 12 项约定，抵押或质押期间发生抵押人虚假、错误、遗漏事项的；第 13 项约定，担保不成立、未生效、无效、被撤销、被解除的，借款人未提供新的担保的，视为借款人违约。第 13 条约定："出现第十二条约定的违约情形的，贷款人可以：一、停止发放本合同及额度支用单项下的贷款；二、调低、暂停直至取消借款人贷款额度；三、宣布各笔或单笔贷款立即到期，要求借款人立即归还借款本息及相关费用；……6. 对于借款人未按时还清的任意一期借款本金和利息（包括被贷款人宣布全部或部分到期的借款本金和利息），自借款逾期之日起至拖欠本息全部清偿之日止，按本合同约定计收罚息和复利；……"建设银行深圳分行还提交了一份《特别签订条款》，约定借款人为邹某某，贷款人为中国建设银行股份有限公司深圳市分行，抵押人为龚某某、罗某某，最高额抵押借款额度为 90 万元，有效期间 300 个月，抵押财产为深圳某花园 2 栋 30F。合同及特别条款还对其他内容进行了约定。同日，邹某某还签署了《中国建设银行个人额度借款支用单》，约定用途系购房。

合同签订后，建设银行深圳分行于 2009 年 4 月 16 日向邹某某发放了贷款 900 000 元。上述抵押房产已于 2009 年 4 月 9 日在深圳市国土资源和房产管理局办理了抵押登记，编号为 3D0900693×。本合同抵押担保范围包括了合同项下的借款本金、利息（包括复利和罚息）、违约金、赔偿金、借款人应向贷款人支付的其他款项、贷款人为实现债权和抵押权而发生的相关费用（包括但不限于诉讼费、律师费、公告费、邮寄费等）。

但邹某某并未如约履行还款义务，截至 2010 年 11 月 11 日起诉时，邹某某已累计拖欠建设银行深圳分行到期贷款本息合计 896 557.51 元，其中本金 879 642.65 元、利息 16 652.67 元、罚息 262.19 元。

一审中，罗某某提交了一份（2009）深证字第 42515 号公证委托书，时间为 2009 年 4 月 3 日，内容是龚某某、罗某某委托孟某办理房产抵押贷款手续。因罗某某对该委托书存疑，其遂向深圳市公证处申请撤销，经深圳市公证处向深圳市物证检验鉴定中心申请笔迹鉴定，鉴定显示委托书上的"罗某某"签名并非罗某某本人所签。2010 年 7 月 1 日，深圳市公证处遂作出（2010）深证撤字第 3 号《关于撤销（2009）深证字第 42515 号公证书的决定书》。此外，经广东南天司法鉴定所进行鉴定，案涉《个人住房最高额抵押贷款合同》《深圳市房地产抵押登记申请表》上"罗某某"签名字样，均不是出自本案罗某某的笔迹。且深圳市房地产权登记中心向一审法院复函称罗某某提交给市产权登记中心的深房地字第 400035302×号房地产证，并非该产权登记中心所核发。

二审法院另查明：龚某某与罗某某于 2001 年 12 月 27 日结婚，2009 年 11 月 21 日协议离婚，涉案房产于 2008 年 4 月 7 日登记于二人名下，双方各占 50%。龚某某与罗某某的《离婚协议书》约定罗某某名下的一套非涉案房产由罗某某处理，作价 70 万元支付给龚某某。此外，罗某某分别于 2009 年 12 月 21 日和 2010 年 7 月 15 日向龚某某的农业银行账户转账 10 万元和 6 000 元。

（二）审理要览

一审法院认为，依据深圳市公证处的撤销公证决定书以及司法鉴定报告的结论，《个人住房最高额抵押贷款合同》《深圳市房地产抵押登记申请表》上"罗某某"签名字样，均非本案罗某某的笔迹。故建设银行深圳分行与罗某某之间没有合同法律关系，案涉《个人住房最高额抵押贷款合同》对罗某某不具有法律约束力。《个人住房最高额抵押贷款合同》包含了两个合同关系，其一为贷款合同，其二为抵押合同。就前述两个合同关系，一审法院作出如下认定：

首先，《个人住房最高额抵押贷款合同》中的借款合同关系，系当事人的真实意思表示，合法有效，应受法律保护。合同签订后，建设银行深圳分行已依约向邹某某发放了贷款，但邹某某未能依照合同的约定履行按期还款义务，已构成违约，依法应当承担相应的违约责任。合同约定的解除条件已经成就，建设银行深圳分行要求解除与邹某某之间签订的借款合同关系，理由充足，应予准许。合同解除后，邹某某应当偿还建设银行深圳分行的贷款本金、利息和罚息。龚某某称其与罗某某是实际的借款人，邹某某不是借款人，依据不足，原审法院不予采信。

其次，涉案房地产系龚某某、罗某某共同共有，而龚某某未经罗某某同意擅自将共同共有的房产设定抵押；也无证据证明罗某某知道或应当知道，涉案房地产已经抵押而未提出异议；且从罗某某手中仍持有被国土部门认定为虚假房地产证的事实来看，罗某某的确对抵押的情形根本不知情。因此，根据《最高人民法院关于适用〈中华人民共和国担保法〉若干问题的解释》（以下简称《担保法解释》）第 54 条的规定，抵押合同关系属于无效，在国土部门设定的抵押登记应予以涂销。建设银行深圳分行作为金融机构，经验优势显然丰富，其理应知道抵押贷款过程中抵押权设定的程序及要求，故建设银行深圳分行主张的抵押权优先受偿的诉求不成立。从本案抵押设立的行为而言，龚某某具有为邹某某借款担保的意愿，且龚某某对设立抵押具有过错；在签订《个人住房最高额抵押贷款合同》中，建设银行深圳分行未审核抵押人"罗某某"签名人的身份，建设银行深圳分行也有过错，根据《担保法解释》第 7 条的规定，龚某某应对邹某某的上述债务不能清偿部分承担 1/2 的连带责任。由于罗某某并无抵押的意愿，故其无需承担连带责任。孟某只是公证委托书的受托人，也不是《个人住房最高额抵押贷款合同》的签订人，建设银行深圳分行申请追加其为被告，依据不足，一审法院依照民事诉讼法的规定追加其为本案第三人，但因其对本案纠纷的引发并无过错，故本案不认定其法律责任。

二审法院驳回上诉，维持原判。

四、规则适用

（一）关于共同共有

共有，是指两个以上的权利主体对同一物共同享有所有权的法律状态。根据《中华人民共和国物权法》第93条的规定，共有分为按份共有和共同共有两类。按份共有，是指共有人按照确定的份额对共有财产分别享有权利和承担义务的共有，各共有人对共有财产按照其份额享有所有权。共同共有，是指共有人基于共同关系，不分份额地共享共有物所有权的共有，各共有人对共有财产共同享有所有权。与按份共有相比，共同共有的特点有：

（1）共同共有的存在以共有关系，如夫妻关系、家庭关系等为前提。共有关系消灭的，共同共有一般也消灭。

（2）共同共有是不分份额的共有。共有关系存在期间，共有人对共有的财产不划分份额。

（3）各共同共有人对共有财产平等地享有权利和承担义务。

根据《中华人民共和国婚姻法》的规定，除法律另有规定或夫妻另有约定的外，夫妻在婚姻关系存续期间取得的工资、奖金等财产应当归夫妻共同所有。本案案涉房产为龚某某与罗某某在婚姻关系存续期间取得，并登记在二人名下。虽然房产证上登记双方各为50%，但并没有证据证明二人实行分别财产制或者在购房时有按份共有的约定。因此该房产应为龚某某和罗某某共同共有，二人对其有平等的处分权。

（二）关于共同共有财产抵押

根据《担保法解释》第54条第2款的规定，共同共有的财产抵押须经全体共同共有人同意，否则抵押无效。在接受房屋进行抵押时，应确认房屋是否有其他共同共有人。根据共同共有的共有关系，应该开展以下几方面的调查：

（1）房屋在不动产登记机关制备的不动产登记簿上，是否登记有共有人；

（2）提供抵押的人是否已婚，如已婚的，需确定该房屋是否为抵押人一方的个人财产或者婚前财产；

（3）该房屋是否为合伙财产；

（4）房屋是否为已继承但未分割的遗产。

案涉房产属于龚某某与罗某某共同共有。罗某某既没有在案涉合同及其他文件上签字，也没有证据证明其知道或者应当知道该抵押合同。因此，法院认定案涉抵押合同无效。

（三） 关于抵押权人过错责任

担保合同作为从合同。《担保法解释》第 7 条对主合同有效而担保合同无效时的责任承担问题作出了规定。在此情形下，应当区分债权人是否具有过错。债权人没有过错的，由债务人和担保人承担连带赔偿责任；债权人有过错的，担保人承担民事责任部分不超过债务人不能清偿部分的 1/2。本案中，建设银行深圳分行在接受邹某某、龚某某提供的房产担保时，未对案涉房产的共同共有人罗某某的签名的真实性进行必要的审查，对该合同的无效具有过错。案涉担保合同无效，但龚某某作为担保人，对该合同无效也具有过错。建设银行深圳分行的损失，即债务人邹某某不能清偿的债务，应当由龚某某承担部分赔偿责任。因此，法院判决龚某某承担建设银行深圳分行损失的 1/2，与债务人邹某某承担连带责任。

五、风控提示

（一）完善贷款调查制度，严格进行实地调查

中国银行业监督管理委员会 2010 年发布的《个人贷款管理暂行办法》（以下简称《办法》）要求银行在办理个人贷款业务时，应当做好充分的贷款调查工作，贷款调查应以实地调查为主。该《办法》还要求银行制定相应的细则及操作流程。银行在进行个人贷款业务时，应当对借款人、保证人、担保人及担保财产等的实际情况进行调查，除要求借款人等出具真实的身份证件、财产权属证书等文件外，还应当尽量实地调查财产状况，确保借款人的还款能力、担保人的担保意愿和担保能力以及担保财产的价值和变现能力。

（二）落实个人贷款面签制度

个人贷款业务中，涉及多方主体。前述《办法》要求银行建立并严格执行面谈制度。在面谈时，个人贷款业务的经办人员应核实借款人、担保人的身份，并对其信用状况、还款意愿和能力、担保意愿及能力等进行识别，避免他人冒名或者冒领、挪用信贷资金的情形。同时，个人贷款受理以及借款合同、担保合同等的签字、盖章行为，都应要求相应的人员亲自进行，不得由第三人代理。

六、法律依据

- 《中华人民共和国物权法》（全国人民代表大会发布，2007 年 10 月 1 日实施，法宝引证码：CLI.1.89386）

第九十三条 【共有概念和共有形式】不动产或者动产可以由两个以上单位、个人共有。共有包括按份共有和共同共有。

第九十五条 【共同共有】共同共有人对共有的不动产或者动产共同享有所有权。

第九十七条 【共有物处分或者重大修缮】处分共有的不动产或者动产以及对

共有的不动产或者动产作重大修缮的，应当经占份额三分之二以上的按份共有人或者全体共同共有人同意，但共有人之间另有约定的除外。

● 《中华人民共和国婚姻法》（全国人民代表大会常务委员会发布，2001 年 4 月 28 日修正，法宝引证码：CLI.1.35339）

第十七条　夫妻在婚姻关系存续期间所得的下列财产，归夫妻共同所有：

（一）工资、奖金；

（二）生产、经营的收益；

（三）知识产权的收益；

（四）继承或赠与所得的财产，但本法第十八条第三项规定的除外；

（五）其他应当归共同所有的财产。

夫妻对共同所有的财产，有平等的处理权。

第十九条　【夫妻财产约定】夫妻可以约定婚姻关系存续期间所得的财产以及婚前财产归各自所有、共同所有或部分各自所有、部分共同所有。约定应当采用书面形式。没有约定或约定不明确的，适用本法第十七条、第十八条的规定。

夫妻对婚姻关系存续期间所得的财产以及婚前财产的约定，对双方具有约束力。

夫妻对婚姻关系存续期间所得的财产约定归各自所有的，夫或妻一方对外所负的债务，第三人知道该约定的，以夫或妻一方所有的财产清偿。

● 《最高人民法院关于适用〈中华人民共和国担保法〉若干问题的解释》（最高人民法院发布，2000 年 12 月 13 日实施，法宝引证码：CLI.3.34740）

第七条　主合同有效而担保合同无效，债权人无过错的，担保人与债务人对主合同债权人的经济损失，承担连带赔偿责任；债权人、担保人有过错的，担保人承担民事责任的部分，不应超过债务人不能清偿部分的二分之一。

第五十四条　按份共有人以其共有财产中享有的份额设定抵押的，抵押有效。

共同共有人以其共有财产设定抵押，未经其他共有人的同意，抵押无效。但是，其他共有人知道或者应当知道而未提出异议的视为同意，抵押有效。

02 【抵押权预告登记不能使银行获得抵押权】

中国光大银行股份有限公司上海青浦支行诉上海东鹤房地产有限公司、陈某某保证合同纠纷案

一、实务规则

［抵押权预告登记］抵押权预告登记不能使银行获得抵押权，在借款人不能取得该预售房屋的情况下，抵押权设立登记无法完成，银行对该预售房屋不享有抵押权。

二、规则解读

预售商品房抵押贷款中，虽然银行与借款人对预售商品房做了抵押权预告登记，但该抵押权预告登记并不能使银行获得现实的抵押权，而只是取得就该房屋设立抵押权的预先的排他性保全。只有在预告登记的房屋建成交付借款人后，银行才能对该房屋办理抵押权设立登记。如果房屋建成后的所有权不属于借款人，则抵押权设立登记无法完成，银行不能对该预售商品房行使抵押权。

三、案情概述

（一）案情简介

案例名称：中国光大银行股份有限公司上海青浦支行诉上海东鹤房地产有限公司、陈某某保证合同纠纷案

案例来源：《最高人民法院公报》2014年第9期

案号：（2012）沪二中民六（商）终字第138号

关键词：不动产抵押权预告登记　不动产抵押权设立登记

具体案情：

2007年8月29日，原告中国光大银行股份有限公司（以下简称"光大银行"）上海青浦支行与被告陈某某、上海东鹤房地产有限公司（以下简称"东鹤公司"）签订《个人贷款合同（抵押、保证）》1份，合同约定光大银行贷款人民币37万元给陈某某，贷款用途为购房，贷款期限自2007年9月12日至2037年9月12日，还款方式采用等额还本付息法。陈某某以坐落于上海市青浦区鹤如路185弄20号102室房屋作为抵押物提供担保，担保范围包括利息、律师费等；东鹤公司作为保证人在合同上盖章。2007年9月12日，光大银行上海青浦支行和陈某某办理抵押权预告登记手续。同日，光大银行上海青浦支行按约定向陈某某发放贷款。

2010年12月28日，上海市青浦区人民法院受理陈某某诉东鹤公司商品房预售合同纠纷案。审理中，光大银行上海青浦支行作为第三人参加诉讼。上海市青浦区人民法院在审理该案中认为，陈某某和东鹤公司通过签订商品房预售合同的合法形式，掩盖了东鹤公司获得银行贷款的非法目的，该行为损害了他人的利益，故双方签订的商品房预售合同应当认定为无效。因商品房预售合同被确认无效，贷款合同的目的已无法实现，故该贷款合同应一并予以解除。据此上海市青浦区人民法院作出（2011）青民三（民）初字第79号民事判决，判决该案涉商品房预售合同无效并解除了《个人贷款合同（抵押、保证）》；陈某某归还光大银行借款本金355 672.35元及截至2011年3月29日的利息。陈某某不服该判决提起上诉，上海市第二中级人民法院作出（2011）沪二中民二（民）终字第1370号民事判决，驳回上诉，维持原判。之后，光大银行上海青浦支行收到归还的贷款820.09元。

（一）审理要览

上海市青浦区人民法院一审认为：原告光大银行上海青浦支行与被告东鹤公司、陈某某签订的《个人贷款合同（抵押、保证）》是当事人在平等、自愿的基础上缔结的，是其真实意思表示，合法有效。由于贷款合同被判令解除后，陈某某未履行生效判决规定的还款义务，根据合同约定，光大银行上海青浦支行有权行使抵押权。东鹤公司作为保证人也应承担相应的保证责任。光大银行上海青浦支行为本案支付的律师代理费为5 000元，根据《个人贷款合同（抵押、保证）》的约定，此款应由陈某某偿付，东鹤公司也应当承担保证责任。对光大银行上海青浦支行主张的其他律师代理费，因非本案支出的费用，故不予支持。由于光大银行上海青浦支行的债权既有保证又有物的担保，故东鹤公司对物的担保以外的债权承担保证责任。鉴于借款合同的有效性已在前述作了认定，故保证合同有效，东鹤公司仍应承担保证责任。陈某某经合法传唤无正当理由拒不到庭参加诉讼，放弃了自己的抗辩权利。

综上，上海市青浦区人民法院于2012年5月30日作出判决陈某某偿付光大银行上海青浦支行律师代理费5 000元，如陈某某未履行另案的（2011）青民三（民）初字第79号民事判决确定的归还借款本金354 852.26元（2011年6月21日后的利息按合同规定计算）以及本判决确定的律师费5 000元，光大银行上海青浦支行可以与抵押人陈某某协议，以坐落于上海市青浦区鹤如路185弄20号102室房屋折价，或者申请以拍卖、变卖该抵押物所得价款优先受偿。抵押物折价或者拍卖、变卖后，其价款超过债权数额的部分归抵押人陈某某所有，不足部分由陈某某清偿；在陈某某提供的抵押物不足以清偿全部债务时，由东鹤公司对不足部分债务承担连带清偿责任。东鹤公司承担保证责任后，有权向陈某某追偿。

光大银行上海青浦支行、东鹤公司均不服一审判决，向上海市第二中级人民法院提起上诉。

上海市第二中级人民法院认为本案二审的争议焦点在于上诉人光大银行上海青浦支行对案涉房产能否行使抵押权，上诉人东鹤公司在本案中是否承担法律责任以及光大银行上海青浦支行主张的利息、逾期利息及律师费是否应予支持。

二审法院认为，案涉房屋上虽然设定了抵押权预告登记，但抵押权预告登记与抵押权设立登记具有不同的法律性质和法律效力。根据《中华人民共和国物权法》以下简称《物权法》等相关法律法规的规定，预告登记后，未经预告登记的权利人同意，处分该不动产的，不发生物权效力。预告登记后，债权消灭或者自能够进行不动产登记之日起3个月内未申请登记的，预告登记失效。即抵押权预告登记所登记的并非现实的抵押权，而是将来发生抵押权变动的请求权，该请求权具有排他效力。因此，上诉人光大银行上海青浦支行作为系争房屋抵押权预告登记的权利人，在未办理房屋抵押权设立登记之前，其享有的是当抵押登记条件成就或约定期限届满对系争房屋办理抵押权登记的请求权，并可排他性地对抗他人针对系争房屋的处分，但并非对系争房屋享有现实抵押权，一审判决对光大银行上海青浦支行有权行使抵押权的认定有误，应予纠正。

至于上诉人东鹤公司在本案中是否承担法律责任，二审法院认为，根据《最高人民法院关于适用〈中华人民共和国担保法〉若干问题的解释》第 10 条的规定，东鹤公司提供阶段性连带保证的主合同为案涉的《个人贷款合同（抵押、保证）》，现主合同虽然已经被另案解除，在东鹤公司与光大银行上海青浦支行未在保证合同中另有约定的情况下，保证人东鹤公司仍应对债务人的相关民事责任承担连带清偿的保证责任。而所谓阶段性连带保证，其本意就是让房产开发商为借款人在该阶段内（贷款合同签署之日起至抵押有效设定，相关权利证明文件交付银行执管之日止）向银行履行还款义务提供保证，亦为银行获得安全的房屋抵押担保的等待过程提供保证。一旦房屋抵押设定成功，该阶段性保证的任务完成，即阶段性保证期限届满之时即是银行获得借款人的房屋抵押担保之时。本案抵押权预告登记在未变更为抵押权设立登记之前，根据物权法定原则，上诉人光大银行上海青浦支行就抵押房屋处分并优先受偿的权利在行使要件上有所欠缺，即上诉人东鹤公司提供的阶段性连带保证的期限届满条件未成就。且该期限届满条件的未成就并非光大银行上海青浦支行造成，而是东鹤公司与被上诉人陈某某恶意串通，以商品房买卖为名，行东鹤公司融资之实，损害了光大银行上海青浦支行的利益，危及银行贷款安全，陈某某与东鹤公司具有明显过错。因此，东鹤公司应对陈某某因贷款合同所产生的所有债务承担连带清偿责任。至于东鹤公司承担连带清偿责任之后与陈某某之间的权利义务关系，双方可能另行存在约定，东鹤公司可与陈某某另行解决，本案中不予处理追偿权问题。

此外，二审法院还认为，上诉人光大银行上海青浦支行在本案中对被上诉人陈某某的利息主张与另案生效判决存在部分期间的重叠，故本案对光大银行上海青浦支行向陈某某主张的利息中，计算重复部分不予支持，本案中陈某某应付的利息应自 2011 年 3 月 30 日起算。对于光大银行上海青浦支行主张的律师费，其作为第三人申请参加另案诉讼的审理，由此产生的律师费不能在本案中予以主张。至于光大银行上海青浦支行主张因本案保证合同诉讼所产生的律师费，一审法院已阐明了支持的理由，并无不当。

综上所述，一审判决确有错误，应予改判。上海市第二中级人民法院于 2012 年 10 月 26 日作出判决：陈某某支付上诉人光大银行上海青浦支行自 2011 年 3 月 30 日起至 2011 年 6 月 20 日止的期内利息及逾期利息计人民币 5 263.01 元以及自 2011 年 6 月 21 日起至实际清偿完毕日止的逾期利息（以本金人民币 354 852.26 元为基数，按照合同约定的贷款执行利率基础上上浮 30% 计收）以及光大银行上海青浦支行支出的律师费 5 000 元；上海东鹤房地产有限公司应连带清偿陈某某借款本金人民币 354 852.26 元，截至 2011 年 6 月 20 日止的期内利息及逾期利息计人民币

7 843.86 元，自 2011 年 6 月 21 日起至实际清偿完毕日止的逾期利息（以本金人民币 354 852.26 元为基数，按照合同约定的贷款执行利率基础上上浮 30% 计收）以及律师费 5 000 元；光大银行上海青浦支行对案涉房屋不享有抵押权。

四、规则适用

（一）关于不动产抵押权预告登记

预告登记是不动产物权变动中的债权人为确保能够实现自己所希望的不动产物权变动而与债务人约定向不动产登记机构申请办理的登记。[①] 根据《物权法》第 20 条的规定，预告登记的适用对象是"基于不动产物权的协议"发生的物权变动，因此抵押权的设立可以适用预告登记制度。不动产抵押权办理预告登记应当提交以下材料：（1）当事人之间的主债权合同和抵押合同；（2）不动产权属证书；（3）当事人之间关于办理该预告登记的约定；（4）其他必要的材料。

根据《物权法》第 20 条、《最高人民法院关于适用〈中华人民共和国物权法〉若干问题的解释（一）》第 4 条、《不动产登记暂行条例实施细则》第 85 条的规定，一般而言，不动产抵押权预告登记具有以下效力：

（1）预告登记的义务人未经预告登记的权利人同意，转移不动产所有权，或者设定建设用地使用权、地役权、抵押权等其他物权的，不发生物权变动的效力；且未经预告登记权利人书面同意，登记机构不得给预告登记义务人办理处分该不动产权利的登记。

（2）预告登记具有顺位效力，即登记机构应当按照预告登记的顺位来确定相应登记的类型、登记的权利内容等，预告登记的权利人在能够进行不动产登记时，具有优先于他人办理相应登记的权利。

此外，根据《最高人民法院关于人民法院执行工作若干问题的规定（试行）》第 40 条、《最高人民法院关于人民法院执行设定抵押的房屋的规定》第 1 条、《最高人民法院关于人民法院民事执行中查封、扣押、冻结财产的规定》第 27 条等司法解释的规定，被执行人所有的其他人享有担保物权的财产，也可以被法院采取保全行执行措施，如查封或者预查封。由此可知，被执行人所有的已经办理抵押权预告登记的不动产，应该也可以被法院采取保全行执行措施。根据《最高人民法院关于人民法院民事执行中的拍卖、变卖财产的规定》第 30 条的规定，被执行人所有的财产，即便他人享有担保物权，也不影响法院对该财产进行拍卖等处分性执行措施。因此，不动产抵押权预告登记也不能对抗法院的处分性执行措施。但是，预购商品房抵押权预告登记比较特殊，预购人有权依据《最高人民法院关于人民法院办理执行异议和复议案件若干问题的规定》第 30 条的规定提出停止处分的异议，

[①] 参见程啸：《担保物权研究》，中国人民大学出版社 2017 年版，第 302 页。

并且在房屋所有权移转登记的条件成就时，可以提出排除执行的异议，如此一来，也可以给预购商品房抵押权预告登记的权利人提供保护。①

本案中，光大银行上海青浦支行与陈某某签订协议后，双方共同办理了对案涉房屋的抵押权预告登记。但正如二审法院所言，抵押权预告登记所登记的并非现实的抵押权，而是将来发生抵押权变动的排他性请求权。因此，光大银行上海青浦支行由于尚未办理房屋抵押权设立登记，其享有的是当抵押登记条件成就或约定期限届满对系争房屋办理抵押权登记的排他性请求权，且该请求权具有顺位效力，但并非对系争房屋享有现实抵押权。抵押权预告登记能否转为抵押权登记具有一定的不确定性。在案涉《个人贷款合同（抵押、保证）》已经被法院生效判决解除了的情况下，光大银行上海青浦支行已经不可能将该抵押权预告登记转为抵押权登记。因此，光大银行上海青浦支行不能对案涉房产享有优先受偿权。

（二）关于不动产抵押权设立登记

根据《物权法》第180条和第187条的规定，不动产抵押权采取"登记生效主义"，即不动产抵押权自登记时设立，没有登记，不产生不动产抵押权。具体而言，以"建筑物和其他土地附着物""建设用地使用权""以招标、拍卖、公开协商等方式取得的荒地等土地承包经营权"和"正在建造的建筑物"等不动产抵押的，应当办理抵押权登记。

根据《物权法》第10条第1款的规定，不动产登记的机构为不动产所在地的登记机构。《不动产登记暂行条例》第7条对此作出了详细的规定，具体如下：

（1）不动产所在地的县级人民政府不动产登记机构负责办理不动产登记。

（2）直辖市、设区的市人民政府可以确定本级不动产登记机构统一办理所属各区的不动产登记。

（3）跨县级行政区域的不动产登记由所跨县级行政区域的不动产登记机构分别办理。

（4）不能分别办理的，由跨县级行政区域的不动产登记机构协商办理；协商不成的，由共同的上一级人民政府不动产登记主管部门指定办理。

（5）国务院确定的重点国有林区的森林、林木和林地，国务院批准项目用海、用岛，中央国家机关使用的国有土地等不动产登记，由国务院国土资源主管部门会同有关部门规定。

《不动产登记暂行条例》和《不动产登记暂行条例实施细则》还具体对不动产抵押权设立登记的申请人、申请材料以及不动产登记簿上应当记载的事项作出了详细规定，具体如下：

（1）关于不动产抵押权设立登记的申请人：不动产抵押权设立登记应当由抵押

---

① 参见程啸：《担保物权研究》，中国人民大学出版社2017年版，第301—302页。

人和抵押权人共同向不动产登记机构提出申请。如果办理抵押登记的财产为共有财产的，共同共有财产应当由全体共有人或者其委托代理人提出申请，按份共有财产应当由占份额 2/3 以上的共有人或者其委托代理人提出申请。

（2）不动产抵押权设立登记的申请材料包括：①登记申请书；②申请人的身份证明；③不动产权属证书；④主债权合同和抵押合同，抵押合同可以是单独订立的书面合同，也可以是主债权合同中的抵押条款。

（3）不动产登记簿上应当记载的事项包括①：①抵押的不动产类型；②当事人的姓名或者名称；③被担保主债权的数额；④抵押方式；⑤登记的原因；⑥债务履行期限；⑦登记时间；⑧登簿人等。

本案中，由于光大银行上海青浦支行与陈某某只是办理了对案涉房产的抵押权预告登记，而未办理不动产抵押权设立登记。因此，根据《物权法》第 187 条的规定，光大银行上海青浦支行不能取得对案涉房产的抵押权。

五、风控提示

本案中光大银行上海青浦支行不能取得抵押权的主要原因在于案涉房屋买卖合同被认定为无效，进而导致该行与陈某某之间的《个人贷款合同（抵押、保证）》因合同目的不能实现而被解除。防范"假按揭"风险，可以参考"中国建设银行股份有限公司中山市分行与王惠向金融借款合同纠纷"一案，在此不再赘述。

不动产抵押权预告登记之后，银行并非一劳永逸。银行作为债权人，只是取得了排他性的抵押权登记请求权，并未取得对该不动产的抵押权，也就不能就该不动产的价值优先受偿。为了实现银行的不动产抵押权，银行应当对办理抵押权预告登记的不动产进行实时跟踪，并在能够办理不动产抵押权之日起 3 个月内按照相应的规定，与客户一起到法定的登记部门办理不动产抵押权设立登记，降低风险，保障相应贷款的安全。且在办理抵押权登记的过程中，银行应当有专人全程参与登记手续的办理，防止因登记过程中的弄虚作假或者是程序瑕疵等导致风险。

六、法律依据

- 《中华人民共和国物权法》（全国人民代表大会发布，2007 年 10 月 1 日实施，法宝引证码：CLI.1.89386）

第十条 【不动产登记机构和国家统一登记制度】不动产登记，由不动产所在地的登记机构办理。

国家对不动产实行统一登记制度。统一登记的范围、登记机构和登记办法，由法律、行政法规规定。

第二十条 【预告登记】当事人签订买卖房屋或者其他不动产物权的协议，为

---

① 详见附件一：《不动产登记簿（试行）》中的"抵押权登记信息"页。

保障将来实现物权，按照约定可以向登记机构申请预告登记。预告登记后，未经预告登记的权利人同意，处分该不动产的，不发生物权效力。

预告登记后，债权消灭或者自能够进行不动产登记之日起三个月内未申请登记的，预告登记失效。

第一百八十条　债务人或者第三人有权处分的下列财产可以抵押：

（一）建筑物和其他土地附着物；

（二）建设用地使用权；

（三）以招标、拍卖、公开协商等方式取得的荒地等土地承包经营权；

（四）生产设备、原材料、半成品、产品；

（五）正在建造的建筑物、船舶、航空器；

（六）交通运输工具；

（七）法律、行政法规未禁止抵押的其他财产。

抵押人可以将前款所列财产一并抵押。

第一百八十七条　以本法第一百八十条第一款第一项至第三项规定的财产或者第五项规定的正在建造的建筑物抵押的，应当办理抵押登记。抵押权自登记时设立。

- 《最高人民法院关于适用〈中华人民共和国物权法〉若干问题的解释（一）》（最高人民法院发布，2016年3月1日实施，法宝引证码：CLI.3.264527）

第四条　未经预告登记的权利人同意，转移不动产所有权，或者设定建设用地使用权、地役权、抵押权等其他物权的，应当依照物权法第二十条第一款的规定，认定其不发生物权效力。

- 《最高人民法院关于人民法院执行工作若干问题的规定（试行）》（最高人民法院发布，2008年12月16日修正，法宝引证码：CLI.3.219043）

第四十条　人民法院对被执行人所有的其他人享有抵押权、质押权或留置权的财产，可以采取查封、扣押措施。财产拍卖、变卖后所得价款，应当在抵押权人、质押权人或留置权人优先受偿后，其余额部分用于清偿申请执行人的债权。

- 《最高人民法院关于人民法院执行设定抵押的房屋的规定》（最高人民法院发布，2008年12月16日修正，法宝引证码：CLI.3.219029）

第一条　对于被执行人所有的已经依法设定抵押的房屋，人民法院可以查封，并可以根据抵押权人的申请，依法拍卖、变卖或者抵债。

- 《最高人民法院关于人民法院民事执行中查封、扣押、冻结财产的规定》（最高人民法院发布，2008年12月16日修正，法宝引证码：CLI.3.219030）

第二十七条　人民法院查封、扣押被执行人设定最高额抵押权的抵押物的，应当通知抵押权人。抵押权人受抵押担保的债权数额自收到人民法院通知时起不再增加。

人民法院虽然没有通知抵押权人，但有证据证明抵押权人知道查封、扣押事实的，受抵押担保的债权数额从其知道该事实时起不再增加。

- 《最高人民法院关于人民法院办理执行异议和复议案件若干问题的规定》（最高人民法院发布，2015年5月5日实施，法宝引证码：CLI.3.247722）

第三十条　金钱债权执行中，对被查封的办理了受让物权预告登记的不动产，受让人提出停止处分异议的，人民法院应予支持；符合物权登记条件，受让人提出排除执行异议的，应予支持。

- 《不动产登记暂行条例》（国务院发布，2015年3月1日实施，法宝引证码：CLI.2.240136）

第七条　不动产登记由不动产所在地的县级人民政府不动产登记机构办理；直辖市、设区的市人民政府可以确定本级不动产登记机构统一办理所属各区的不动产登记。

跨县级行政区域的不动产登记，由所跨县级行政区域的不动产登记机构分别办理。不能分别办理的，由所跨县级行政区域的不动产登记机构协商办理；协商不成的，由共同的上一级人民政府不动产登记主管部门指定办理。

国务院确定的重点国有林区的森林、林木和林地，国务院批准项目用海、用岛，中央国家机关使用的国有土地等不动产登记，由国务院国土资源主管部门会同有关部门规定。

第十四条　因买卖、设定抵押权等申请不动产登记的，应当由当事人双方共同申请。

属于下列情形之一的，可以由当事人单方申请：

（一）尚未登记的不动产首次申请登记的；

（二）继承、接受遗赠取得不动产权利的；

（三）人民法院、仲裁委员会生效的法律文书或者人民政府生效的决定等设立、变更、转让、消灭不动产权利的；

（四）权利人姓名、名称或者自然状况发生变化，申请变更登记的；

（五）不动产灭失或者权利人放弃不动产权利，申请注销登记的；

（六）申请更正登记或者异议登记的；

（七）法律、行政法规规定可以由当事人单方申请的其他情形。

第十六条　申请人应当提交下列材料，并对申请材料的真实性负责：

（一）登记申请书；

（二）申请人、代理人身份证明材料、授权委托书；

（三）相关的不动产权属来源证明材料、登记原因证明文件、不动产权属证书；

（四）不动产界址、空间界限、面积等材料；

（五）与他人利害关系的说明材料；

（六）法律、行政法规以及本条例实施细则规定的其他材料。

不动产登记机构应当在办公场所和门户网站公开申请登记所需材料目录和示范文本等信息。

第二十一条 登记事项自记载于不动产登记簿时完成登记。

不动产登记机构完成登记，应当依法向申请人核发不动产权属证书或者登记证明。

附件一"抵押权登记信息"

抵押权登记信息				
不动产单元号：	抵押不动产类型：□土地 □土地和房屋 □林地和林木 □土地和在建建筑物 □海域 □海域和构筑物 □其他			
内容＼业务号				
抵押权人				
证件种类				
证件号码				
抵押人				
抵押方式				
登记类型				
登记原因				
在建建筑物坐落				
在建建筑物抵押范围				
被担保主债权数额（最高债权数额）（万元）				
债务履行期限（债权确定期间）	起 止			
最高债权确定事实和数额				
不动产登记证明号				
登记时间				
登簿人				
注销抵押业务号				
注销抵押原因				
注销时间				
登簿人				
附记				

03 【借新还旧中除保证人知道或者应当知道的外，保证人不承担民事责任】

广西贵港市石油贮存公司诉中国银行股份有限公司贵港市分行借款担保合同纠纷案

一、实务规则

[以贷还贷] 主合同当事人双方协议以新贷偿还旧贷，除保证人知道或者应当知道的外，保证人不承担民事责任。新贷与旧贷系同一保证人的，不适用前款的规定。

二、规则解读

保证人并未同意作为新贷的保证人的，债权人与债务人约定以新贷偿还旧贷，只有在保证人知道或者应当知道的情况下，保证人才具有继续承担保证责任的义务。但如果保证人也同意作为新贷的保证人，则直接适用其与债权人之间的保证关系。

三、案情概述

案例名称：广西贵港市石油贮存公司诉中国银行股份有限公司贵港市分行借款担保合同纠纷案

案例来源：最高人民法院官网

案号：（2002）民二终字第39号

关键词：以贷还贷　保证人责任

具体案情：

1998年4月2日至1999年9月30日，中国银行股份有限公司贵港市分行（以下简称贵港中行）与贵港市利丰贸易有限公司（以下简称利丰公司）先后签订12份《借款合同》，合同编号分别为98借字C0056号、C0085号、C0086号、C0087号、C0088号、C0089号、C0090号、C0092号、C0098号以及99借字C0056号、C0062号、C00113号。上述合同约定：利丰公司向贵港中行借款2 793万元，借款期限均为一年。同时，利丰公司与贵港中行分别签订编号为98C0085、98C0086、98C0087、98C0088、98C0089、98C0090、98C0092、98C0098的8份抵押合同，约定利丰公司用位于桥圩镇的公司财产，即大酒店25 722.06平方米、羽绒城13 542.8平方米、新建楼2 655.91平方米、水洗羽绒厂26 783.83平方米、利丰大酒店14 110平方米、江北路水洗车间14 751.06平方米公司老厂房价值100万元的土地使用权、利丰大酒店1 162.06平方米的土地使用权、公司老厂房价值100万元的房屋及张某某价值200万元的房屋作抵押，并办理了抵押登记手续。上述12份借款合同中，设定抵押的借款合同为8份计2 120万元，未设定抵押的借款合同有4份计673万元。

1998年1月1日，贵港市伟康农业开发有限公司（以下简称伟康公司）与贵港中行签订一份《保证合同》，约定：伟康公司为利丰公司与贵港中行提供从1998年1月1日至2008年12月31日期间签订的所有借款合同项下全部借款本金余额之和不超过人民币3 500万元的最高额连带责任保证，保证期间为借款合同约定的债务履行期（包括展期后）届满之日起2年。

1998年12月31日，贵港市石油贮存公司（以下简称石油贮存公司）与贵港中行签订一份《保证合同》，约定：石油贮存公司为利丰公司与贵港中行提供自1998年6月30日至1999年6月30日期间签订的所有借款合同项下全部本金余额之和不超过700万元的最高额连带责任保证，保证期间为借款合同约定的债务履行期间（包括展期后）届满起2年。合同还约定保证人如果未按本保证合同约定及时清偿借款人的债务，贷款人有权扣划保证人在贷款人任何营业机构的任何账户上的款额。在石油贮存公司最高额保证债务发生期限内，贵港中行共向利丰公司发放了10笔借款，其债务余额为2 673万元。另外石油贮存公司还与贵港中行签订98保C0056号、99保C0062号、99保C0113号保证合同，就利丰公司向贵港中行借款193万元、150万元、30万元共373万元作连带责任保证。该三份保证合同所担保的三份借款合同，利丰公司未提供抵押物。

1998年1月1日，广西贵港裕源服务有限公司（以下简称裕源公司）与贵港中行签订一份《保证合同》，约定：裕源公司为利丰公司与贵港中行提供自1998年1月1日至1999年12月31日期间签订的所有借款合同项下的全部贷款本金余额之和不超过人民币380万元的最高额连带责任保证，保证期间为借款合同约定的债务履行期间（包括展期后）届满之日起2年。

1999年1月1日，贵港市丰园化工厂（以下简称丰园化工厂）与贵港中行签订了一份《保证合同》，约定：丰园化工厂为利丰公司与贵港中行提供自1998年1月1日至1999年12月5日期间签订的所有借款合同项下的全部贷款本金余额之和不超过人民币250万元的最高额连带责任保证，保证期间为借款合同约定的债务履行期间（包括展期后）届满之日起2年。

贵港中行与利丰公司签订借款合同后，共贷款2 793万元给利丰公司，借款到期后，利丰公司仅在2001年2月1日还款3.4万元，其余本息未还，上述保证人亦均未履行担保责任。贵港中行遂于2001年4月16日、4月24日从石油贮存公司账户扣划2 715 296.47元抵偿利丰公司的借款。

2000年12月18日，贵港中行为索要2 793万元欠款，向广西壮族自治区高级人民法院提起诉讼，诉请判令利丰公司归还欠款本金2 793万元及其利息；判令伟康公司对利丰公司的债务在3 500万元的范围内承担连带保证责任；判令石油贮存公司在 700 万元的范围内承担连带保证责任；判令裕源公司在 380 万元的范围内承担连带保证责任；判令丰源化工厂在 250 万元的范围内承担连带保证责任；判令诉讼费用由各被告承担。

广西壮族自治区高级人民法院经审理认为：贵港中行与利丰公司签订的部分借款合同均是双方当事人的真实意思表示，应确认为有效合同，贵港中行与利丰公司为 12 笔借款合同所签订的抵押合同，抵押物经办理抵押登记手续，抵押合同也应确认为有效。贵港中行与伟康公司、石油贮存公司、裕源公司、丰园化工厂所签订的最高额连带责任保证合同，及贵港中行与石油贮存公司另签订的三份保证合同，意思表示真实，内容符合法律规定，均为有效合同。伟康公司答辩提出其保证未经全体股东同意，且保证金额大大超过其注册资金范围，保证合同无效，其不应承担担保责任。伟康公司主张保证合同无效的理由并不符合无效保证合同的要件，其以此作为不承担保证责任的理由不能成立，该院不予支持。石油贮存公司答辩提出，其签订保证合同后并不知道贵港中行与利丰公司签订 12 份借款合同及存在以新贷还旧贷的情况，对此其不应承担责任。根据最高限额保证合同约定，贷款人并不需要就每一笔贷款告诉保证人，至于以新贷还旧贷问题，在本案中确实存在以新贷还旧贷利息的情况，但不能以此认定为以新贷还旧贷，即使存在个别以新贷还旧贷的情况，石油贮存公司也不能免除最高限额保证的保证责任。石油贮存公司反诉提出贵港中行放弃物权担保，其作为保证人则应免责，贵港中行与利丰公司私下将利丰公司财产折价处理损害了保证人利益，按份保证应按比例承担保证责任以及贵港中行扣划其存款已构成侵权等问题。首先，本案中不存在贵港中行放弃物权担保及私下处理利丰公司财产的事实。其次，由于本案属于按份共同保证，石油贮存公司主张按比例分担保证责任，于法无据，该院不予支持。至于贵港中行扣划其银行存款是依照《保证合同》约定，且在本案的 2 793 万元借款中有 670 万元借款并无抵押担保，其中的 370 万元借款是由石油贮存公司提供保证担保，故贵港中行依约扣划石油贮存公司存款抵偿利丰公司借款符合合同的约定，也未违反法律规定，其行为不构成侵权。故石油贮存公司的这一反诉理由不能成立，该院亦不予支持。该院依照《中华人民共和国担保法》第 18 条第 2 款、第 21 条、第 28 条、第 31 条第 1 款和《关于适用〈中华人民共和国担保法〉若干问题的解释》（以下简称《担保法解释》）第 21 条的规定，判决：（1）利丰公司应归还贵港中行借款 25 180 703.53 元及利息 4 324 465.89 元（利息已计至 2000 年 9 月 20 日，从 2000 年 9 月 21 日起至本案生效判决规定的履行期限最后一日止，按中国人民银行规定的同期逾期贷款利率分段计付），贵港中行对利丰公司提供的抵押物享有优先受偿权；（2）伟康公司对利丰公司债务在折价、拍卖、变卖其抵押物所得的价款抵偿后仍不足部分的债务在 3 500 万元范围内承担连带清偿责任，其承担连带清偿责任后，有权向利丰公司追偿；（3）石油贮存公司对利丰公司债务在折价、拍卖、变卖其抵押物所得的价款抵偿后仍不足部分的债务在 4 284 703.53 元范围内承担连带清偿责任，其承担连带清偿责任后，有权向利丰公司追偿（追偿范围为：已被贵港中行扣划的2 715 296.47元及在4 284 703.53元范围内被执行的款额）；（4）裕源公司对利丰公司债务在折价、拍卖、变卖其抵押物所得价款抵偿后仍不足部分的债务在380万元范围内承担连带清偿责任，其承担清偿责任后，有权向利丰公司追偿；（5）丰园化工厂对利丰公司债务在折价、拍卖、变卖其抵押物所得价款抵偿后仍不足部分的债务在250万元范围内承担连带清偿责任，其承担连带清偿责任后有权向利丰公司追偿；（6）驳回石油贮存公司对原告贵港中行的反诉请求。一审案件受理费177 282元，财产保全费160 520元，共计337 802元（贵港中行已预交）由利丰公司负担，并直接付给贵港中行；反诉费26 483元（石油贮存公司已预交），由石油贮存公司负担。

石油贮存公司不服广西壮族自治区高级人民法院的上述民事判决，向本院提起上诉称：利丰公司向贵港中行借款2 793万元，而石油贮存公司仅为利丰公司的2 673万元借款提供不超过700万元的最高额保证，请求将石油贮存公司的保证范围表述清楚。利丰公司已还款420万元，并根据《以资产抵偿贷款本息协议书》用价值1 162.8万元的资产抵偿了借款，再加上贵港中行与利丰公司以新贷偿还旧贷款1 161.2万元，石油贮存公司无须再承担担保责任。贵港中行扣划石油贮存公司的存款271.529647万元已构成侵权。请求撤销原判第三项，判令贵港中行返还扣划的石油贮存公司存款271.529647万元，赔偿利息损失9.775067万元及承担二审诉讼费用。

贵港中行答辩称：利丰公司归还的420万元是本案诉争的2 793万元以外的借款，与本案无关。关于《以资产抵偿贷款本息协议书》，由于利丰公司未能将有关土地使用权和房屋所有权转移给贵港中行，故《以资产抵偿贷款本息协议书》并未实际履行，不存在利丰公司用1 162.8万元资产抵偿借款的事实，故不应将1 162.8万元在2 793万元借款中扣减。利丰公司于1998年9月23日、1999年6月24日归还的450万元及300万元贷款是利丰公司单方的意思表示，不能认定为是以贷还贷。利丰公司归还的193万元贷款，因当日有187万元进账，故193万元更不能认定是以贷还贷。贵港中行扣划利丰公司68.2万元利息是单方行为，亦不能认定是以贷还贷。依据本案保证合同，扣划271.529647万元不构成侵权。原审判令石油贮存公司承担4 284 703.53元的连带清偿责任并无不当，应予维持。

本案其他当事人未作答辩。

二审查明：1998年6月29日，利丰公司与贵港中行签订《以资产抵偿贷款本息协议书》，约定：利丰公司用部分资产抵偿贵港中行贷款本金942万元。从1998年6月30日起，利丰公司抵偿资产经有权评估机构评估后抵给贵港中行，抵贷资产收益全部归贵港中行所有；贵港中行于同日将贵港中行抵债本息942万元全部冲减；利丰公司若已办有产权证，需将产权证（包括土地使用证、房屋所有权证等）

交由贵港中行,贵港中行要求转户时,利丰公司应无条件办理转户手续给贵港中行,转户费用由利丰公司和贵港中行各承担一半。《以资产抵偿贷款本息协议书》中的资产系 1998 年 4 月—1999 年 9 月期间借款的抵押物。同年 7 月 1 日,利丰公司和贵港中行还签订了一份《资产租赁协议书》,约定,利丰公司租赁贵港中行价值 1 162.80 万元的资产(即前述以资抵债的资产)使用,租金为每月 1 万元,租期为 1998 年 7 月 1 日至 2003 年 7 月 1 日。《资产租赁协议书》签订后,利丰公司除一次性向贵港中行交纳了 9 万元租金后,其余款项未付。贵港中行亦未再主张。

2001 年 5 月 8 日,贵港中行向利丰公司发出催款通知书,载明:"截至 2001 年 4 月 30 日,贵公司共欠我行贷款 2 793 万元。目前贷款已逾期。希望贵公司尽快筹集资金,归还以上贷款给我行。"利丰公司在该份通知书上签字盖章。

2002 年 3 月 4 日,利丰公司向二审法院提交一份证明称,利丰公司在 1999 年 10 月间,收到贵港中行送来的《以资产抵偿贷款本息协议书》和《资产租赁协议书》。贵港中行称签订该两份协议只是为了应付上级单位的检查,只需利丰公司加盖公章,空白处由贵港中行填写;该两份协议上的落款时间比利丰公司实际收到并签章的时间提前了一年多。

贵港中行与利丰公司签订的 12 份借款合同是双方当事人真实的意思表示,且不违反国家的法律、法规,应认定为有效。贵港中行与利丰公司为其中 8 份借款合同所签订的抵押合同,抵押物已经办理了抵押登记手续,抵押合同应认定为合法、有效。贵港中行与伟康公司、石油贮存公司、裕源公司、丰园化工厂所签订的最高额连带责任保证,以及贵港中行与石油贮存公司另签订的三份保证合同,意思表示真实,内容不违反法律、法规的规定,均应认定为有效。

贵港中行依据 1998 年 4 月 2 日至 1999 年 9 月 30 日签订的 12 份借款合同,向利丰公司发放了贷款合计 2 793 万元。利丰公司到期归还了 3.4 万元本金,其余未予归还,应依约承担归还欠款本金及利息的责任。贵港中行依据利丰公司出具的 8 份抵押合同,对抵押物折价或拍卖、变卖的价款享有优先受偿的权利。

本案争议的第一个问题是还款数额。担保人石油贮存公司主张债务人利丰公司已还款 420 万元。经审理,利丰公司于 1998 年 9 月 30 日向贵港中行归还了 300 万元,于 1998 年 12 月 9 日偿还了 100 万元,于 1999 年 9 月 27 日、28 日分别归还了 10 万元。但其中 300 万元归还的是贵港中行于 1998 年 6 月 30 日发放给利丰公司的 300 万元贷款。1998 年 12 月 9 日归还的 100 万元是贵港中行于 1998 年 11 月 19 日发放的 50 万元贷款和 1998 年 1 月 7 日发放的 100 万元贷款中的 50 万元;20 万元系利丰公司归还贵港中行于 1999 年 7 月 28 日发放的 20 万元贷款。该四笔贷款未包含在 2 793 万元的贷款内,故利丰公司归还 420 万元借款的事实与 2 793 万元借款无关,不能从 2 793 万元借款本金中扣减。石油贮存公司的此点上诉理由不能成立,本院不予支持。

本案争议的第二个问题是石油贮存公司的担保范围问题。石油贮存公司为利丰公司提供担保的借款合同为前述 12 份借款合同中的 10 份，即：自 1998 年 6 月 30 日至 1999 年 6 月 30 日期间贵港中行与利丰公司签订的 10 份借款合同。此间，贵港中行共向利丰公司发放贷款 2 673 万元。对于贵港中行于 1998 年 4 月 2 日发放的 90 万元和 1999 年 9 月 30 日发放的 30 万元贷款，石油贮存公司未提供担保。对此，各方当事人均无异议，应予认定。原审判决未将石油贮存公司的担保范围列出，应予补正。

本案争议的第三个问题是《以资产抵偿贷款本息协议书》的效力。1998 年 6 月 29 日，贵港中行与利丰公司签订了《以资产抵偿贷款本息协议书》，但利丰公司未能将该协议附表所列明的土地使用权和房屋所有权抵债给贵港中行。在中国银行广西分行于 2001 年 3 月 19 日刊登要求债务人利丰公司与其签订债权债务确认书的公告后，利丰公司仍未能与之签订债权债务确认书。现本案已进入二审，利丰公司仍然占有使用着"租赁"资产，且未再交纳租金。双方当事人并无积极履行《以资产抵偿贷款本息协议书》的行为，所涉资产仍未办理过户手续。利丰公司在 2001 年 5 月签字的催款通知书中认可欠款数额为 2 793 万元，诉讼前未提出应将《以资产抵偿贷款本息协议书》约定的数额从 2 793 万元欠款中予以扣减的异议，说明利丰公司对于该协议书未能履行是认可的。同时，利丰公司在 2002 年 3 月 4 日提交的证明称，《以资产抵偿贷款本息协议书》及《资产租赁协议》均是贵港中行为应付上级检查而制作的，时间倒签了一年多。该证明内容与贵港中行关于合同无效的主张是一致的。综上，因《以资产抵偿贷款本息协议书》及《资产租赁协议》并非双方当事人的真实意思表示，应认定为无效。利丰公司向贵港中行交纳的 9 万元租金应在 2 793 万元欠款本金中扣减。石油贮存公司提出的《以资产抵偿贷款本息协议书》有效、1 162.8 万元应予扣减的上诉请求不能成立，本院不予支持。

本案争议的第四个的问题是本案是否存在以贷还贷的情形。石油贮存公司主张利丰公司以贷还贷共计 5 笔 1 161.2 万元。经审理，450 万元、193 万元及 300 万元三笔新贷款进入到利丰公司的账上后，利丰公司自行填写了《偿还贷款专用凭证》，并加盖了公章及法定代表人个人名章后归还了三笔到期贷款，应认定利丰公司单方将借款偿还旧贷。石油贮存公司未能举证证明借贷双方有以贷还贷的共同意思表示，故尚不能推定上述三笔还款是以贷还贷。第四笔利息 68.2 万元是贵港中行自行划款，未有借贷双方协商还贷的证据。第五笔 150 万元贷款，亦有利丰公司的转账凭证。综上，石油贮存公司提出的 5 笔还款均是利丰公司或贵港中行单方的意思表示，不能认定为是以贷还贷，故石油贮存公司关于将 1 161.2 万元从 2 793 万元中扣减的上诉请求不能成立。

第五个争议的问题是贵港中行扣划担保人石油贮存公司的存款是否构成侵权。贵港中行于 2001 年 4 月 16 日、4 月 24 日从石油贮存公司账户扣划 2 715 296.47 元抵偿利丰公司的借款。本案借款金额为 2 793 万元，其中利丰公司设立抵押担保的借款金额计 2 120 万元，未设立抵押的借款为 673 万元。鉴于在该 673 万元借款中，石油贮存公司对其中373万元的借款分别单独承诺了连带责任保证。因此，石油贮存公司不享有先诉抗辩权。依据石油贮存公司出具的700万元最高额保证合同承诺，石油贮存公司应在700万元的最高限额内对未设定抵押担保的373万元债务承担连带保证责任。依据1998年12月31日保证合同第8条第1款关于"保证人未按本保证合同约定及时清偿借款人的债务，贷款人有权扣划保证人在贷款人任何营业机构的任何帐户上的款项"的约定，贵港中行扣划石油贮存公司存款2 715 296.47元抵偿利丰公司借款并无不当，其行为不构成侵权。石油贮存公司关于贵港中行侵权的上诉理由不能成立，本院不予支持。

综上，原审判决认定事实基本清楚。扣除利丰公司自行还款3.4万元，向贵港中行交纳租金9万元，石油贮存公司已承担担保责任2 715 296.47元，利丰公司还应向贵港中行归还借款本金2 509.070353万元。原审判决未将贵港中行向利丰公司收取的9万元租金从欠款本金中予以扣除不当，应予纠正。原审判令各担保人对利丰公司的债务在折价、拍卖、变卖其抵押物所得的价款后仍不足部分的债务在各自最高额保证范围内承担连带清偿责任并无不当，应予维持。本院依照《中华人民共和国民事诉讼法》第153条第1款第（一）、（二）项之规定，判决如下：

（1）维持广西壮族自治区高级人民法院（2001）桂经初字第2号民事判决主文第二、三、四、五、六项及一审案件受理费、反诉费承担部分；

（2）变更该判决主文第一项为：贵港市利丰贸易有限公司应归还中国银行贵港市分行借款本金2 509.070353万元及其利息（12笔借款合同期内的利息按照合同约定计付，自发放贷款之日起计至2000年9月30日；自2000年10月1日起至实际给付之日止，按照中国人民银行同期逾期贷款利率分段计息）；中国银行贵港分行对贵港市利丰贸易有限公司提供的抵押物的折价款或拍卖、变卖所得的款项享有优先受偿的权利。

四、规则适用

（一）关于《担保法解释》第39条的适用范围

《担保法解释》第39条对"以贷还贷"进行了规定："主合同当事人双方协议以新贷偿还旧贷，除保证人知道或者应当知道的外，保证人不承担民事责任。新贷与旧贷系同一保证人的，不适用前款的规定。"《最高人民法院关于审理民间借贷案件适用法律若干问题的规定》承认了企业间借贷的合法性，司法实践中，也出现了"民间借贷"引用《担保法解释》第39条的情况，有必要对《担保法解释》第39条适用范围加以分析。

《关于人民法院审理借贷案件的若干意见》的第1条规定："公民之间的借贷纠纷，公民与法人之间的借贷纠纷以及公民与其他组织之间的借贷纠纷，应作为借贷案件受理。"《最高人民法院关于审理民间借贷案件适用法律若干问题的规定》第1

条规定:"本规定所称的民间借贷,是指自然人、法人、其他组织之间及其相互之间进行资金融通的行为。"其明确了企业相互之间借贷的合法性,为企业间"民间借贷"提供了新的模式。

在法律适用上,该条款的几个关键名词是"主合同""新贷""旧贷",其中"主合同"并未限定为金融借款合同或者民间借贷合同,是为泛指,无法推断出适用的主合同类型;"新贷"和"旧贷"虽可解释为银行或者其他金融机构向借款人所做的借款,但也可解释为借贷的款项,因此也不具备专指的意思。由此可知,按照该法条用语的文义,并未限定于主合同为金融借款合同的情形,也未将主合同为民间借贷合同的情形排除在适用范围之外。从目的上看,以贷还贷最早出现在银行的借款合同中,银行为了消灭逾期贷款,采取了各种清收活动。但是,由于大量逾期贷款并不能立即偿还,如果采取展期方式,该贷款依旧属于"陈年贷款",因此许多金融机构采取了以新贷还旧贷的方式。1997年《中国人民银行关于借款合同有关法律问题的复函》中,首次界定以贷还贷的概念,认定合同的效力并提及担保责任的承担。该复函指出,以贷还贷(或借新还旧)是指借款人向银行贷款以清偿先前所欠同一银行贷款的行为。随后最高人民法院在2000年出台的《担保法解释》中对此进行了规定,司法界对于以贷还贷合同效力形成统一意见。《担保法解释》第39条正是对实践中金融借款合同以贷还贷担保责任如何承担这一问题的回应,虽然条文中采取了"以新贷偿还旧贷"的表述,而非前述复函中的"以贷还贷",但其出处正是金融业的该规定,制定该条司法解释也正是为了解决银行业中出现不良贷款的情况下主合同双方当事人恶意转移偿债责任、加重保证人责任的法律问题。

(二) 不构成以贷还贷时保证人责任的承担

本案中,最高人民法院认为保证人在不构成以贷还贷的情形下仍然应当承担保证责任。判决认为,扣除利丰公司自行还款3.4万元,向贵港中行交纳租金9万元,石油贮存公司已承担担保责任2 715 296.47元,利丰公司还应向贵港中行归还借款本金2 509.070353万元。原审判决未将贵港中行向利丰公司收取的9万元租金从欠款本金中予以扣除不当,应予纠正。原审判令各担保人对利丰公司的债务在折价、拍卖、变卖其抵押物所得的价款后仍不足部分的债务在各自最高额保证范围内承担连带清偿责任并无不当,应予维持。而本案中保证人只对新贷进行了担保,《担保法解释》第39条规定:"主合同当事人双方协商以新贷偿还旧贷,除保证人知道或应当知道的外,保证人不承担责任。新贷与旧贷系同一保证人的,不适用前款的规定。"换言之,保证人承担责任的基础,是保证人同时对新贷和旧贷提供担保的情况下,应当对以贷还贷承担保证责任,因而认定以贷还贷的成立是确定保证人责任的前提。在本案中,保证人由于仅对新贷承担了保证责任,并未为旧贷提供担保,所以保证人只应当对以贷还贷以外的部分承担保证责任。如果一旦认定以贷还贷，保证人就必须承担全部保证责任。

五、风控提示

债权人要求债务人提供保证的目的在于保障债权人利益的实现，特点在于保证的手续简便，符合交易迅捷的要求，一旦确认了保证人的资格，则其必须以自己的信用和财产来承担保证责任。由于保证责任是在他人不履行债务时，依保证合同的约定所承担的他人债务，一般保证人负担的是单方面的且无偿的义务。而另一方面，由于目前社会信用体系不完善，债权人因信赖保证人而提供借款，应注重对于债权实现的保护力度。在立法以及司法实践中，就取证义务而言，需要平衡债权人和保证人双方的利益，这就需要债权人明确自己的举证义务，要保留好证据，减少风险。

（一）主合同属于以贷还贷

如果主合同写明是以贷还贷的，或者金融机构、债务人能够举证证明保证人知道以贷还贷还提供担保的，保证人仍应承担保证责任。如果金融机构和债务人主张保证人知道以贷还贷的情况并提供保证的，应当由金融机构或债务人举证。比如说债务人、金融机构、保证人在贷款前就以贷还贷进行过协商，有书证予以证实，则应当认定保证人知道以贷还贷，承担担保责任。如果，金融机构或债务人不能对自己的主张举证的，应当认定保证人不知主合同以贷还贷的事实。主合同属以贷还贷，保证人主张不知道主合同双方在进行以贷还贷的，应当举证。保证人的举证责任就是提供主合同这个书证。

（二）不属于以贷还贷

在这种情况下，银行只能收到对新贷的担保，对原有贷款的标的，不能要求担保人承担保证责任。

例如，本案中最高人民法院认为保证人在不构成以贷还贷的情形下仍然应当承担保证责任。判决认为：扣除利丰公司自行还款 3.4 万元，向贵港中行交纳租金 9 万元，石油贮存公司已承担担保责任 2 715 296.47 元，利丰公司还应向贵港中行归还借款本金 2 509.070353 万元。原审判决未将贵港中行向利丰公司收取的 9 万元租金从欠款本金中予以扣除，应予纠正。原审判令各担保人对利丰公司的债务在折价、拍卖、变卖其抵押物所得的价款后仍不足部分的债务在各自最高额保证范围内承担连带清偿责任并无不当，应予维持。而本案中保证人只对新贷进行了担保，根据《担保法解释》第 39 条的规定，主合同当事人双方协商以新贷偿还旧贷，除保证人知道或应当知道的外，保证人不承担责任。新贷与旧贷为同一保证人的，不适用前款的规定。换言之，保证人承担责任的基础，是保证人同时对新贷和旧贷提供担保的情况下，应当对以贷还贷承担保证责任，因而认定以贷还贷的成立是确定保证人责任的前提。在本案中，保证人由于仅对新贷承担了保证责任，并未为旧贷提供担保所以保证人只应当对以贷还贷以外的部分承担保证责任。如果一旦认定以贷还贷，保证人就必须承担全部保证责任。

六、法律依据

- 《中华人民共和国担保法》（全国人民代表大会常务委员会发布，1995年10月1日实施，法宝引证码：CLI.1.12418）

第十八条 【连带责任保证】当事人在保证合同中约定保证人与债务人对债务承担连带责任的，为连带责任保证。

连带责任保证的债务人在主合同规定的债务履行期届满没有履行债务的，债权人可以要求债务人履行债务，也可以要求保证人在其保证范围内承担保证责任。

第二十一条 【保证范围】保证担保的范围包括主债权及利息、违约金、损害赔偿金和实现债权的费用。保证合同另有约定的，按照约定。

当事人对保证担保的范围没有约定或者约定不明确的，保证人应当对全部债务承担责任。

- 《最高人民法院关于适用〈中华人民共和国担保法〉若干问题的解释》（最高人民法院发布，2000年12月13日实施，法宝引证码：CLI.3.34740）

第三十九条 主合同当事人双方协议以新贷偿还旧贷，除保证人知道或者应当知道的外，保证人不承担民事责任。

新贷与旧贷系同一保证人的，不适用前款的规定。

04【银行在接受质押时未尽审查义务的，应当认定银行对因质物虚假而造成的损失存在过错】

招商局物流集团上海有限公司与被申请人中国招商银行股份有限公司上海宝山支行、上海宏飞实业有限公司、上海宝铁储运有限公司、焦某某合同、侵权纠纷案

一、实务规则

［质押物审查义务］银行在接受质押时应当对质物的权属和价值进行审查，银行未尽审查义务的，应当认定银行对因质物虚假而造成的损失存在过错。

二、规则解读

银行对质物的权属和价值的审查义务是银行在接受质押时的法定义务，不能通过协议委托他人审查的方式而得到免除。银行未尽必要的审查义务，最终因质物虚假等原因带来的损失，银行也具有过错，应当承担相应的责任。

三、案情概述

（一）案情简介

案例名称：招商局物流集团上海有限公司与被申请人中国招商银行股份有限公司上海宝山支行、上海宏飞实业有限公司、上海宝铁储运有限公司、焦某某合同、侵权纠纷案

案例来源：北大法宝网

案号：（2009）民提字第40号

关键词：质物监管协议　审查义务　损失过错

具体案情：

招商银行股份有限公司上海宝山支行（以下简称"招行宝山支行"）的上级主管单位中国招商银行股份有限公司上海分行（以下简称"招行上海分行"）在2004年4月26日批准上海宏飞实业有限公司（以下简称"宏飞公司"）的承兑申请。2004年4月27日，招行宝山支行与宏飞公司签订银行承兑协议一份（编号2004年宝字第41040402号），约定：宏飞公司申请招行宝山支行承兑由宏飞公司开出的商业汇票3张，金额共计2 000万元；宏飞公司将600万元存在招行宝山支行的账户，作为汇票承兑保证金；承兑汇票到期日，招行宝山支行凭票无条件支付票款；如汇票到期日前宏飞公司未能足额缴付票款，招行宝山支行有权从宏飞公司存款账户上扣款支付，因不足缴付而致招行宝山支行垫付票款，由招行宝山支行按《支付结算办法》规定计息。焦某某向招行宝山支行出具银行承兑不可撤销担保书，为承兑协议项下宏飞公司的全部债务承担连带保证责任。

同日，招行宝山支行与宏飞公司还签订上述相同编号的银行承兑质押合同、动产质押合同各一份，合同约定：宏飞公司以自有的热卷钢材为质物，为上述银行承兑协议项下的债务提供质押担保。在质押期间内，宏飞公司应将质物移交招行宝山支行占有，或将质物转移至招行宝山支行指定或认可的监管人处，视为交付招行宝山支行；若签订本合同时质物已存放于监管人处的，宏飞公司应在签订本合同时向监管人发出出质通知，质物自该通知送达监管人时视为移交。宏飞公司向招行宝山支行出具了质物清单，载明货物品名为热卷钢材、数量7 469吨、存放地点上海宝铁储运有限公司（以下简称"宝铁公司"）仓库。该份清单上出质人宏飞公司、质权人招行宝山支行、货物监管人招商局物流集团上海有限公司（以下简称"招商物流公司"）均予以签章。同时，宏飞公司向宝铁公司发出出质通知，宝铁公司在出质通知回执上签章，落款时间为2004年4月。宝铁公司签发（2004）宝铁库（宏飞）字第41040402号仓单附仓单明细、出质背书各一份。仓单内容为：存货人宏飞公司、存储场所宝铁公司、存储时间一栏空白。仓单明细记载了4种规格的热卷钢材，合计7 469.704吨。出质背书上约定：出质

人一旦在本仓单出质背书栏签章，经仓储保管人签章确认，移交质权人占有，就视为正式出仓；本仓单为编号41040402仓单质押合同项下的质押权利凭证，用于担保41040402号人民币资金借款合同。出质人宏飞公司、质权人招行宝山支行、保管人宝铁公司及其法定代表人庄某某均在仓单背书栏内签章。上述仓单及仓单明细、出质背书原样由招行宝山支行留存。

同日，招行宝山支行、宏飞公司、招商物流公司签订质物监管协议。招商物流公司作为质物监管人，声明其已充分了解上述相关承兑协议，并已收妥宏飞公司向其出具的出质通知，其保证自收到该通知之日起不接受宏飞公司处分质物的指示。招商物流公司还声明承兑协议项下的质物已验收完毕，质物已进入其监管区域妥善保管，并已经向招行宝山支行开具和交付质物清单。该质物清单系严格按照法律法规，并结合行业准则和货物性质，对质物严格按照货物外包装及货物上的标记进行核实（对无外包装的货物进行实物清点）后所开具，作为提取货物的唯一凭证。同时，三方声明自出质通知送达招商物流公司时，视为质物移交招行宝山支行占有。协议还约定：质物的价格、数量由招行宝山支行与宏飞公司确定，质押率70%，质物市场价4500元下跌10%及以下时，需立刻补充保证金或提前结清货款。

2004年6月11日，宏飞公司签发号码为GA/01 00117198、00117199、00117201的银行承兑汇票3张，金额分别为500万元、500万元、1 000万元，汇票到期日均为同年9月11日，前1张汇票收款人为上海宝融金融有限公司（以下简称宝融公司），后2张汇票收款人为上海宏敖实业有限公司（以下简称宏敖公司）。同日，招行宝山支行根据其与宏飞公司的承兑协议，对上述汇票予以承兑付款。

2004年6月4日、6月25日、7月30日、8月27日，宝铁公司、招商物流公司先后四次共同向招行宝山支行填发仓单明细，每次仓单明细均载明：货主名称宏飞公司、品名热轧钢卷、规格混规格、数量7 522.427吨、单价2 700元、金额20 310 552.9元。同年9月1日、2日，招商物流公司两次致函宝铁公司，要求宝铁公司根据其与招商物流公司、宏飞公司、上海泓瑞实业（集团）有限公司（以下简称泓瑞公司）签订的仓储合同规定，对储存在宝铁公司的物品进行盘点，未经招商物流公司同意不得发货。同年9月9日，宝铁公司致函招行宝山支行称，经8月31日仓库清盘，泓瑞公司、宏飞公司两家单位在其仓库的库存量为零。

2004年9月15日，招行宝山支行曾以宏飞公司未能清偿上述承兑协议项下的债务和质物灭失等为由，向上海市第二中级人民法院提起诉讼，诉请宏飞公司、焦某某、招商物流公司、宝铁公司承担责任。同年10月25日，该院以该事实涉及刑事犯罪为由移送公安机关处理。

上海市公安局经济犯罪侦查总队委托审计机构对泓瑞公司涉嫌合同诈骗和银行票据诈骗进行专项审计。审计报告显示：宝融公司、宏敖公司于2004年6月11日持由宏飞公司签发、招行宝山支行承兑的上述3张汇票进行贴现，除有质押担保外，共交付保证金600万元。审计报告还记载了宝铁仓库的库存情况，根据对宝铁仓库提供的各分仓库钢材进销存汇总表进行统计，泓瑞公司及其关联企业（包括宏飞公司、宝融公司、宏敖公司）每次向银行借款时提供的质押物仓储证明与钢材实际库存量存在差异数，其中2004年4月27日的实际存量333.547吨，在案发日未归还借款和贴现款对应的质押物重量51 178.669吨，差异数 -50 845.122吨；2004年8月11日的实际存量136.962吨，在案发日未归还借款和贴现款对应的质押物重量59 598.542吨，差异数 -59 461.58吨。

2006年4月14日，上海市第二中级人民法院对被告人洪某等刑事犯罪一案作出一审判决。刑事判决书认定：宏飞公司的注册资金由洪某及泓瑞集团投资，实际经营的负责人为洪某。2004年4月至8月间，洪某以宝铁公司等为泓瑞公司、宏飞公司出具的虚假仓单作担保，由泓瑞公司、宏飞公司分别与招行宝山支行等单位签订合同，取得相关单位出具的8 845万余元的银行承兑汇票，实际向银行贴现8 709万余元，该款主要用于归还欠款、支付货款等，至今无法承兑。洪某所在的泓瑞公司、宏飞公司、宝融公司等，以非法占有为目的，在签订或履行合同过程中，以宝铁公司等出具虚假产权证明作担保，实际骗取银行等单位资金，其行为已构成合同诈骗罪。公诉机关虽未对泓瑞公司、宏飞公司和宝融公司等单位诈骗提起公诉，但作为上述单位主要负责人的洪某应承担直接负责的主管人员的刑事责任。另洪某还犯有票据诈骗罪。据此，判处洪某无期徒刑，违法所得的一切财物予以追缴并发还各被害单位。

（二）审理要览

针对招商物流公司在本案中的责任问题，上海市第二中级人民法院一审认为，招行宝山支行与招商物流公司之间为委托质物监管合同关系。关于招商物流公司的民事责任，主要涉及三方面的争议：

第一，系争质押为钢材质押还是仓单质押。宏飞公司除了向招行宝山支行交付虚假仓单质押外，还与招行宝山支行签订了为同一债务进行担保的动产质押合同，宏飞公司为此开具的质物清单内容与仓单项下内容基本一致。与此同时，招行宝山支行与宏飞公司、招商物流公司三方签订质物监管协议，由招商物流公司承诺已验收质物入库并实施监管。因此在形式上，与权利（仓单）质押一样，招行宝山支行与宏飞公司之间亦成立动产（钢材）质押。由于质物清单和仓单所共同指向的钢材与实有钢材数量严重不符，即质物清单项下的质物和仓单项下的标的物均为虚假，因此动产质押合同与权利质押合同均未生效。

第二，质物监管协议是否真实有效。就系争质物监管协议约定内容而言，其具有委托合同的法律性质。基于对系争质押标的的认定，不论对质物清单项下的质物，还是对仓单项下的标的物，招行宝山支行均可以通过委托监管人对实物进行验收、核库、监管。招商物流公司对招行宝山支行而言，系委托合同的受托人，其应按照委托人招行宝山支行的指示处理委托事务；对宏飞公司而言，系质权人招行宝山支行的辅助人，其有权对质押标的行使监管权利，质物监管协议的签订与履行，与仓单质押之间并不发生冲突。至于质物客观上未被招商物流公司直接占有的事实，并不影响质物监管协议的成立。从招商物流公司派员到宝铁公司核库、实施入场监管并由两公司共同填发核库明细向招行宝山支行报告的事实看，各方均对质物监管协议予以确认。并且，宝铁公司仓库系各方当事人共同认可的质物监管区域，不论该仓库隶属于宝铁公司还是招商物流公司，也不论有关当事人是否签署了书面的仓储合同，根据招商物流公司对招行宝山支行的承诺，招商物流公司均应当对该区域的相应质物履行验收、核库、监管等义务。因此，该质物监管协议应属有效。

第三，招商物流公司应否承担民事责任。对质物的权属进行审查，是监管人实施核库、监管的前提条件。质物监管协议和质物清单载明了质物系宏飞公司自有，因此招商物流公司在履行合同时，秉着合理谨慎的态度，采取必要措施审查宏飞公司质物权属，乃是其接受委托实施监管的应有义务。但事实上，宏飞公司为本案所涉借款提供质押之初，实有质物——仓单项下货物便已严重短缺。显然，招商物流公司在履行审查义务上未尽应有的审慎之责，致使招行宝山支行在误认为质押真实的情况下通过汇票承兑被骗取了大额资金。在以后的日常监管中，招商物流公司仍未能认真审查，仅是流于形式地向招行宝山支行报告宏飞公司的仓单明细，致使招行宝山支行在资金被骗后未能及时发现，采取止损措施。招商物流公司对此负有过错，依法应对招行宝山支行的损失承担赔偿责任。这种赔偿责任属于补充责任，且其承担责任的顺位应当后于宝铁公司的责任。招行宝山支行所持有的质物清单是在招商物流公司受托对质物查验核实后所开具，仓单、仓单明细同样显示宏飞公司存有质物，相关协议亦未要求招行宝山支行应当自己到场核库，况且在此后的日常监管中，招商物流公司也未向招行宝山支行报告与首次核库结果存在重大差异。因此，招行宝山支行并无亲自核库的合同义务，也没有充分证据证明其在履行汇票承兑义务时即知道质物虚假，其不应在本案中承担民事责任。

因此，上海市第二中级人民法院判决宏飞公司应于判决生效之日起 10 日内偿付招行宝山支行 1 400 万元，以及自 2004 年 9 月 11 日起至实际支付日止的利息损失（以 1 400 万元为基数，按每日万分之五的利率计算）；焦某某对此承担连带责任；宝铁公司对宏飞公司、焦某某就该判决不能清偿部分承担补充赔偿责任；招商物流公司对宝铁公司承担上述补充赔偿责任后仍不能清偿的部分承担赔偿责任。

招行宝山支行和招商物流公司均不服一审判决，向上海市高级人民法院提起上诉。上海市高级人民法院二审认为：本案争议焦点主要在于招商物流公司是否应当向招行宝山支行承担侵权补充赔偿责任的问题。招行宝山支行与招商物流公司之间基于双方签订的委托监管协议形成委托合同关系，一旦产生监管纠纷，双方会形成违约责任与侵权责任的竞合，即违反合同监管义务的违约行为构成合同上的违约责任，同时又造成合同履行利益之外的财产利益的损害，构成违约与侵权的竞合。按照监管协议内容约定，当招商物流公司履行不当造成质物灭失、毁损时，招商物流公司应承担损害赔偿责任。但本案中，质物本身虚假、不存在，而不是监管协议约定的灭失与毁损情形，且按协议之约，即使存在质物灭失与毁损情形，监管方招商物流公司也只承担损害赔偿责任，并不是如招行宝山支行所言承担合同上的连带责任，故招行宝山支行向招商物流公司主张合同上的连带责任，既无合同依据也无法律依据，该院不予支持。

招行宝山支行基于对招商物流公司的信任，委托招商物流公司对质物进行监管，即使招行宝山支行具有审查质物权属的义务，其也已经授权予监管方招商物流公司。更何况，作为专业监管公司的招商物流公司，依其职责就应当严格按照行业要求审查质物的所有权，而不能将对质物的核实建立在对宝铁公司的过于轻信和依赖之上，自身不认真审查质物的原始凭证及入库单据，导致所监管质物虚假的后果。招行宝山支行的承兑付款时间后于监管协议的订立及履行时间，招商物流公司如果尽到审慎之责，完全可以在招行宝山支行支付承兑付款日之前，发现质物的虚假性，挽回委托人招行宝山支行的经济损失，故监管方招商物流公司的失职行为是明显的，其过错也是毋庸置疑的。原审法院对其失职行为的认定也很清楚，二审法院完全同意。因此，招商物流公司的补充赔偿责任依法不能予以免除。至于招商物流公司提及的利息损失标准问题，法院可依据案件的实际情况综合判断赔偿标准，原审法院对利息损失的认定标准并无不当。综上，原审法院认定事实清楚，适用法律正确，应予维持。

招商物流公司不服二审判决，向上海市高级人民法院申请再审。上海市高级人民法院经审查认为：招商物流公司作为专业监管单位，应当严格按照行业要求认真审查质物的原始凭证及入库单据，确认质物的所有权。如果招商物流公司能尽到职责，完全可以在贷款人招行宝山支行付款前发现质物虚假，从而避免损失发生，可见招商物流公司的过错造成了损失，原审判决招商物流公司承担补充赔偿责任并无不当。上海市高级人民法院驳回了招商物流公司的再审申请。

招商物流公司仍然不服，向最高人民法院申请再审。最高人民法院认为，本案争议的焦点为招行宝山支行是否存在过错，招商物流公司是否应该对招行宝山支行的损失承担赔偿责任以及双方责任如何分担？

根据《中华人民共和国商业银行法》（以下简称《商业银行法》）第35条、第36条的规定，招行宝山支行在审贷过程中对质物的权属具有法定的审查义务。招行宝山支行认为，其对质物权属的审查以及质物的监管义务已经通过质物监管协议委托给了招商物流公司。但是，在招行宝山支行与招商物流公司签订质物监管协议之前，招行宝山支行就已经接受了宝铁公司出具的仓单附仓单明细，并办理了出质背书手续。而招行宝山支行在此过程中并没有对宏飞公司提供的仓单项下的质物是否存在尽到审查义务，没有能够发现仓单项下的钢材不存在的事实。

在质物虚假的情况下，根据招行上海分行2004年4月26日批准的宏飞公司的承兑申请，招行宝山支行与宏飞公司签订银行承兑协议，并于同日将并不存在的质物交由招商物流公司办理质物移交手续并实施监管。因此，招行宝山支行对于因质物虚假造成的损失，存在一定过错，应承担相应的责任。原审判决对招行宝山支行对于损失的发生没有过错认定不当，本院予以纠正。

根据质物监管协议中招行宝山支行、宏飞公司、招商物流公司的三方声明，出质通知送达招商物流公司视为质物移交招行宝山支行占有。可见，招行宝山支行并没有亲自参与办理质物移交手续，而是委托给监管人招商物流公司，而质物监管协议和质物清单均载明质物系宏飞公司自有，因此，作为专业监管人，招商物流公司在接受宏飞公司移交的质物时，应该对质物的权属进行审查。可是，招商物流公司在事实上并没有尽到该义务，其在办理质物移交手续时没有发现质物虚假的事实，将非宏飞公司的钢材当作质物予以接受，且在质物监管协议中声明承兑协议项下的质物已验收完毕，质物已入其监管区域妥善保管，并开具质物清单交付招行宝山支行，导致招行宝山支行在质物不存在的情况下仍然对宏飞公司开具的汇票予以承兑，从而遭受损失。此外，对质物权属的审查，是监管人实施核库、监管的前提条件，然而招商物流公司在日常监管中也没有尽到审查义务。在招行宝山支行等待放款的一个多月内，招商物流公司与宝铁公司给招行宝山支行填发的仓单明细载明货主是宏飞公司，在招行宝山支行承兑放款后，招商物流公司与宝铁公司又先后三次给招行宝山支行填发了仓单明细，该仓单明细仍然载明货主是宏飞公司，致使招行宝山支行一直未能发现质物虚假问题。因此，招商物流公司在接受质物以及日常监管中均没有尽到应有的审查义务，存在过错，对招行宝山支行因此造成的损失应该承担赔偿责任。

本案中，招行宝山支行与宏飞公司于2004年4月27日签订了银行承兑协议、动产质押合同，并于同日与招商物流公司签订质物监管协议，但直到一个多月后的6月11日才对宏飞公司的汇票承兑付款。可见，招商物流公司在招行宝山支行承兑付款前有足够的时间对质物权属进行审查。如果招商物流公司在日常监管中尽到自己的审查义务，及时发现质物虚假的事实，则招行宝山支行也就不会在质物虚假的情况下仍然承兑付款，损失也就不会发生。此外，根据2004年3月9日招行宝山支行与泓瑞公司签订的借款合同和招行宝山支行、招商物流公司、泓瑞公司签订的质物监管协议，招行宝山支行于同日将其已经同意的与本案相同的担保质物委托招商物流公司进行接收和监管。如果招行宝山支行在最初的借款审查中能够发现质物的虚假，其所有损失根本就不会发生；如果招商物流公司在该批质物的接收和监管中能够发现质物虚假，则招行宝山支行在本案中也就不可能与宏飞公司签订承兑协议并对汇票予以承兑。但是招商物流公司没有尽到审查义务，没有发现质物虚假的事实，导致招行宝山支行在向泓瑞公司发放贷款后，又对宏飞公司的汇票进行承兑，造成了更大的损失。鉴于上述事实，应认为招商物流公司对招行宝山支行损失存在较大过错，应承担主要责任，招行宝山支行虽然也有过错，但相对较小，应承担次要责任。

综上，最高人民法院判决招商局物流集团上海有限公司对上海宝铁储运有限公司承担补充责任后仍不能清偿的部分承担70%的补充赔偿责任。

四、规则适用

（一）关于银行对质物权属的审查义务

根据《商业银行法》第35条、第36条和中国人民银行制定的《贷款通则》第10条的规定，商业银行在办理贷款业务时，应当对借款人进行必要的审查。审查的内容包括：借款人的借款用途、偿还能力和还款方式，保证人的偿还能力，抵押物、质物的权属和价值以及抵押权、质权实现的可行性等。但是，经审查评估后确认借款人资信良好，有能力偿还贷款的，可以不提供担保。

本案中，招行宝山支行与招商物流公司签订质物监管协议之前，招行宝山支行就已经接受了宝铁公司出具的仓单附仓单明细，并办理了出质背书手续；在与宏飞公司签订《银行承兑协议》的同时，接受了宏飞公司以其声称的自有热卷钢材作为质物的质押。在此过程中，招行宝山支行并没有按照相关规定对宏飞公司提供的质物进行必要的审查，致使其没能及时发现质物不存在的事实。商业银行对质物的权属和价值进行审查，是商业银行在办理相应业务时应当尽到的法定义务，不能以合同约定的方式转移给第三人。因此，最高人民法院最终认定，招商物流公司只需对上海宝铁储运有限公司承担补充责任后仍不能清偿的部分承担70%的补充赔偿责任。

（二）关于当事人申请再审

当事人申请再审是指民事诉讼中的当事人认为已经发生法律效力的判决、裁定确有错误，或者认为已经发生法律效力的调解书违反自愿原则或者内容违法的，提请原审人民法院或者上一级人民法院再审的行为。[1]《中华人民共和国民事诉讼法》（以下简称《民事诉讼法》）和《最高人民法院关于适用〈中华人民共和国民事诉讼法〉的解释》（以下简称《民诉法解释》）中对当事人申请再审的条件作出了具体的规定：

（1）申请再审的主体是原审当事人及其法定代理人。当事人死亡或者终止的，其权利义务承继者可以根据《民事诉讼法》第199条、第201条的规定申请再审。

（2）申请再审的对象是已经发生法律效力并且错误的判决、裁定或者违反自愿原则或内容违法的调解书。

（3）申请再审应当在判决、裁定发生法律效力后6个月内提出；但如果有《民事诉讼法》第200条第1项、第3项、第12项、第13项规定的情形的，应当在自

---

[1] 参见宋朝武主编：《民事诉讼法学》（第四版），中国政法大学出版社2015年版，第357页。

知道或者应当知道该情形之日起 6 个月内提出。

（4）应当向有管辖权的人民法院申请再审。除当事人一方人数众多或者双方当事人均为公民的案件，可以向原审法院申请再审外，当事人也可以向上一级人民法院申请再审。

（5）申请再审要符合法定的情形。

此外，《民诉法解释》第 383 条还规定了人民法院不予受理当事人再审申请的情形及处理方式：

（1）当事人再审申请被驳回后再次提出申请的；

（2）当事人提出再审申请的对象是再审判决、裁定；

（3）当事人在人民检察院对当事人的申请作出不予提出再审建议或者抗诉决定后又提出申请的。

针对前两种情形，除因人民检察院提出再审检察建议或者抗诉而再审作出的判决、裁定外，人民法院应当告知当事人可以向人民检察院申请再审检察建议或者抗诉。

本案中，招商物流公司不服上海市高级人民法院的二审判决，向该院申请再审。上海市高级人民法院再审后，招商物流公司仍然不服，向最高人民法院申请再审，并提出了新的事实，即招行宝山支行提供的《资产业务审批表》显示，招行宝山支行的上级主管单位招行上海分行已经在 2004 年 4 月 26 日批准宏飞公司的 2 000 万元的承兑申请。并且，在三方协议签订之前，招行宝山支行接受宝铁公司签发（2004）宝铁库（宏飞）字第 41040402 号仓单以及仓单明细。据此，最高人民法院判决招行宝山支行具有过错。

应当说，本案的诉讼程序是符合案发时的《民事诉讼法》的相关规定的。但是，根据现行生效的《民事诉讼法》和《民诉法解释》的规定，针对本案的情形，当事人申请再审应当向上一级人民法院提出。而针对上一级人民法院作出的驳回裁定的申请，当事人只能向人民检察院申请再审检察建议或者抗诉。

五、风控提示

（一）认真审核质物的真实性，防范质押操作风险

在信贷业务过程中，银行作为专业性的金融机构，法律要求其承担比一般的民事主体更高的注意义务和审核义务。且由于该义务具有法定性，司法实践肯定了银行的该项义务不能通过协议的方式转移给他人。因此，在接受出质人提供的质物时，银行应该对质物的真实性进行必要的审查。一方面，银行有义务审查质物是否真实存在，并应当亲自与出质人一起到其托管部门办理相应的手续，将出质人手中的全部有效凭证质押在银行保管。另一方面，银行还应当切实核查质押动产在品种、数量、质量等方面是否符合质押合同的约定，即质物在价值上的真实性。

此外，由于银行往往不具备保管大型质物的条件，而且直接保管质物的成本往往过高，银行在确定了质物的真实性并收齐了质物的相关权利凭证后，可以与第三方管理机构、出质人签订三方协议，约定保全银行债权的承诺和监管措施，避免银行因质物保管不当而造成损失。但即便是委托第三方管理机构对质物进行监管，银行也有义务随时关注质物的真实状况和变化，及时处理质物在保管过程中发生的风险。

（二）实时关注大宗质物动态，避免因质物价值变化导致的损失

银行应当选择价值相对稳定的动产或者权利作为质物。且银行在接受出质人提供的质物时，应当经过有行业资格且资信良好的评估公司或专业质量检测、物价管理部门对质物的价值进行评估。当评估的价值与出质人表述的价值不一致时，应当以较低的价值为准，并以此确定一个对银行而言相对有利的质押率。

实践中，由于动产的价值容易因市场需求等各类因素的影响而发生波动，在经过的一定的时间之后，出质人提供的质物的价值可能会远远低于订立合同时的价值。因此，银行应当随时关注大宗质物的市场变化情况，根据市场价值提出针对质物的风险评估报告和解决方案。例如，银行可以在原合同中约定或者事后要求当质物价格下降到一定比例时，出质人有义务提供其他担保。

六、法律依据

- 《中华人民共和国商业银行法》（全国人民代表大会常务委员会发布，2015年8月29日修正，法宝引证码：CLI.1.256594）

第三十五条 商业银行贷款，应当对借款人的借款用途、偿还能力、还款方式等情况进行严格审查。

商业银行贷款，应当实行审贷分离、分级审批的制度。

第三十六条 商业银行贷款，借款人应当提供担保。商业银行应当对保证人的偿还能力，抵押物、质物的权属和价值以及实现抵押权、质权的可行性进行严格审查。

经商业银行审查、评估，确认借款人资信良好，确能偿还贷款的，可以不提供担保。

- 《贷款通则》（中国人民银行发布，1996年8月1日实施，法宝引证码：CLI.4.18161）

第十条 除委托贷款以外，贷款人发放贷款，借款人应当提供担保。贷款人应当对保证人的偿还能力，抵押物、质物的权属和价值以及实现抵押权、质权的可行性进行严格审查。

经贷款审查、评估，确认借款人资信良好，确能偿还贷款的，可以不提供担保。

- 《中华人民共和国民事诉讼法》（全国人民代表大会常务委员会发布，2017年6月27日修正，法宝引证码：CLI.1.297379）

第一百九十九条　当事人对已经发生法律效力的判决、裁定，认为有错误的，可以向上一级人民法院申请再审；当事人一方人数众多或者当事人双方为公民的案件，也可以向原审人民法院申请再审。当事人申请再审的，不停止判决、裁定的执行。

第二百条　当事人的申请符合下列情形之一的，人民法院应当再审：

（一）有新的证据，足以推翻原判决、裁定的；

（二）原判决、裁定认定的基本事实缺乏证据证明的；

（三）原判决、裁定认定事实的主要证据是伪造的；

（四）原判决、裁定认定事实的主要证据未经质证的；

（五）对审理案件需要的主要证据，当事人因客观原因不能自行收集，书面申请人民法院调查收集，人民法院未调查收集的；

（六）原判决、裁定适用法律确有错误的；

（七）审判组织的组成不合法或者依法应当回避的审判人员没有回避的；

（八）无诉讼行为能力人未经法定代理人代为诉讼或者应当参加诉讼的当事人，因不能归责于本人或者其诉讼代理人的事由，未参加诉讼的；

（九）违反法律规定，剥夺当事人辩论权利的；

（十）未经传票传唤，缺席判决的；

（十一）原判决、裁定遗漏或者超出诉讼请求的；

（十二）据以作出原判决、裁定的法律文书被撤销或者变更的；

（十三）审判人员审理该案件时有贪污受贿，徇私舞弊，枉法裁判行为的。

第二百零一条　当事人对已经发生法律效力的调解书，提出证据证明调解违反自愿原则或者调解协议的内容违反法律的，可以申请再审。经人民法院审查属实的，应当再审。

第二百零二条　当事人对已经发生法律效力的解除婚姻关系的判决、调解书，不得申请再审。

第二百零三条　当事人申请再审的，应当提交再审申请书等材料。人民法院应当自收到再审申请书之日起五日内将再审申请书副本发送对方当事人。对方当事人应当自收到再审申请书副本之日起十五日内提交书面意见；不提交书面意见的，不影响人民法院审查。人民法院可以要求申请人和对方当事人补充有关材料，询问有关事项。

第二百零五条　当事人申请再审，应当在判决、裁定发生法律效力后六个月内提出；有本法第二百条第一项、第三项、第十二项、第十三项规定情形的，自知道或者应当知道之日起六个月内提出。

- 《最高人民法院关于适用〈中华人民共和国民事诉讼法〉的解释》(最高人民法院发布，2015年2月4日实施，法宝引证码：CLI.3.242703)

第三百八十三条　当事人申请再审，有下列情形之一的，人民法院不予受理：

（一）再审申请被驳回后再次提出申请的；

（二）对再审判决、裁定提出申请的；

（三）在人民检察院对当事人的申请作出不予提出再审检察建议或者抗诉决定后又提出申请的。

前款第一项、第二项规定情形，人民法院应当告知当事人可以向人民检察院申请再审检察建议或者抗诉，但因人民检察院提出再审检察建议或者抗诉而再审作出的判决、裁定除外。

第三章 借款合同

01 【"假按揭"合同中银行的损失由开发商承担赔偿责任】
中国建设银行股份有限公司中山市分行、王某某金融借款合同纠纷

一、实务规则

［按揭贷款合同］开发商与他人通谋以欺诈、胁迫的手段与银行订立的按揭合同无效，银行的损失由开发商承担赔偿责任。

二、规则解读

开发商与他人通谋通过欺诈、胁迫的手段与银行订立按揭合同，侵犯了国家金融管理制度和信贷管理秩序，损害了国家利益，应当认定为无效，银行由此遭受的损失应当由开发商承担赔偿责任。

三、案情概述

（一）案情简介

案例名称：中国建设银行股份有限公司中山市分行、王某某金融借款合同纠纷
案例来源：中国裁判文书网
案号：（2015）粤高法民四申字第 24 号
关键词：贷款诈骗 安全保障义务 简易程序
具体案情：

2004 年 1 月 6 日，王某某与中国建设银行中山市三乡支行（以下简称"建行三乡支行"）签订《个人住房借款合同》，吉雅公司作保证人，约定：王某某从建行三乡支行借款 324 000 元，用于购置中山市三乡镇白石环村吉雅花园第 17 号铺，借款期限为 10 年，自 2004 年 1 月 12 日起至 2014 年 1 月 12 日止，月利率为 4.8‰，如遇国家法定利率调整，由建行三乡支行按中国人民银行有关规定调整每月还款额。该借款合同还约定，王某某将购买的中山市三乡镇白石环村吉雅花园第 17 号铺抵押给银行，同时吉雅公司对本合同项下借款本金、利息（包括罚息）、违约金、赔偿金和实现债权而发生的相关费用等承担连带保证责任。2014 年 1 月 12 日，建行三乡支行按约定发放贷款。同年 1 月 16 日，双方办理了上述房屋的抵押登记

手续。

2005年8月10日，吉雅公司作出卖人，谢某某作买受人，签订《商品房买卖合同》，约定：谢某某购买吉雅公司开发的吉雅花园第17号铺，建筑面积191平方米，总金额349 866元，付款方式为一次性付款。谢某某已一次性付清全部购房款。

2011年6月9日，中山市中级人民法院作出（2010）中中法刑二初字第25号刑事判决。该判决查明：2003年1月至2007年10月间，张某为支付吉雅公司非法吸收公众存款的本息及维持吉雅公司的经营资金周转，找来大量社会人员冒充购房人与吉雅公司签订虚假的商品房买卖合同，同时，张某又指使售楼部工作人员仿造购房人收入证明、首付款支付凭证等资料，虚构了吉雅公司开发的吉雅花园、吉雅商住楼、综合市场的1206套商品房、商铺的销售事实。随后，吉雅公司利用上述虚假的购房资料，先后从交通银行股份有限公司中山分行、中国建设银行股份有限公司中山分行（以下简称"建行中山分行"）、中国工商银行股份有限公司中山分行骗取按揭（抵押）贷款本金共计2.05035亿元，并将大部分银行贷款用于归还非法吸收公众存款的本金和高额利息。之后，吉雅公司以虚假购房人名义按月向银行归还按揭供楼款，至2009年4月30日尚有贷款本金1.1703835868亿元未能归还。该判决所附的非法吸收公众存款明细未涉及本案王某某、第三人谢某某，虚假按揭物业明细表亦未涉及本案房产。判决作出后，张某不服，提出上诉。广东省高级人民法院经审理，于2011年7月28日作出（2011）粤高法刑二终字第177号刑事裁定，裁定驳回上诉，维持原判。

此外，2014年3月12日，中山市中级人民法院作出（2013）中中法民一终字第978号生效民事判决书，判令吉雅公司于判决生效之日起30日内协助谢某某办理位于中山市三乡镇白石环村吉雅花园第17号铺的房地产权属转移登记手续。

（二）审理要览

广东省中山市第一人民法院认为，虽然已生效的刑事判决未列明王某某以中山市三乡镇白石环村吉雅花园17号铺作抵押向三乡建行贷款324 000元为虚假按揭，但根据本案查明的事实，该商铺由第三人谢某某占有使用，谢某某提供了证据证实，其与吉雅公司签订了认购书、商品房买卖合同，支付了全部购房款，缴纳了购买房屋的各项税费，吉雅公司与谢某某办理了房屋交接手续，谢某某已合法占有使用该商铺。同时，吉雅公司辩称，王某某不是真正购买房屋，而是借王某某的身份证办理虚假按揭。故认定王某某以争议商铺为抵押向建行中山分行贷款为虚假按揭，其目的是为了骗取建行中山分行的按揭（抵押）贷款。王某某、吉雅公司以欺诈手段和银行签订个人商业用房抵押贷款合同，侵犯了银行对贷款的所有权，同时侵犯了国家金融管理制度和信贷管理秩序，损害了国家利益，根据《中华人民共和国合同法》（以下简称《合同法》）第52条第（一）项的规定，应认定其签订的个人商业用房抵押贷款合同无效。王某某不是真正的涉案房屋的所有权人，其无权将涉案房屋抵押给建行三乡支行，亦应认定抵押合同无效。如认定抵押合同有效，就等于认可犯罪人依据该合同对房屋进行的抵押处分，其结果会导致真正的购房人成为贷款诈骗罪的被害人，与刑事审判中贷款诈骗罪受害人是银行的定性相悖，故抵押合同应认定无效。依照《最高人民法院关于在审理经济纠纷案件中涉及经济犯罪嫌疑若干问题的规定》第2条的规定，对于吉雅公司的骗取贷款的犯罪行为给建行中山分行造成损失，建行中山分行作为刑事案件的受害人，可以向吉雅公司主张财产损害赔偿责任。建行中山分行在本案中以借款及担保的合同之诉提起本案诉讼，不符合以上规定。法院向建行中山分行释明，其可以变更诉讼请求，但建行中山分行表示不变更诉讼请求，由此造成的诉讼风险应由其自行承担。因此，对建行中山分行的诉讼请求，依法予以驳回。吉雅公司不到庭参加诉讼，自动放弃质证、辩论权利，不影响法院对案件的审理。综上，广东省中山市第一人民法院判决驳回建行中山分行的诉讼请求。

建行中山分行不服一审判决，提起上诉。中山市中级人民法院二审认为：本案是金融借款合同纠纷。涉案商铺现由谢某某占有使用，且谢某某与吉雅公司签订了该商铺的买卖合同并支付了绝大部分购房款，本院（2013）中中法民一终字第978号生效判决也确定本案所涉17号商铺已确权至谢某某名下，结合本案现有证据和上述事实，二审法院认定，王某某并没有向吉雅公司实际购买涉案商铺，只是借其身份证给吉雅公司办理按揭，按揭款实际由吉雅公司以王某某名义偿还。故吉雅公司以欺诈手段骗取贷款为目的，利用王某某与建行中山分行签订的商业用房抵押贷款合同属于虚假按揭合同。吉雅公司及其法定代表人张某与王某某明知没有房产买卖关系，故意签订《个人住房借款合同》和相关抵押贷款合同及手续，办理虚假按揭，骗取银行贷款，该行为不仅违反国家金融管理制度和信贷管理秩序，还构成了刑事犯罪，损害了国家及第三人的利益，故该抵押贷款合同无效。按照《最高人民法院关于在审理经济纠纷案件中涉及经济犯罪嫌疑若干问题的规定》第2条的规定，对于吉雅公司的骗取贷款的犯罪行为给建行中山分行造成损失，建行中山分行作为刑事案件的受害人，可以向吉雅公司主张财产损害赔偿责任。建行中山分行在本案中以借款及担保的合同之诉提起本案诉讼，不符合以上规定。原审法院已向建行中山分行释明其可以变更诉讼请求，但其表示不变更诉讼请求，原审法院据此驳回其诉讼请求，合法有据。因此，二审法院判决驳回上诉，维持原判。

建行中山支行不服二审判决，向广东省高级人民法院申请再审。广东省高级人民法院再审认为，2003年1月至2007年10月间，吉雅公司法定代表人找来大量社会人员冒充购房人，签订虚假商品房买卖合同，从建行中山分行等骗取贷款。上述生效法律文书并未列明涉案房产属于虚假按揭。但根据一、二审法院查明的事实，涉案房产于2004年1月由王某某作为购房人签订买卖合同并办理抵押登记后，又于2005年8月由谢某某作为购房人签订了买卖合同。王某某签订抵押贷款合同处于前述刑事判决认定吉雅公司利用虚假按揭骗取贷款的期间范围内。谢某芬支付了全部购房款、缴纳税费并办理了房屋交接手续，且已实际占有、使用该房产，而王某某并未就涉案房屋主张权利，且吉雅公司亦在诉讼中称王某某并非真正的购房人，只是借其身份证办理虚假按揭。一、二审法院依据查明的上述事实，运用证据规则，对王某某签订相关抵押贷款合同属于虚假按揭作出认定，并无不当之处。依照《合同法》第52条的规定，一方以欺诈、胁迫的手段订立合同，损害国家利益的，合同无效。2004年1月6日，王某某作为借款人、建行中山三乡支行作为贷款人、吉雅公司作为保证人签订的《个人住房借款合同》系虚假按揭，该合同系以欺诈的手段订立且损害国家利益，故而无效，建行中山分行关于解除合同及吉雅公司对王某某的债务承担连带责任的依据不足。涉案合同签订后，虽然办理了抵押物登记手续，但因物权变动的原因行为即当事人签订的抵押贷款合同无效，导致无法发生物权变动的法律后果。故虽涉案抵押物业已办理抵押登记，但建行中山分行仍无法依据无效的抵押合同而取得抵押权。建行中山分行不能就抵押物处置价款享有优先受偿权。根据《合同法》第58条的规定，吉雅公司利用虚假购房资料订立合同而骗取的贷款，应依法予以返还，建行中山分行可另循法律途径维护自身的合法权益。综上，广东省高级人民法院裁定驳回中国建设银行股份有限公司中山市分行的再审申请。

四、规则适用

（一）以欺诈、胁迫的手段订立合同，损害国家利益的合同无效

根据《合同法》第52条的规定，一方以欺诈、胁迫的手段订立合同，损害国家利益的合同无效。《合同法》作出此规定是因为经济生活中，有许多以此类合同的方式侵吞国有资产和侵害国家利益的情形，但因受害当事人害怕承担责任或者对国家财产漠不关心，导致国有资产大量流失，如果不将此类合同规定为无效，不足以保护国有资产。[1] 该合同无效事由主要从以下两方面考量：

（1）合同订立的方式是一方当事人采取了欺诈、胁迫的手段；

（2）该合同如果成立并生效或导致国家利益受损。

本案中，就合同订立的手段而言，王某某与吉雅公司采取欺诈的手段与建行三乡支行签订《个人房屋借款合同》，在王某某并无真实借款购房意思的情况下，签订虚假的房屋买卖合同，以王某某的名义从建行三乡支行骗取贷款。就合同订立的结果而言，本案的三级审理法院亦都认为涉案《个人房屋借款合同》属于虚假按揭合同，不仅侵犯了银行对贷款的所有权，同时侵犯了国家金融管理制度和信贷管理秩序，构成了刑事犯罪，损害了国家利益。因此，涉案《个人房屋借款合同》符合《合同法》第52条第1项的规定，应该认定为无效。

---

[1] 参见胡康生：《中华人民共和国合同法释义》，法律出版社1999年版，第89—90页。

（二） 抵押合同无效的法律后果

根据《合同法》第58条的规定，合同无效的法律后果包括：

（1）返还责任。因该合同而取得的财产，应当予以返还；不能返还或者没有必要返还的，应当折价补偿。

（2）缔约过失责任。对于合同无效有过错的一方应当赔偿对方因合同无效所遭受的损失，双方都有过错的，应当各自承担相应的责任。

《中华人民共和国物权法》第172条第2款重申了担保合同无效的情况下的缔约过失责任承担，该款规定与《中华人民共和国担保法》第5条第2款规定完全一致，即担保合同被确定无效后，债务人、担保人、债权人有过错的，应当按照各自的过错承担相应的赔偿责任。《最高人民法院关于适用〈中华人民共和国担保法〉若干问题的解释》第7条和第8条则根据无效原因的不同，做了更加具体的规定：

（1）主合同有效而担保合同无效，债权人没有过错的，则由担保人和债务人承担债权人损失的连带赔偿责任；债权人、担保人有过错的，担保人承担责任部分不超过债务人不能清偿部分的1/2。

（2）主合同无效导致担保合同无效，其过错往往在于主合同的当事人即债权人和债务人。① 担保人无过错的，担保人不承担民事责任；担保人有过错的，担保人承担责任部分不超过债务人不能清偿部分的1/3。

在本案中，王某某作为借款人，与建行三乡支行签订的《个人房屋借款合同》被认定为无效。同时，因为该《个人房屋借款合同》涉及吉雅公司的贷款诈骗罪，因此，法院依据《合同法》第58条和《最高人民法院关于在审理经济纠纷案件中涉及经济犯罪嫌疑若干问题的规定》第2条的规定，判决吉雅公司应当返还建行三乡支行的借款。而因此遭受损失的银行，应当作为刑事案件的受害人向吉雅公司主张财产损害责任。

五、风控提示

"假按揭"的发生主要有以下几种原因：一是开发商为获得优惠贷款而实施的"假按揭"，因为个人住房按揭贷款在审查程序、审批手续、贷款年限和利率等方面都会比房地产开发项目贷款更有优势。二是开发商为诈骗贷款而实施的"假按揭"。三是银行的管理漏洞给"假按揭"以可乘之机。② 实践中，银行应切实采取有效措施防范"假按揭"相关法律风险。2006年，中国银行业监督管理委员会发布《中国银行业监督管理委员会关于防范"假按揭"个人住房贷款的通知》，要求商业银行"高度重视防范'假按揭'贷款风险""严格相关机构和借款人资格管理""强

---

① 参见程啸：《担保物权研究》，中国人民大学出版社2017年版，第99页。
② 参见张炜主编：《银行业务法律合规风险分析与控制（上册）》（修订版），法律出版社2015年版，第227页。

化内部控制""加大检查力度""严肃责任追究"和"加强个人住房贷款监管"。

（一）谨慎选择合作对象，风险管理尽量前移

银行在给开发商提供贷款时，应当谨慎选择合作对象，与资金实力较强、市场信誉良好，并且具备一定资质的开发商建立合作关系。要不断完善对合作对象的信用评级体系，确定风险大小。银行对合作对象评级时可以对以下因素进行考虑：借款人的财务报表及财务信息质量、资产的变现能力、经营水平和业绩、信誉状况等。同时，银行还应当严格审查借款人的自有资金是否符合相关法律的规定；开发项目是否合法以及是否具有可行性，例如，土地用途是否与建设项目相符合，是否具备预售或者销售商品房的条件。在条件允许的情况下，应该对开发项目进行实地考察，并实时跟踪借款人使用借款的情况。

（二）加强按揭贷款的审核，辨别申请材料真伪

开发商实施"假按揭"时，往往使用的是其内部员工及其亲友，或者外来务工人员的名义。同时，"假按揭"还具有开发商统一申办按揭贷款手续、一人购买多套房屋、房价偏高和个人按揭贷款数额大等特点。银行收到贷款人提交的按揭申请材料，尤其是只有开发商提供的资料时，要重视贷款前的审查工作。银行在签订贷款合同前，应当进行严格的调查和审核，仔细辨别申请材料的真伪，在调查核实按揭申请人的情况之后，再决定是否发放贷款。银行应当严格审查住房贷款申请人的资信情况，审查申请人的收入水平、预留的联系电话与住址等，坚决执行"面谈"和"面签"制度，坚持双人调查和通过借款人所在单位、税务部门、工商管理部门等独立第三方进行调查，核实借款人信息包括各项权证在内的文件资料和其他信息的完整性、真实性和有效性，评估借款人贷款真实意愿、偿付能力和第一还款来源的稳定性。当发现符合常见的"假按揭"特点的贷款申请时，要特别警惕，避免落入开发商骗取贷款的陷阱。而针对已经被认定为"假按揭"贷款的交易，要立即采取相应措施，确保贷款安全。同时，认真分析问题产生原因，查找根源，进行综合整改。

（三）规范业务操作，加强内部控制

银行应当制定详细的按揭贷款业务指南，指导业务人员开展按揭贷款业务，并提高业务人员识别"假按揭"的能力。银行应当建立健全防范"假按揭"贷款的相关内控制度，具体而言，包括授权授信管理的组织建设、风险管理与防范的具体措施、内部报告程序以及内部责任划分等；严格内部控制，加强房地产开发商项目贷款、个人住房贷款管理；上级行要定期对下级行个人住房贷款业务进行检查，尤其是对个人住房贷款不良贷款比例高、不良贷款上升过快且风险相对集中的分支机构，要加大检查力度。同时，银行应当建立健全责任追究制度，通过实施问责和免责，强化信贷人员责任意识，并加大责任追究力度。当发生"假按揭"交易时，银行应当调查相关责任人，看是否存在违法违规的操作。如果发现"假按揭"是由于

内部人员与开发商相互勾结，或者因违规操作造成的，应当严肃处理相关责任人员，追究其责任，情节严重的还应移交公安、司法机关追究其刑事责任。

六、法律依据

- 《中华人民共和国合同法》（全国人民代表大会发布，1999年10月1日实施，法宝引证码：CLI.1.21651）

第五十二条 【合同无效的法定情形】有下列情形之一的，合同无效：

（一）一方以欺诈、胁迫的手段订立合同，损害国家利益；

（二）恶意串通，损害国家、集体或者第三人利益；

（三）以合法形式掩盖非法目的；

（四）损害社会公共利益；

（五）违反法律、行政法规的强制性规定。

第五十八条 【合同无效或被撤销的法律后果】合同无效或者被撤销后，因该合同取得的财产，应当予以返还；不能返还或者没有必要返还的，应当折价补偿。有过错的一方应当赔偿对方因此所受到的损失，双方都有过错的，应当各自承担相应的责任。

- 《中华人民共和国物权法》（全国人民代表大会发布，2007年10月1日实施，法宝引证码：CLI.1.89386）

第一百七十二条 【担保合同从属性以及担保合同无效后的法律责任】设立担保物权，应当依照本法和其他法律的规定订立担保合同。担保合同是主债权债务合同的从合同。主债权债务合同无效，担保合同无效，但法律另有规定的除外。

担保合同被确认无效后，债务人、担保人、债权人有过错的，应当根据其过错各自承担相应的民事责任。

- 《最高人民法院关于适用〈中华人民共和国担保法〉若干问题的解释》（最高人民法院发布，2000年12月13日实施，法宝引证码：CLI.3.34740）

第七条 主合同有效而担保合同无效，债权人无过错的，担保人与债务人对主合同债权人的经济损失，承担连带赔偿责任；债权人、担保人有过错的，担保人承担民事责任的部分，不应超过债务人不能清偿部分的二分之一。

第八条 主合同无效而导致担保合同无效，担保人无过错的，担保人不承担民事责任；担保人有过错的，担保人承担民事责任的部分，不应超过债务人不能清偿部分的三分之一。

- 《最高人民法院关于在审理经济纠纷案件中涉及经济犯罪嫌疑若干问题的规定》（最高人民法院发布，1998年4月29日实施，法宝引证码：CLI.3.19725）

第二条 单位直接负责的主管人员和其他直接责任人员，以为单位骗取财物为目的，采取欺骗手段对外签订经济合同，骗取的财物被该单位占有、使用或处分构成犯罪的，除依法追究有关人员的刑事责任，责令该单位返还骗取的财物外，如给被害人造成经济损失的，单位应承担赔偿责任。

02 【同业拆借合同的内容若违反管制性强制性规范，其作为"借款"性质的民事合同，若不违反效力性强制性规范，依然有效】
西安市商业银行与健桥证券股份有限公司、西部信用担保有限公司借款担保合同纠纷案

一、实务规则

[同业拆借合同] 同业拆借合同的内容若违反管制性强制性规范，其作为"借款"性质的民事合同，若不违反效力性强制性规范，依然有效。

二、规则解读

同业拆借，是指银行以及非银行金融机构之间相互融通短期资金的行为。凡是经中国人民银行批准，并在工商行政管理机关登记的银行以及非银行金融机构均可参加同业拆借。我国目前主要有《中华人民共和国商业银行法》和《同业拆借管理办法》对同业拆借加以规范。若当事人签订的合同违反上述管理性规范，作为"同业拆借合同"无效。但作为一般的"借款"合同，其效力的判断应当依据《中华人民共和国民法总则》（以下简称《民法总则》）等民商事法律。只要不存在《民法总则》及《中华人民共和国合同法》（以下简称《合同法》）中规定的无效事由的，应当认定有效。

三、案情概述

（一）案情简介

案例名称：西安市商业银行与健桥证券股份有限公司、西部信用担保有限公司借款担保合同纠纷案

案例来源：《最高人民法院公报》2006年第9期

案号：（2005）民二终字第150号

关键词：同业拆借　合同无效　效力性强制性规定

具体案情：

2004年6月7日，西安市商业银行（以下简称"西安商行"）与健桥证券股份有限公司（以下简称"健桥证券"）签订资金拆借合同一份，约定：拆出单位为西安商行即甲方，拆入单位为健桥证券即乙方，拆借金额为3 603万元，拆借期限7天，即自2004年6月10日至2004年6月17日；拆借利率为6.6%，拆借用途为弥补头寸。合同还约定：甲方拆出资金，乙方归还资金，均要按下列规定划款：同城

划款在起（止）息日下午4:00前划至对方账户，跨地区划款通过银行在起（止）息日上午9:30前采用电子联行或加急电汇汇至对方账户，以保证汇款当天到账，如不按上述要求执行，影响资金按时到账而造成的损失，由违约方承担；乙方必须按时足额归还拆借本息，如发生逾期，就逾期金额除按规定利率计收利息外，从逾期之日起每日按万分之五加收罚息，由乙方主动划付甲方；拆借资金利随本清等。同日，西部信用担保有限公司（以下简称"担保公司"）向西安商行出具担保函，愿为上述资金拆借合同项下全部本金及利息的偿还承担连带保证责任。上述合同签订后，西安商行在同月10日以电汇方式，向健桥证券划付资金3603万元。合同到期后，健桥证券未按合同约定还款，担保公司亦未向西安商行偿还拆借资金。

2004年11月11日，西安商行催收无果，遂向陕西省高级人民法院提起诉讼，请求判令健桥证券、担保公司依约归还西安商行拆借资金本金3603万元及截至给付之日的利息及罚息，并判令其承担本案全部诉讼费用。

（二）审理要览

一审法院经审理认为：

本案争议的焦点是该资金拆借合同是否有效。有关法律规定，同业拆借是银行、非银行金融机构之间相互融通短期资金的行为。西安商行及健桥证券的资金拆借属银行与非银行金融机构之间的同业拆借。《商业银行法》第46条规定，"同业拆借应当遵守中国人民银行的相关规定"。中国人民银行于1997年6月6日发布的《关于禁止银行资金违规流入股票市场的通知》第3条第2、3项规定："各证券公司的拆入资金期限不得超过1天，拆入资金总额不得超过该机构实收资本金的80%，拆入资金只能用于头寸调剂，不得用于证券交易。""任何商业银行与非银行金融机构、非银行金融机构之间的拆借行为必须通过全国统一同业拆借市场（包括各地融资中心）进行，禁止一切场外拆借行为。"由此可见，作为证券公司为了弥补头寸，在与银行间进行的同业拆借业务中仅有1天的资金拆入期限，且拆借行为必须通过全国同业拆借市场（包括各地融资中心）进行。西安商行与健桥证券约定的拆借期限为7天，且未通过全国同业拆借市场进行，而是西安商行直接将拆借资金汇入健桥证券的账上。故该资金拆借合同不仅违反了中国人民银行的上述规定，而且也违反了国务院颁布的《金融违法行为处罚办法》第17条第1款的有关规定，因此，西安商行与健桥证券签订的资金合同，因内容违反国家金融法律法规强制性规定，应认定为无效。合同无效双方均有过错，依法应承担相应的过错责任。健桥证券应将拆入的本金3603万元予以返还，并应按中国人民银行同期贷款利率向西安商行计付该资金占用期间的费用。西安商行要求判令健桥证券依约支付利息及罚息的诉讼请求依法应予驳回。健桥证券因合同无效不支付合同约定利息的抗辩理由虽然成立，但应支付占用该资金期间的费用。因主合同无效，担保合同亦无效。担保公司虽不承担连带保证责任，但作为专业的担保公司，应当知道健桥证券不具有全国银行间同业市场成员资格,不能进行为期7天的同业拆借业务,其仍出具担保函,愿意对健桥证券的拆借行为承担连带保证责任,因此,对保证合同的无效负有过错,依法应承担相应的民事责任,即对健桥证券的上述债务不能清偿部分承担1/3的连带赔偿责任。担保公司因合同无效不承担保证责任的抗辩理由成立,但其赔偿责任依法不能免除;担保公司认为担保函仅为担保意向,没有签订正式的担保合同,也无董事会决议,所以担保行为应为无效的抗辩理由属对担保合同的理解有误,不能成立;担保公司认为西安商行未能在法定的保证期间内向保证人主张权利及2004年11月11日立案,2004年11月23日交费,西安商行无缓交申请,应视为自动撤诉的抗辩理由,因与客观事实不符而不能成立。依据《合同法》第52条第1款第(五)项,《中华人民共和国担保法》第5条及《最高人民法院关于适用〈中华人民共和国担保法〉若干问题的解释》第8条、第9条的规定,判决:(1)西安商行与健桥证券签订的资金拆借合同及担保公司向西安商行出具的担保函无效;(2)健桥证券在该判决生效后10日内向西安商行归还本金3 603万元,并应按中国人民银行同期贷款利率计付资金占用费(自2004年6月10日起至该判决生效之日止),逾期履行,按照《中华人民共和国民事诉讼法》第232条的规定执行;(3)担保公司对健桥证券上述债务不能清偿部分承担1/3的连带赔偿责任;(4)担保公司向西安商行承担赔偿责任后,在承担赔偿责任的范围内可向健桥证券追偿;(5)驳回西安商行的其他诉讼请求。一审案件受理费190 160元,由健桥证券负担。

一审判决后,西安商行不服原审法院上述民事判决,提起上诉称:原审判决适用法律明显错误,判处不当。(1)《关于禁止银行资金违规流入股票市场的通知》已失效。2004年12月17日,中国人民银行、中国银行监督管理委员会发布《第一批共计110件规章和规范性文件清理结果公告》(2004第20号),该公告已明确将该通知废止。原审判决在该文件废止5个月后,仍将此作为认定本案合同无效的依据,显属适用法律错误。(2)西安商行与健桥证券签订的资金拆借合同,并未违反《金融违法行为处罚办法》,本案资金拆借合同及担保合同合法有效。法律及行政法规均未对同业拆借的具体条件作出明确规定。《金融违法行为处罚办法》亦未对同业拆借条件、资格、期限作出具体规定,只是针对违反中国人民银行规定的金融违法行为进行处罚。《证券公司进入银行间同业市场管理规定》第9条规定:"凡经批准的成为全国银行间同业市场成员的证券公司,必须通过全国银行间同业拆借中心提供的交易系统进行同业拆借、债券交易业务。"第13条规定,"未成为全国银行间同业市场成员的证券公司,仍按原规定,由其总部进行一天的同业拆借业务"。西安商行依据该规定,将资金拆借给具有同业拆借资格的健桥证券,应当是一种合法行为,双方签订的合同合法有效,至于资金拆借超过规定的期限,并不会导致资金拆借合同无效,更不能对该合同所约定的逾期还款的利息及罚息不予保护。(3)原审判决判处不当。本案的资金拆借合同在实践中普遍存在,也是市场通行的做法。如果将此类资金拆借合同认定为无效，正常的金融业务将难以开展，银行的合法权益将被置于无法保护的境地。更为重要的是，法律、法规对此类型的资金拆借业务并未作出任何禁止性规定。原审判决不考虑本案合同当事人的真实意愿，更不考虑合同已经实际履行的具体状况，认定资金拆借合同及担保合同无效，确属判处不当。请求撤销原审判决，并判决健桥证券按合同约定偿还拆借资金及其利息、罚息，担保公司对此债务承担连带保证责任。

被上诉人健桥证券答辩称：（1）2004年12月17日中国人民银行与中国银行监督管理委员会（以下简称"银监会"）公告第一批规章和规范性文件的清理结果，并没有明确废止《关于禁止银行资金违规流入股票市场的通知》，而是明确该规范性文件由中国人民银行和银监会按照各自的法定职责对规章和规范性文件中的有关事项负责监督实施、解释，由中国人民银行和银监会共同修改、废止。故该通知并未失效。假使该通知现已失效，但本案所涉拆借行为的发生时间是2004年6月7日，在这个时间该规范性文件仍然处于有效状态，一审法院适用当时具有法律效力的规定下判，并无不当。（2）西安商行对《金融违法行为处罚办法》的理解存在错误。根据《证券公司进入银行间同业市场管理规定》和《金融违法行为处罚办法》的规定，本案所涉资金拆借合同超过了规定期限，且未通过全国同业拆借市场进行，违反了国家金融法规的强制性规定，属于无效合同，一审法院适用法律正确。（3）西安商行认为本案所涉资金拆借合同是普遍存在的市场通行做法的观点缺乏事实依据，其该项主张没有在有效的举证期限内合法举证，同时也是明显违反法律规定的行为，该项上诉理由不能成立。请求驳回上诉，维持原判。

被上诉人担保公司答辩称：（1）一审判决所依据的《关于禁止资金违规流入股票市场的通知》并未失效，只是重新明确了其监督实施权、解释权、修改废止权的行使主体。即使西安商行对中国人民银行公告的理解没有错误，按照我国法律无溯及力的原则，一审适用该规章也是正确的。（2）国务院《金融违法行为处罚办法》是针对违反国家金融法律法规行为制定的，处罚的前提是金融机构违反了包括中国人民银行等部门的有关规定，那么违反中国人民银行关于最长拆借期限的行为当然也包括在内，更何况该办法在第17条明令禁止违反最长拆借期限的行为。故超过中国人民银行规定的最长拆借期限进行拆借的行为也违反了该处罚办法的强制性规定，依据该处罚办法判决本案主合同无效正确。请求驳回上诉，维持原判。

该案进行了二审审理，二审法院对原审法院查明的事实予以确认。

二审法院认为：西安商行与健桥证券、担保公司之间争议的焦点仍然是资金拆借合同及担保合同的效力问题。原审法院认定资金拆借合同无效的主要理由，一是西安商行与健桥证券签订的资金拆借合同的期限超过了中国人民银行的规定；二是该拆借行为未通过全国同业拆借市场进行。原审法院上述理由的依据是《关于禁止银行资金违规流入股票市场的通知》和《金融违法行为处罚办法》的规定。《关于禁止银行资金违规流入股票市场的通知》在规范性文件位阶上属于部门规章，根据

《关于适用〈中华人民共和国合同法〉若干问题的解释（一）》第 4 条，"合同法实施以后，人民法院确认合同无效，应当以全国人大及其常委会制定的法律和国务院制定的行政法规为依据，不得以地方性法规、行政规章为依据"的规定，该通知作为行政规章不能作为确认合同无效的依据。《金融违法行为处罚办法》是关于金融机构违反国家有关金融管理的规定应当如何进行行政处罚的规定，根据该办法第 17 条的规定，金融机构从事拆借活动，如果具有资金拆借超过最长期限、在全国统一同业拆借网络之外从事同业拆借业务的行为，应当受到暂停或者停止该项业务，没收违法所得等处罚。可以看出，该条规定与合同效力没有关系。故不能依据该处罚办法的规定确认资金拆借合同无效。原审法院认定西安商行与健桥证券签订的资金拆借合同，内容违反国家金融法律法规的强制性规定，属无效合同错误，应予纠正。

西安商行与健桥证券签订资金拆借合同后，健桥证券将拆借所得资金用于合同所约定的弥补头寸，并不存在利用银行资金进行证券交易的行为，故西安商行与健桥证券之间的拆借行为是双方当事人的真实意思表示，未违反法律、行政法规的强制性规定，也未损害国家利益和社会公共利益，双方之间的资金拆借合同应当认定为有效。担保公司出具担保函，明确表示对上述资金拆借合同承担连带保证责任，在主合同有效、担保合同亦不存在其他无效情形的情况下，担保公司的保证责任不应免除。健桥证券在合同已经实际履行，即得到急需的款项后，作为还款义务人无正当理由未在约定的期限内还款，担保公司未按照约定承担连带保证责任，均构成合同履行中的违约，应当承担违约责任。健桥证券和担保公司反以资金拆借超过法定期限等理由主张合同无效于法无据，并有违诚实信用原则，不应得到支持。

综上分析，西安商行的上诉理由成立，本院予以支持。原审判决认定事实清楚，但适用法律错误，应予纠正。依照《中华人民共和国民事诉讼法》第 151 条第 1 款第（二）项的规定，判决如下：

（1）撤销陕西省高级人民法院（2005）陕民二初字第 2 号民事判决；

（2）健桥证券股份有限公司于本判决生效之日起 10 日内偿还西安市商业银行本金 3603 万元及利息，逾期罚息按照中国人民银行规定的同期逾期罚息计算标准分段计付；

（3）西部信用担保公司对健桥证券股份有限公司上述债务承担连带清偿责任；

（4）西部信用担保公司向西安市商业银行承担担保责任后有权向健桥证券股份有限公司追偿；

（5）二审案件受理费共 190 160 元，由健桥证券股份有限公司承担。

四、规则适用

（一）作为"同业拆借合同"的效力

同业拆借涉及金融管制的内容，其更多地受到行政法规、部门规章调整，如

《商业银行法》《关于禁止银行资金违规流入股票市场的通知》《金融违法行为处罚办法》等。

本案中,健桥证券及担保公司以《商业银行法》第46条"同业拆借,应当遵守中国人民银行的相关规定"、《关于禁止银行资金违规流入股票市场的通知》第3条第2、3项规定"各证券公司的拆入资金期限不得超过1天,拆入资金总额不得超过该机构实收资本金的80%,拆入资金只能用于头寸调剂,不得用于证券交易","任何商业银行与非银行金融机构、非银行金融机构之间的拆借行为必须通过全国统一同业拆借市场(包括各地融资中心)进行,禁止一切场外拆借行为"等条款主张合同无效,其本质为"违反法律、行政法规的强制性规定"。

"违反法律、行政法规的强制性规定"的后果是,作为"同业拆借合同"无效,其利息、罚金等属于"同业拆借合同"特有部分的约定无效。

(二)作为"民事合同"的效力

《最高人民法院关于适用〈中华人民共和国合同法〉若干问题的解释(二)》首次提出了"效力性强制性规定"概念,该解释第14条规定:"合同法第五十二条第(五)项规定的'强制性规定',是指效力性强制性规定。"

《民法总则》对该概念进一步进行了确认,《民法总则》第153条规定:"违反法律、行政法规的强制性规定的民事法律行为无效,但是该强制性规定不导致该民事法律行为无效的除外。"其中"该强制性规定不导致该民事法律行为无效的除外"的"强制性规定"可区分为"效力性强制规定"和"管理性强制规定"。

本案中,健桥证券及担保公司主张合同无效的理由为:"西安商行与健桥证券约定的拆借期限为7天,且未通过全国同业拆借市场进行,而是西安商行直接将拆借资金汇入健桥证券的账上。故该资金拆借合同不仅违反了中国人民银行上述规定,而且也违反了国务院颁布的《金融违法行为处罚办法》第17条第1款的有关规定,因此,西安商行与健桥证券签订的资金合同,因内容违反国家金融法律法规强制性规定,应认定为无效。"其提及的"中国人民银行上述规定"、《金融违法行为处罚办法》均属于《民法总则》第153条中的"违反法律、行政法规的强制性规定",但其"不导致该民事法律行为无效"。

因此,在现行法制度下,西安商行可依据《民法总则》要求返还借款。担保公司签订的担保合同,因主合同作为"借款合同"依然有效,其作为从合同也依然有效。担保公司应承担担保责任。

五、风控提示

(一)拆出方

对于拆出方而言,其风险有二:一是行政管制方面;二是民事合同方面。

1. 行政管制方面

《金融违法行为处罚办法》是关于金融机构违反国家有关金融管理的规定应当如何进行行政处罚的规定，根据《金融违法行为处罚办法》第 17 条的规定，金融机构从事拆借活动，如果具有资金拆借超过最长期限、在全国统一同业拆借网络之外从事同业拆借业务的行为，应当受到暂停或者停止该项业务，没收违法所得等处罚。其处罚内容为"暂停或者停止该项业务，没收违法所得，并处违法所得 1 倍以上 3 倍以下的罚款，没有违法所得的，处 5 万元以上 30 万元以下的罚款；对该金融机构直接负责的高级管理人员、其他直接负责的主管人员和直接责任人员，给予记大过直至开除的纪律处分"。

2. 民事合同方面

违反金融行政管制的合同，作为"借款合同"依然有效。二审法院亦认为，西安商行与健桥证券之间的拆借行为是双方当事人的真实意思表示，未违反法律、行政法规的强制性规定，也未损害国家利益和社会公共利益。违反管理性强制规范不必然导致合同无效。

综上，对于拆出方而言，同业拆借合同作为民事"借款合同"在本金部分无法律风险，在利息等方面如果同业拆借合同无效，高出银行同期利率的部分存在风险；在金融行政管制方面，可能触犯《金融违法行为处罚办法》等法规受到处罚，在签订同业拆借合同及履行合同过程中，应注意遵守法律法规。

（二）拆入方

对于拆入方而言，其风险类别与拆出方相同。

1. 行政管制方面

需要注意的是，在行政管制方面，法律法规对拆入方进行了更多的限制，因而拆入方应更加注意资金运用的规范。如禁止利用拆入资金发放固定资产贷款或者用于投资。拆出资金限于交足存款准备金、留足备付金和归还中国人民银行到期贷款之后的闲置资金。拆入资金用于弥补票据结算、联行汇差头寸的不足和解决临时性周转资金的需要。违反上述规定会受到暂停或者停止业务、没收违法所得、罚款等行政处罚。

2. 民事合同方面

民事合同不违反效力性强制规定，则合同有效，对于拆入方而言，本金部分必然需要返还，合同有效，则受该有效合同调整；合同无效，亦受《民法总则》第 157 条调整，"民事法律行为无效、被撤销或者确定不发生效力后，行为人因该行为取得的财产，应当予以返还"。利息部分，如果同业拆借合同违反管理性强制规范，其高于银行同期利率的部分可能无需再偿还。

六、法律依据

- 《中华人民共和国民法总则》（全国人民代表大会发布，2017 年 10 月 1 日实

施，法宝引证码：CLI. 1. 291593）

第一百五十三条 【违反强制性规定与违背公序良俗的民事法律行为的效力】违反法律、行政法规的强制性规定的民事法律行为无效，但是该强制性规定不导致该民事法律行为无效的除外。

违背公序良俗的民事法律行为无效。

第一百五十四条 【恶意串通的民事法律行为的效力】行为人与相对人恶意串通，损害他人合法权益的民事法律行为无效。

第一百五十五条 【无效、被撤销的民事法律行为自始无效】无效的或者被撤销的民事法律行为自始没有法律约束力。

第一百五十六条 【民事法律行为部分无效】民事法律行为部分无效，不影响其他部分效力的，其他部分仍然有效。

第一百五十七条 【民事法律行为无效、被撤销及确定不发生效力的后果】民事法律行为无效、被撤销或者确定不发生效力后，行为人因该行为取得的财产，应当予以返还；不能返还或者没有必要返还的，应当折价补偿。有过错的一方应当赔偿对方由此所受到的损失；各方都有过错的，应当各自承担相应的责任。法律另有规定的，依照其规定。

- 《中华人民共和国合同法》（全国人民代表大会发布，1999年10月1日实施，法宝引证码：CLI. 1. 21651）

第五十二条 【合同无效的法定情形】有下列情形之一的，合同无效：

（一）一方以欺诈、胁迫的手段订立合同，损害国家利益；

（二）恶意串通，损害国家、集体或者第三人利益；

（三）以合法形式掩盖非法目的；

（四）损害社会公共利益；

（五）违反法律、行政法规的强制性规定。

- 《最高人民法院关于适用〈中华人民共和国合同法〉若干问题的解释（二）》（最高人民法院发布，2009年5月13日实施，法宝引证码：CLI. 3. 116926）

第14条 合同法第五十二条第（五）项规定的"强制性规定"，是指效力性强制性规定。

- 《中华人民共和国商业银行法》（全国人大民代表大会常务委员会发布，2015年8月29日修正，法宝引证码：CLI. 1. 256594）

第四十六条 同业拆借，应当遵守中国人民银行的规定。禁止利用拆入资金发放固定资产贷款或者用于投资。

拆出资金限于交足存款准备金、留足备付金和归还中国人民银行到期贷款之后的闲置资金。拆入资金用于弥补票据结算、联行汇差头寸的不足和解决临时性周转资金的需要。

- 《金融违法行为处罚办法》（中华人民共和国国务院发布，1999年2月22日实施，法宝引证码：CLI.2.21641）

第十七条　金融机构从事拆借活动，不得有下列行为：
（一）拆借资金超过最高限额；
（二）拆借资金超过最长期限；
（三）不具有同业拆借业务资格而从事同业拆借业务；
（四）在全国统一同业拆借网络之外从事同业拆借业务；
（五）违反中国人民银行规定的其他拆借行为。

金融机构有前款所列行为之一的，暂停或者停止该项业务，没收违法所得，并处违法所得1倍以上3倍以下的罚款，没有违法所得的，处5万元以上30万元以下的罚款；对该金融机构直接负责的高级管理人员、其他直接负责的主管人员和直接责任人员，给予记大过直至开除的纪律处分。

03 【银行发放借款违反审慎义务，可以认定主观上具有过错，应当承担相应责任】

沈阳水泥机械有限公司与朝阳银行股份有限公司龙城支行、朝阳重型建材技术装备公司借款合同纠纷案

一、实务规则

［借款合同］银行发放借款，违反审慎义务，可以认定主观上具有过错，应当承担相应责任。

二、规则解读

在借款合同中，银行违反合理注意义务，未对保证合同是否经法定程序作出决议等进行审查，仍然发放贷款，致使债权不能实现的，可以认定银行对此存在过错，应当承担相应的责任。

三、案情概述

（一）案情简介

案例名称：沈阳水泥机械有限公司与朝阳银行股份有限公司龙城支行、朝阳重型建材技术装备公司借款合同纠纷案
案例来源：最高人民法院官网
案号：（2014）民提字第165号
关键词：恶意串通　保证责任　公司对外担保　无权代理　裁定再审
具体案情：

1999年6月18日，原告朝阳银行股份有限公司龙城支行（以下简称"龙城支行"）与被告朝阳重型建材技术装备公司（以下简称"重型建材公司"）签订一份短期借款合同，该合同约定，借款金额1 523万元，借款期限自1999年6月18日至1999年7月18日止，借款利率为月息5.58‰。合同还对违法责任、发生争议的解决方式均作了明确约定。另外，该合同还约定由被告沈阳水泥机械有限公司（以下简称"水泥机械公司"）对借款本息提供连带责任担保。至1999年11月20日，被告重型建材公司欠原告借款本金1 523万元及利息48万元（利息计至1999年11月20日），经原告多次向二被告催收未果，遂诉至法院。

另外，朝阳市双塔区人民法院在该院审理的被告人张某某贷款诈骗一案中，经朝阳市公安局刑事技术鉴定，本案《保证合同》中甲方公章印文"沈阳水泥机械有限公司"与该公司1999年度的公章印文不是同一枚公章盖印；《保证合同》中甲方法定代表人名章印文"张某某"与张某某名章印文不是同一枚。

二审法院查明，本案中委托代理人周某的委托书上水泥机械公司的公章印文和法定代表人张某某的个人名章与担保合同公章、名章相一致。《保证合同》上有时任水泥机械公司董事长张某某的亲笔签名。在再审过程中，水泥机械公司与龙城支行共同确认《保证合同》上所加盖的"沈阳水泥机械有限公司"印章并非该公司的真实印章，而是虚假印章。

再审法院还查明：水泥机械公司1997年1月设立时的《合资经营沈阳水泥有限公司章程》（1996年12月15日制定）载明：水泥机械公司注册资本4 599.1万元，股东有中国沈阳星光建筑材料集团公司、沈阳强风集团公司、朝阳市建材工程工业集团有限公司三方，其中中国沈阳星光建筑材料集团公司是国有企业，出资占注册资本的51%，沈阳强风集团公司为民营企业，占24.5%，张某某担任董事长的朝阳市建材工程工业集团有限公司占24.5%。后水泥机械公司经增资，注册资本总额增加到5 599.1万元，但一直为国有控股企业。截止到2012年的公司登记资料显示，水泥机械公司的股东仍为三个，即沈阳经济技术开发区国有资产经营有限公司，投资3 299.55万元，占58.93%；沈阳水泥机械厂投资1 172.75万元，占20.9453%；朝阳市建材工程工业集团有限公司投资1 126.8万元，占20.1247%，国有资本占水泥机械公司注册资本总额的79.88%。

根据水泥机械公司章程第14条的规定，董事会决定合营公司的一切重大事宜。根据第24条的规定，合营公司注册资本的增加、转让资产抵押，须经董事会一致通过。

《保证合同》第14条约定："本合同由甲乙双方法定代表人或法定代表人授权的代理人签字并加盖公章后生效。"

水泥机械公司称（2000）朝经初字第1号民事调解书是律师周某签收的，在本案再审前，其并不知道公司对外担保和调解一事。经当庭询问，水泥机械公司明确表示对参与调解的周某律师的无权代理行为不予追认。

（二）审理要览

本案是一个再审的案子，在再审过程中，法院对一、二审认定的事实和适用的法律作出了纠正，再审争议焦点是：（1）《保证合同》的效力以及保证人是否承担保证责任问题。（2）朝阳市中级人民法院（以下简称"朝阳中院"）对调解书裁定再审是否程序违法问题。

关于争议焦点一。再审法院认为，水泥设计院与龙城支行之间的借款行为①属于借新还旧，对此法律并无禁止性规定。水泥机械公司主张重型建材公司与龙城支行之间恶意串通，损害其利益，但重型建材公司与龙城支行的借贷关系是在张某某的协调下才得以促成，而张某某当时恰为水泥机械公司的法定代表人。在本案三方当事人之间的借款担保法律关系中，无论是债务人的借新还旧行为还是水泥机械公司的担保行为，均是在张某某的主导下所实施，没有证据证明其中存在两方恶意串通，损害第三方利益的情形，故水泥机械公司主张债务人与龙城支行恶意串通、损害其合法权益证据不足，不予支持。

水泥机械公司一直为国有控股企业，张某某担任法定代表人的朝阳市建材工程工业集团有限公司在水泥机械公司中仅占逾20%的股权比例。水泥机械公司的章程规定，公司的一切重大事宜，包括转让资产、抵押等均须经董事会一致通过，这明确地限制了法定代表人的权力范围。故张某某虽为水泥机械公司的法定代表人，但并不能单独决定公司的重大决策。从查明的事实看，水泥机械公司并未在为债务人提供担保的《保证合同》上加盖公章，《保证合同》上"沈阳水泥机械有限公司"的印章是张某某私刻的假印章，不能代表水泥机械公司的意思表示。张某某在《保证合同》上加盖假公章，足以证明张某某明知水泥机械公司作为一家国有控股企业，是不可能同意由公司为其个人利益而对外签订这样一个极具风险的担保合同的，所以在其并不掌握公司公章的情况下才实施此种违法行为。因此，水泥机械公司未在本案的《保证合同》上加盖公章，并非一个单纯的形式要件欠缺问题，而是涉及到对其是否做出了同意担保的真实意思表示的认定问题。《保证合同》第14条约定："本合同由甲乙双方法定代表人或法定代表人授权的代理人签字并加盖公章后生效。"由此可见，《保证合同》为附生效条件的合同，只有签字与加盖公章的条件同时具备，合同才能生效。因《保证合同》上仅有法定代表人张某某的签字，而无水泥机械公司的真实公章，水泥机械公司亦不存在先签订合同，而后又拒绝加盖公章、恶意阻却合同生效的情形，故此《保证合同》约定的生效条件并未成就。现水泥机械公司对《保证合同》不予认可，《保证合同》确定地不能发生法律效力，水泥机械公司无需承担保证责任。

从另一角度看，水泥机械公司为重型建材公司借款1 523万元提供连带保证，

---

① 本案的借款行为应该是发生在重型建材公司与龙城支行之间。

属于对公司财产的重大处置行为,根据公司章程第 14 条、第 24 条的规定,该事项应由公司董事会研究决定。但张某某未经公司董事会讨论决定,擅自以公司的名义为他人提供担保,其行为显然属于越权行为。水泥机械公司得知张某某的越权行为后,有权拒绝追认。龙城支行在数年时间里多次向张某某实际控制的重型建材公司等债务人违规发放贷款,其原负责人李某某亦因违法向张某某所在企业发放贷款构成犯罪被判处有期徒刑 5 年。龙城支行明知张某某与重型建材公司等存在关联关系,也清楚张某某以国有控股的水泥机械公司名义为其关联企业借新还旧提供担保实为谋取私利,必然会侵害水泥机械公司的权益,有悖正常的交易常理,但却未对水泥机械公司是否经法定程序作出了担保的决议等进行审查,主观上具有明显的过错。因水泥机械公司拒绝追认张某某的越权行为,而龙城支行对此又存在过错,故张某某的越权代表行为对水泥机械公司不发生法律效力,应由张某某和龙城支行根据各自的过错自行承担相应的法律责任。

关于争议焦点二。再审法院认为,2012 年修正之前的《中华人民共和国民事诉讼法》(以下简称《民事诉讼法》)的确未对人民法院是否可以就已经发生法律效力的调解书依职权裁定再审作出规定。但《最高人民法院关于民事调解书确有错误当事人没有申请再审的案件人民法院可否再审的批复》以司法解释的形式,肯定了对已经发生法律效力的调解书,人民法院如果发现确有错误必须再审的,可以依职权按照审判监督程序进行再审。从再审判决的依据上看,朝阳中院、辽宁省高级人民法院均以周某未经水泥机械公司及其法定代表人的真正授权、委托代理人身份不合法而认定调解无效。本院认为,周某未经授权而代理水泥机械公司进行调解,属于无权代理,其效力未定,如经被代理人追认,代理行为仍属有效,可以对被代理人发生法律效力。在再审期间,经当庭询问,水泥机械公司明确表示对参与调解的周某律师的代理行为不予追认,故其代理调解的行为对水泥机械公司不发生法律效力,朝阳中院(2000)朝经初字第 1 号民事调解书应予以撤销。

最终再审法院纠正了一、二审法院认定事实不清和法律适用错误的问题,支持了再审申请人水泥机械公司关于其不应承担保证责任的再审请求。

四、规则适用

(一)关于恶意串通

对于恶意串通的民事法律行为,无论是新出台的《中华人民共和国民法总则》(以下简称《民法总则》)还是《中华人民共和国民法通则》(以下简称《民法通则》)、《中华人民共和国合同法》,都规定为无效。在恶意串通的情形下,实际是双方共同损害他人的合法权益。法律对这种恶意串通行为确定为无效的做法,能够最大限度地实现对第三方合法权益的保护。

恶意串通行为的构成要件包括:

(1) 行为人具有损害的恶意,且此种恶意属于"意思主义的恶意",即不仅要求行为人意识到损害结果的发生,而且还希望该损害结果的发生;

(2) 行为人之间有串通的行为,即双方之间存在故意的意思联络;

(3) 客观上造成了国家、集体或者是第三人的损失。

本案中,水泥机械公司主张债务人与龙城支行之间存在恶意串通损害其利益的行为。但是,水泥机械公司并没有就该主张提供足够的证据,即水泥机械公司不能证明龙城支行与重型建材公司之间存在恶意串通的行为,不符合恶意串通这一无效事由的要件事实,因此,最高人民法院再审时没有支持水泥机械公司的这一主张。

(二) 关于连带责任保证

根据《中华人民共和国担保法》第 18 条的规定,保证人与债务人分别就同一债务对债权人承担全部清偿义务的,为连带责任保证。因合同关系产生的债务,债务人到期不履行时,债权人既可要求债务人清偿,也可要求保证人清偿。债务人和保证人对债权人履行债务并无顺序和主次之分的限制。债权人可以不问债务人是否具有实际履行或赔偿损失的能力。保证人承担连带责任,加重了保证人的负担,对债权人却更加有利。就债务人的内部关系而言,各债务人可能依约定或依过错按份承担责任。

就债务人的外部关系而言,各债务人对同一债务不分先后均负有全部清偿的义务,也就是说,债权人既可以向全体债务人主张债权,也可以向某一个或某几个债务人主张债权,各债务人不得以其内部另有约定对抗债权人。保证人与主债务人属同一顺序的债务人,在具体承担实体责任时不分先后,谁有偿付能力谁先予偿付。在审判实践中应当注意的是,如果主债务履行期限尚未届满,或主债务人具有履约能力并已开始实际履行时,债权人不能向保证人主张债权。只有主债务履行期限届满,且主债务人以种种理由拒不履行合同约定的偿付金钱义务时,债权人才可向保证人主张债权,此时主债权人既可向主债务人主张权利,也可向保证人主张权利,还可同时向主债务人与保证人主张权利。比如甲公司为确保乙公司合同债权的实现,与乙公司签订一份担保合同,约定合同到期如丙公司不依约履行偿付义务,则由甲公司无条件偿付,并可单独诉讼。这种约定显然是连带责任保证,在合同到期丙公司不依约履行债务,或乙公司向丙公司主张债权,丙公司不予理睬或暂时无力归还的情况下,乙公司可直接向甲公司主张债权,并可就保证责任纠纷单独向有管辖权的人民法院提起诉讼。

(三) 关于公司对外担保

《中华人民共和国公司法》(以下简称《公司法》) 第 16 条第 1 款关于公司对外担保的规定包含以下两方面内容:第一,由公司章程规定对外担保的决策机构及限额;第二,法定代表人无权直接以公司的名义对外担保。本案中,《保证合同》上的"沈阳水泥机械有限公司"的印章为虚假印章,不符合《保证合同》第 14 条约定的合同的生效条件，且水泥机械公司对该合同不予认可，故水泥机械公司无需承担保证责任。且水泥机械公司章程第 24 条规定了该公司"转让资产抵押"须经董事会一致通过。龙城支行在接受张某某以水泥机械公司的名义提供的保证时，未审查该公司是否经过法定程序作出担保的决议，违背正常的交易常理，主观上具有过错。因此，再审法院认定龙城支行应该根据自己的过错承担相应的法律责任。

（四）关于无权代理

本案涉及无权代理的法律后果问题。无权代理的行为，其效力是不确定的。因为无权代理行为对被告代理的本人并非一定不利，因此这种行为并不为法律所禁止，并非一定无效。对无权代理的法律后果可以从以下三方面分析：

1. 被代理人的追认权

根据《民法总则》第 171 条的规定，被代理人可以追认无权代理行为。被代理人的追认是一种单方法律行为，至于被代理人追认应采取何种方式，法律并未单独规定，因而应当理解为可以采取各种形式，即可明示，也可默示。例如，被代理人接受相对第三人的义务履行或向相对第三人履行义务，都视为追认。但追认须是对无权代理人行为的全部承认，被代理人追认的效力在于使无权代理变为有权代理，使其效力从不确定状态变为确定状态，该无权代理行为自行为成立时就对被代理人发生约束力。

就本案而言，张某某作为水泥机械公司的法定代表人，无论是根据《公司法》还是水泥机械公司章程的规定，均无权直接以该公司的名义对外提供担保，故张某某以该公司名义对外订立《保证合同》的行为属于无权代理行为。且《保证合同》上仅有法定代表人张某某的签字，而无水泥机械公司的真实公章，水泥机械公司亦不存在先签订合同，而后又拒绝加盖公章、恶意阻却合同生效的情形，故《保证合同》约定的生效条件并未成就。现水泥机械公司对《保证合同》不予追认，《保证合同》对水泥机械公司不发生效力，故其无需承担保证责任。

2. 相对人有催告权、撤回权

无权代理行为在未被代理人追认前，相对人可以请求被代理人作出是否追认的明确表示，也可以撤回自己与无权代理人所为的意思表示，即相对人享有催告权或撤回权。相对人行使该权利的目的是使无权代理行为的不确定状态早日确定下来。根据《民法总则》第 171 条第 2 款的规定，相对人可以催告被代理人在收到通知之日起 1 个月内予以追认。被代理人追认前，善意相对人可以通知的方式行使撤销权。

3. 无权代理的行为人承担的民事责任

新出台的《民法总则》对《民法通则》中关于无权代理行为人的责任进行了修改。根据《民法总则》第 171 条第 3 款和第 4 款的规定，行为人承担的责任基于相对人是否善意而有所区别。如果相对人是善意的，其可以行使选择权，或者要求行为人直接承担行为后果，或者让行为人承担损害赔偿责任，但赔偿的范围不得超过履行利益。如果相对人是恶意的，则相对人和行为人按照各自的过错承担责任。

（五） 关于裁定再审

《民事诉讼法》第 198 条对人民法院就已经发生法律效力的调解书依职权裁定再审的具体规定如下：

（1）对于本院已经发生效力的调解书，各级人民法院院长发现确有错误，需要再审的，应当提交审判委员会讨论决定；

（2）最高人民法院对地方各级人民法院、上级人民法院对下级人民法院已经发生法律效力的调解书，有权提审或者指令下级人民法院再审。

虽然本案发生时的《民事诉讼法》并未对此作出规定，但当时最高人民法院以司法解释的形式，肯定了对已经发生法律效力的调解书，人民法院如果发现确有错误必须再审的，可以依职权按照审判监督程序进行再审。本案中，周某未经授权即代理水泥机械公司进行调解的行为属于无权代理，在被代理人拒绝追认的情况下，原调解书应当予以撤销。法院裁定再审并无不当。

五、 风控提示

《中华人民共和国银行业监督管理法》第 21 条规定："银行业金融机构的审慎经营规则，由法律、行政法规规定，也可以由国务院银行业监督管理机构依照法律、行政法规制定。前款规定的审慎经营规则，包括风险管理、内部控制、资本充足率、资产质量、损失准备金、风险集中、关联交易、资产流动性等内容。银行业金融机构应当严格遵守审慎经营规则。"

银行业金融机构属于经营特殊商品的高风险企业，其经营过程必然包含内在的风险，这些风险不能根除，只能加以管理和控制。所以，银行业金融机构应该审慎经营，使所从事业务的性质、规模及所承担的风险水平与其风险管理能力相匹配，从而将业务活动所涉及的风险控制在可以承受的范围内。而银行监管机构对银行业金融机构实施监督管理，就需要基于促使银行审慎经营、控制风险的目的，制定和实施一系列的审慎经营规则。制定审慎经营规则，并据此对银行业金融机构进行持续性监管，体现了监管机构的监管方式从合规性监管向风险监管的转变。提出此项要求，也是针对我国银行业监管长期存在的只注重对银行的具体经营行为实施行政管制这一问题，促使我国的银行业监管逐步与国际最佳做法接轨，实现从合规性监管向风险监管的转移。

银行对借款人的主体资格是否已经尽到审慎审查的注意义务，以及是否履行了对贷款资金的流向、用途等的跟踪调查和检查等义务，对借款合同和保证合同的效力不产生影响。

（一） 加大对法律文件的审查力度，设置预防性条款

《公司法》对公司对外担保作出了程序性规定，最高人民法院的公报案例亦肯定了银行在接受公司担保时的形式审查义务。银行在接受担保时，应当尽到合理的

形式审查义务。除了要求借款人或者担保人提供所需要的各类文件，如公司的章程、决议等之外，还应对文件上的签名、公章等的真实性进行必要的形式审查。

同时，由于对于相应签名、公章的真实性难以做到实质性的审查，银行在接受公司提供的担保时，可以设置相应的预防性条款，将风险提前转移。例如，银行可以要求代表公司订立担保合同的法定代表人等公司管理人员对交易文件的真实性作出承诺，并约定违反真实性情形下的责任承担。

（二）健全内部信贷审批流程，加强对管理人员的监督

本案中龙城支行的损失，与其前主任李某某多次向与张某某相关联的十余家企业违法发放贷款有较大的关系。虽然李某某的行为已经被刑事追责，但银行仍应当引以为戒，加强内部的管理和监督。

银行应当制定详细的信贷审批机制，并严格按该机制进行信贷交易，避免出现因银行负责人的个人行为给银行造成损失的情形。同时，完善自身内部监督机制，建立起有效的机制发现内部人员的违法、违规行为；并加强对内部人员的管理，及时处理内部人员的违法、违规行为。

六、法律依据

- 《中华人民共和国民法总则》（全国人民代表大会发布，2017年10月1日实施，法宝引证码：CLI.1.291593）

第一百五十四条 【恶意串通的民事法律行为的效力】行为人与相对人恶意串通，损害他人合法权益的民事法律行为无效。

第一百七十一条 【无权代理】行为人没有代理权、超越代理权或者代理权终止后，仍然实施代理行为，未经被代理人追认的，对被代理人不发生效力。

相对人可以催告被代理人自收到通知之日起一个月内予以追认。被代理人未作表示的，视为拒绝追认。行为人实施的行为被追认前，善意相对人有撤销的权利。撤销应当以通知的方式作出。

行为人实施的行为未被追认的，善意相对人有权请求行为人履行债务或者就其受到的损害请求行为人赔偿，但是赔偿的范围不得超过被代理人追认时相对人所能获得的利益。

相对人知道或者应当知道行为人无权代理的，相对人和行为人按照各自的过错承担责任。

- 《中华人民共和国民法通则》（全国人民代表大会常务委员会发布，2009年8月27日修正，法宝引证码：CLI.1.167199）

第五十八条 下列民事行为无效：

（一）无民事行为能力人实施的；

（二）限制民事行为能力人依法不能独立实施的；

（三）一方以欺诈、胁迫的手段或者乘人之危，使对方在违背真实意思的情况下所为的；

（四）恶意串通，损害国家、集体或者第三人利益的；

（五）违反法律或者社会公共利益的；

（六）以合法形式掩盖非法目的的；

无效的民事行为，从行为开始起就没有法律约束力。

第六十二条　民事法律行为可以附条件，附条件的民事法律行为在符合所附条件时生效。

- 《中华人民共和国合同法》（全国人民代表大会发布，1999年10月1日实施，法宝引证码：CLI.1.21651）

第五十条　【法定代表人越权行为】法人或者其他组织的法定代表人、负责人超越权限订立的合同，除相对人知道或者应当知道其超越权限的以外，该代表行为有效。

第五十二条　【合同无效的法定情形】有下列情形之一的，合同无效：

（一）一方以欺诈、胁迫的手段订立合同，损害国家利益；

（二）恶意串通，损害国家、集体或者第三人利益；

（三）以合法形式掩盖非法目的；

（四）损害社会公共利益；

（五）违反法律、行政法规的强制性规定。

- 《中华人民共和国公司法》（全国人民代表大会常务委员会发布，2013年12月28日修正，法宝引证码：CLI.1.218774）

第十六条　公司向其他企业投资或者为他人提供担保，依照公司章程的规定，由董事会或者股东会、股东大会决议；公司章程对投资或者担保的总额及单项投资或者担保的数额有限额规定的，不得超过规定的限额。

公司为公司股东或者实际控制人提供担保的，必须经股东会或者股东大会决议。

前款规定的股东或者受前款规定的实际控制人支配的股东，不得参加前款规定事项的表决。该项表决由出席会议的其他股东所持表决权的过半数通过。

- 《中华人民共和国担保法》（全国人民代表大会常务委员会发布，1995年10月1日实施，法宝引证码：CLI.1.12418）

第十八条　【连带责任保证】当事人在保证合同中约定保证人与债务人对债务承担连带责任的，为连带责任保证。

连带责任保证的债务人在主合同规定的债务履行期届满没有履行债务的，债权人可以要求债务人履行债务，也可以要求保证人在其保证范围内承担保证责任。

- 《中华人民共和国民事诉讼法》（全国人民代表大会常务委员会发布，2017

年 6 月 27 日修正，法宝引证码：CLI.1.297379)

第一百九十八条　各级人民法院院长对本院已经发生法律效力的判决、裁定、调解书，发现确有错误，认为需要再审的，应当提交审判委员会讨论决定。

最高人民法院对地方各级人民法院已经发生法律效力的判决、裁定、调解书，上级人民法院对下级人民法院已经发生法律效力的判决、裁定、调解书，发现确有错误的，有权提审或者指令下级人民法院再审。

- 《最高人民法院关于民事调解书确有错误当事人没有申请再审的案件人民法院可否再审的批复》（最高人民法院发布，1993 年 3 月 8 日实施，法宝引证码：CLI.3.6159)

江苏省高级人民法院：

你院苏高法（1992）第 174 号《关于人民法院发现确有错误的民事调解书，当事人并未申请再审，人民法院是否可以提出再审问题的请示》收悉。经研究，答复如下：

对已经发生法律效力的调解书，人民法院如果发现确有错误，而又必须再审的，当事人没有申请再审，人民法院根据民事诉讼法的有关规定精神，可以按照审判监督程序再审。

04【银行负责人以职务行为签订借款合同，法律后果由银行承担】
中信银行长沙晚报大厦支行与李某某借款合同纠纷案

一、实务规则

[借款合同]银行负责人以职务行为签订借款合同，该合同如果没有其他效力瑕疵，合同有效，法律后果由银行承担。

二、规则解读

我国《中华人民共和国商业银行法》只规定了银行的经营范围，并没有禁止商业银行作为企业法人在进行经营业务的同时进行其他民事法律行为。银行负责人有权以银行的名义对外签订借款合同。该合同如果没有其他效力瑕疵，则应认定为有效，其法律后果由银行承担。

三、案情概述

（一）案情简介

案例名称：中信银行长沙晚报大厦支行与李某某借款合同纠纷案
案例来源：最高人民法院官网
案号：（2013）民提字第 21 号
关键词：协议管辖　借款合同　合同效力　职务行为　违约金

具体案情：

2006年7月3日，中信银行长沙阳光支行原行长蒋某某以该行名义，向李某某出具借条，载明"今借到李某某人民币捌佰万元整（8 000 000.00）。期限自2006年7月3日至2006年7月27日，共计25天。同时我行委托李某某将该款汇至平安科技公司在我行开立的账户，借款以捌佰万元资金到账为准。我行保证按期归还，如不能按期归还，双方协商解决，解决不成将由洛阳市人民法院判决，并按借款金额每天支付20%违约金"。该借条上加盖了"中信银行长沙分行阳光支行"的公章，并有蒋某某的签字。当日，李某某通过银行卡和洛阳伟力发工贸有限公司向平安科技公司在中信银行长沙阳光支行开设的账户中分别汇入资金250万元和550万元。该款到期后，虽经李某某多次讨要，中信银行长沙阳光支行未能按期归还。

一审中，李某某提交的2006年7月3日银行进账单、借记卡取款凭条、汇划贷方补充报单上加盖的转讫章上的银行名称均为"中信银行长沙分行阳光支行"，2006年7月3日借记卡存款凭条上加盖的现讫章上的银行名称为"中信银行长沙分行阳光支行"。二审中，湖南省长沙市芙蓉区公证处出具的（2007）长芙证民字第12号公证书载明：2007年1月11日上午11时，在中信银行长沙阳光支行领取排队号票的机器上领取的号票上载明的单位名称为"中信银行长沙分行阳光支行"，随后在该支行1号业务窗口新开办存折一个，该支行工作人员在存折上加盖的公章印文为"中信银行长沙阳光支行"，随即经询问该工作人员排队号票上所显示的"中信银行长沙分行阳光支行"与新开办存折上公章印文所显示的"中信银行长沙阳光支行"是否为同一银行，该工作人员回答是同一银行。洛阳伟力发工贸有限公司出具证明一份，内容为"兹证明2006年7月3日，通过我公司汇出的550万元，收款人为平安科技公司，该款系李某某存放在我公司用于合伙做生意的款项。2006年7月3日，应李某某的要求汇入平安科技公司账户，该550万元并不是我公司的，其所有权人为李某某"。

2011年6月17日中国银行业监督管理委员会湖南监管局作出湘银监复（2011）222号关于中信银行长沙阳光支行更名的批复，同意中信银行长沙阳光支行更名为中信银行股份有限公司长沙晚报大厦支行（以下简称"中信晚报支行"）。该支行于2011年7月28日在湖南省长沙市工商行政管理局换领营业执照。

此外，中信晚报支行提交湖南省长沙市芙蓉区人民检察院长芙检刑诉（2011）349号起诉书一份，显示蒋某某涉嫌非国家工作人员受贿罪和违规出具金融票证罪，其中涉嫌违规出具金融票证罪的犯罪事实部分载明：……蒋某某违反规定，私自以中信银行长沙阳光支行名义向李某某出具借条，借款800万元给龙某某，保证按期归还，蒋某某在借条上签名……该支行据此主张：蒋某某涉嫌刑事犯罪一案，已经检察机关提起公诉，但尚未作出一审判决，由于该刑事案件对相关事实及相应行为性质的认定，将成为本案审理的前提，故本案应中止审理，原审恢复审理并作出裁判不当。

（二）审理要览

一审法院经审理认为：本案系由借款合同纠纷引起的诉讼，本案中的借条是由中信银行长沙阳光支行行长蒋某某以该支行的名义出具，蒋某某作为该支行的法定代表人，以中信银行长沙阳光支行的名义向李某某借款，其行为是职务行为，因此，中信银行长沙阳光支行是该借款合同的当事人，应承担相应的民事责任。中信银行长沙阳光支行辩称蒋某某的借款行为完全是个人行为的意见，理由不足，不予采信。关于借条中的单位印章及名称问题，根据湖南省长沙市芙蓉区公证处公证书及中信银行长沙阳光支行的制式收账通知单和进账单的转讫章，名称均为"中信银行长沙分行阳光支行"，证明中信银行长沙阳光支行在办理其他业务时，使用的也是本案中借条上所显示的单位名称和印章，故中信银行长沙阳光支行辩称从未使用过"中信银行长沙分行阳光支行"名称和印章的意见无相反的证据能够证明，其辩解理由不足，不予支持。双方在借条中对借款数额、借款期限、纠纷管辖及违约责任等都进行了明确约定，中信银行长沙阳光支行未能按期归还借款，已构成违约并给李某某造成了实际损失，应承担违约责任。但双方约定的"如不能按期归还，按借款金额每天支付20%违约金"的约定过高，且不符合法律规定。根据本案具体情况，酌定由中信银行长沙阳光支行按中国人民银行同期贷款利率的3倍计付利息。中信银行长沙阳光支行辩称其不是直接借款人，不应承担责任的理由不足，不予支持。综上，一审法院判决：中信银行长沙阳光支行于判决生效之日起20日内返还李海波借款800万元，并按中国人民银行同期贷款利率的3倍计算利息（利息自2006年7月27日起计算至判决确定的给付之日止）。案件受理费60 012元由中信银行长沙阳光支行负担。中信晚报支行（即中信银行长沙阳光支行）不服一审判决，向二审法院上诉。

二审法院认为：首先，本案争议的借条系中信银行长沙阳光支行的行长蒋某某亲笔书写，虽然借条上的落款单位名称是"中信银行长沙分行阳光支行"，但是，一审鉴于李某某在原审中提交的公证书、银行进账单、借记卡取款凭条、汇划贷方补允报单等证据，均证明该支行在对外开展业务活动中亦使用"中信银行长沙分行阳光支行"的名称，进而认定中信银行长沙分行阳光支行即为中信银行长沙阳光支行，并无不当。中信晚报支行以借条上的落款单位名称与中信银行长沙阳光支行的工商登记名称不同为由，上诉主张蒋某某不是代表该支行签字的理由不能成立。

其次，一审鉴于本案争议借条的记载内容显示，蒋某某是以单位的名义向李某某借款800万元，且蒋某某在借款当时系该支行行长，是该支行的负责人，借条又是蒋某某在其办公室出具，还加盖有印文为"中信银行长沙分行阳光支行"的印章，进而认为蒋某某上述以该支行名义向李某某借款并出具借条的行为具有职务行为的外观，认定蒋某某的借款行为系职务行为，并无不当。中信晚报支行虽上诉主张借条上加盖的印章系伪造的，但其并没有提供充分证据证明李某某知道该印章不真实，且在该印章印文与该支行对外业务中使用的名称相同的情况下，如再苛求李某某负有鉴别该印章真伪的注意义务，亦不符合证明责任分配的相关规定。

第三，李某某在蒋某某出具借条的当天，按照其要求分两笔将该 800 万元借款汇入了其指定的平安科技公司在该支行的账户，并提交了相关汇款凭据。虽然中信晚报支行对李某某通过洛阳伟力发工贸有限公司汇出的 550 万元款项提出异议，但是，洛阳伟力发工贸有限公司出具证明证实，该公司系按照李某某的要求汇出的款项，且该 550 万元款项的所有人系李某某。故一审鉴于本案借条载明该支行委托李某某将借款汇至平安科技公司在该支行开立的账户，借款以 800 万元资金到帐为准，而认为在李某某按照该支行的要求将借款汇入其指定的账户，即应视为李某某将约定的借款出借给了该支行正确。中信晚报支行关于一审认定该支行已收到李某某的汇款证据不足的理由不能成立。中信晚报支行主张李某某已经收回部分借款，但李某某否认，且中信晚报支行举不出确切证据证明，故一审判决中信晚报支行返还李某某借款并无不当。一审鉴于双方约定的违约金过高，而酌定调整为按照中国人民银行同期贷款利率的三倍计算亦无不当。综上，一审认定双方之间存在借款关系正确，中信晚报支行关于一审认定双方存在借款关系错误的上诉理由不能成立。

关于是否中止审理的问题，二审法院认为，在本案中要解决的是蒋某某以单位名义向李某某借款的行为是否构成职务行为的问题，而在蒋某某涉嫌刑事犯罪一案中要解决的是蒋某某的行为是否构成犯罪的问题，鉴于二者的审查判断标准不同，且判断蒋某某的行为是否构成职务行为并不以该刑事案件的审理结果为依据，故中信晚报支行关于本案应中止审理的理由不能成立，一审法院对本案进行审理并作出裁判并无不当。

综上，二审法院于 2011 年 11 月 8 日作出（2011）豫法民一终字第 108 号民事判决：驳回上诉，维持原判。二审案件受理费 60 012 元，由中信晚报支行负担。

中信晚报支行向最高人民法院申请再审。最高人民法院最终认定中信晚报支行的再审请求没有事实和法律依据，一、二审判决认定事实清楚，适用法律正确。维持河南省高级人民法院（2011）豫法民一终字第 108 号民事判决。

四、规则适用

（一）关于协议管辖

协议管辖是指依照法律规定，由双方当事人以协议的方式约定的管辖。根据《中华人民共和国民事诉讼法》第 34 条的规定，财产权益纠纷的当事人，可以通过书面的方式，在与争议有实际联系的地点的人民法院中约定管辖法院，但不得违反级别管辖和专属管辖的规定。本案系借款合同纠纷，当事人有权书面约定管辖法院，且当事人的约定并未违反合同签订时级别管辖和专属管辖的规定。

（二）关于商业银行支行的法律责任

根据《中华人民共和国民法总则》（以下简称《民法总则》）第 74 条的规定，

法人可以设立分支机构，分支机构以自己的名义从事民事活动，产生的民事责任由法人承担；也可以先以该分支机构管理的财产承担，不足以承担的，由法人承担。中信晚报支行作为中信银行股份有限公司的分支机构，其进行的民事法律行为，原则上应当由中信银行股份有限公司承担。但为了实际的需要，《民法总则》规定可以先由法人的分支机构承担责任。这一点早在1995年的《中国人民银行关于对商业银行分支机构民事责任问题的复函》中就予以明确。实际上，分支机构管理的财产本就是法人财产的一部分，以分支机构管理的财产承担民事责任，其实就是以法人的财产承担民事责任，并未违背"法人的分支机构以自己的名义从事民事活动，产生的民事责任应由法人承担"的处理原则。

（三）关于负责人的职务行为

商业银行支行的负责人以支行名义从事的民事法律行为，构成职务行为的，应当由该商业银行支行承受相应的法律后果。认定负责人的行为是否构成职务行为，应当参照法定代表人代表行为的标准。具体的构成要件包括：

（1）具有负责人的身份；

（2）以该支行的名义；

（3）在权限范围内。

（四）关于商业银行的经营范围

《中华人民共和国商业银行法》（以下简称《商业银行法》）第3条规定的14项业务内容，是商业银行的所能够经营的业务范围，虽然《商业银行法》第22条第2款规定商业银行分支机构只能在总行授权的范围内依法开展业务，但《商业银行法》的规定只是限制了商业银行的业务范围，并没有禁止商业银行作为企业法人在进行经营业务的同时进行其他民事法律行为。而且，根据《最高人民法院关于适用〈中华人民共和国合同法〉若干问题的解释（一）》第10条的规定，超越经营范围的合同，应当认定为有效，除非违反国家限制经营、特许经营以及法律、行政法规禁止经营的规定。

因此，虽然蒋某某以中信银行长沙阳光支行名义对外订立借款合同的行为，超出了《商业银行法》中规定的商业银行经营业务范围的规定，但该借款合同并无其他无效事由，应当认定为有效。

（五）关于违约金

《中华人民共和国合同法》第114条规定了人民法院或者仲裁机构可以根据当事人的申请酌情调整"违约金"的权力。根据《最高人民法院关于适用〈中华人民共和国合同法〉若干问题的解释（二）》第29条第2款的规定，违约金"过分高于造成的损失"的一般标准是"超过造成损失的百分之三十"。在本案中，借条所载明的违约金是"按借款金额每天支付20%违约金"，显然是大大超过了违约金的一般标准。因此，人民法院有权根据当事人的申请调整违约金。

五、风控提示

（一）操作风险

在本案当中，主要涉及的是操作风险，即不完善的或失效的内部程序、人员和系统或外部事件造成的损失的风险。如：公章制度管理执行不够严格，员工与外部勾结，制度不符合监管要求、信息系统发生中断等。银行风险控制首先靠的是各项规章制度，一定要对内部管理人员加强培训。无论是柜面操作还是信贷业务，只要能严格照章办事，就能规避掉绝大多数风险。在规章制度之外，银行还应该每年或是每季度下发指引、办法这类文件作为规章制度这类硬性标准的补充和说明，不断强化内部人员的道德素质和业务素质，使各项业务有据可依。另外，要及时发现经营管理活动中的违规违法行为，及时发现经营过程中发生的风险事件，对违规行为、风险事件及时进行处理和强制整改，堵塞经营管理中的漏洞，确保银行合规合法、稳健审慎经营。

（二）纠纷解决成本

本案中，蒋某某以中信银行长沙阳光支行名义出具的借条中载明"如不能按期归还，双方协商解决，解决不成将由洛阳市人民法院判决"。该借条中的约定符合案件发生时的级别管辖的规定，因此该约定有效。事实上，中信晚报支行的住所地在湖南省长沙市芙蓉区，而协议管辖约定的管辖法院为河南省洛阳市中级人民法院，该约定增加了中信晚报支行以诉讼方式解决纠纷的成本。因此，银行与当事人订立协议时，应谨慎考虑解决纠纷的方式和成本问题。

（三）违约金的约定

本案中，虽然银行是支付违约金的一方，但本案中法院对违约金的调整对银行的日常交易行为具有重要的意义。实践中，银行往往是借款合同中的贷款人，在订立违约金条款时，应当谨慎计算相应的违约金数额。

六、法律依据

- 《中华人民共和国民法通则》（全国人民代表大会常务委员会发布，2009 年 8 月 27 日修正，法宝引证码：CLI.1.167199）

第四十三条　企业法人对它的法定代表人和其他工作人员的经营活动，承担民事责任。

- 《中华人民共和国民法总则》（全国人民代表大会发布，2017 年 10 月 1 日实施，法宝引证码：CLI.1.291593）

第七十四条　【法人分支机构】法人可以依法设立分支机构。法律、行政法规规定分支机构应当登记的，依照其规定。

分支机构以自己的名义从事民事活动，产生的民事责任由法人承担；也可以先以该分支机构管理的财产承担,不足以承担的,由法人承担。

- 《中华人民共和国合同法》(全国人民代表大会发布,1999 年 10 月 1 日实施,法宝引证码:CLI.1.21651)

第五十条 【法定代表人越权行为】法人或者其他组织的法定代表人、负责人超越权限订立的合同,除相对人知道或者应当知道其超越权限的以外,该代表行为有效。

第一百一十四条 【违约金】当事人可以约定一方违约时应当根据违约情况向对方支付一定数额的违约金,也可以约定因违约产生的损失赔偿额的计算方法。

约定的违约金低于造成的损失的,当事人可以请求人民法院或者仲裁机构予以增加;约定的违约金过分高于造成的损失的,当事人可以请求人民法院或者仲裁机构予以适当减少。

当事人就迟延履行约定违约金的,违约方支付违约金后,还应当履行债务。

- 《最高人民法院关于适用〈中华人民共和国合同法〉若干问题的解释(一)》(最高人民法院发布,1999 年 12 月 29 日实施,法宝引证码:CLI.3.23702)

第十条 当事人超越经营范围订立合同,人民法院不因此认定合同无效。但违反国家限制经营、特许经营以及法律、行政法规禁止经营规定的除外。

- 《最高人民法院关于适用〈中华人民共和国合同法〉若干问题的解释(二)》(最高人民法院发布,2009 年 5 月 13 日实施,法宝引证码:CLI.3.116926)

第二十九条 当事人主张约定的违约金过高请求予以适当减少的,人民法院应当以实际损失为基础,兼顾合同的履行情况、当事人的过错程度以及预期利益等综合因素,根据公平原则和诚实信用原则予以衡量,并作出裁决。

当事人约定的违约金超过造成损失的百分之三十的,一般可以认定为合同法第一百一十四条第二款规定的"过分高于造成的损失"。

- 《中华人民共和国商业银行法》(全国人民代表大会常务委员会发布,2015 年 8 月 29 日修正,法宝引证码:CLI.1.256594)

第三条 商业银行可以经营下列部分或者全部业务:

(一)吸收公众存款;

(二)发放短期、中期和长期贷款;

(三)办理国内外结算;

(四)办理票据承兑与贴现;

(五)发行金融债券;

(六)代理发行、代理兑付、承销政府债券;

(七)买卖政府债券、金融债券;

(八)从事同业拆借;

(九)买卖、代理买卖外汇;

（十）从事银行卡业务；

（十一）提供信用证服务及担保；

（十二）代理收付款项及代理保险业务；

（十三）提供保管箱服务；

（十四）经国务院银行业监督管理机构批准的其他业务。

经营范围由商业银行章程规定，报国务院银行业监督管理机构批准。

商业银行经中国人民银行批准，可以经营结汇、售汇业务。

第二十二条　商业银行对其分支机构实行全行统一核算，统一调度资金，分级管理的财务制度。

商业银行分支机构不具有法人资格，在总行授权范围内依法开展业务，其民事责任由总行承担。

- 《中华人民共和国民事诉讼法》（全国人民代表大会常务委员会发布，2017年6月27日修正，法宝引证码：CLI.1.297379）

第三十四条　合同或者其他财产权益纠纷的当事人可以书面协议选择被告住所地、合同履行地、合同签订地、原告住所地、标的物所在地等与争议有实际联系的地点的人民法院管辖，但不得违反本法对级别管辖和专属管辖的规定。

第一百七十条　第二审人民法院对上诉案件，经过审理，按照下列情形，分别处理：

（一）原判决、裁定认定事实清楚，适用法律正确的，以判决、裁定方式驳回上诉，维持原判决、裁定；

（二）原判决、裁定认定事实错误或者适用法律错误的，以判决、裁定方式依法改判、撤销或者变更；

（三）原判决认定基本事实不清的，裁定撤销原判决，发回原审人民法院重审，或者查清事实后改判；

（四）原判决遗漏当事人或者违法缺席判决等严重违反法定程序的，裁定撤销原判决，发回原审人民法院重审。

原审人民法院对发回重审的案件作出判决后，当事人提起上诉的，第二审人民法院不得再次发回重审。

第二百零七条　人民法院按照审判监督程序再审的案件，发生法律效力的判决、裁定是由第一审法院作出的，按照第一审程序审理，所作的判决、裁定，当事人可以上诉；发生法律效力的判决、裁定是由第二审法院作出的，按照第二审程序审理，所作的判决、裁定，是发生法律效力的判决、裁定；上级人民法院按照审判监督程序提审的，按照第二审程序审理，所作的判决、裁定是发生法律效力的判决、裁定。

人民法院审理再审案件，应当另行组成合议庭。

第四章 票据纠纷

01 【汇票质押没有背书记载的并不必然无效】
滕州市城郊信用社诉中国建设银行股份有限公司枣庄市薛城区支行票据纠纷案

一、实务规则

[汇票质押]汇票质押应当背书记载"质押"字样,但是没有背书记载的并不必然无效;如果当事人之间订立了书面质押协议,且已经将质押的汇票已经交付质权人的,质权人也可以取得质押权。

二、规则解读

《中华人民共和国票据法》(以下简称《票据法》)规定了以背书记载的方式设立票据质权,即汇票质押时应当在汇票上背书记载"质押"字样。但根据《中华人民共和国物权法》(以下简称《物权法》)、《中华人民共和国担保法》(以下简称《担保法》)以及相关司法解释的规定,没有背书记载的并不必然无效。如果当事人之间订立了书面质押协议,且已经将质押的汇票已经交付质权人的,质权人也可以取得质押权;但是这一质押权不能对抗善意第三人。

三、案情概述

(一)案情简介

案例名称:滕州市城郊信用社诉中国建设银行股份有限公司枣庄市薛城区支行票据纠纷案

案例来源:《最高人民法院公报》2004年第11期

关键词:银行汇票 质押

具体案情:

1997年5月,滕州市金利来洗煤厂(以下简称"洗煤厂")的业务员张某某请求被告中国建设银行股份有限公司枣庄市薛城区支行(以下简称"建行薛城区支行")所属陶庄办事处副主任渠某某为其提供贷款担保,并许诺给予好处费。5月28日,渠某某利用担任陶庄办事处副主任之便,在没有收到任何款项的情况下,签发了编号为 VIV××316605 的银行汇票（以下简称"5号汇票"），次日收到洗煤厂的法定代表人刘某某和业务员张某某出具的借条一张，内容为：借建行薛城区支行陶庄办事处汇票一张 75 万元，借款人刘某某、张某某，并加盖洗煤厂财务专章。该银行汇票记载的出票单位为陶庄办事处，收款人为洗煤厂，金额为 75 万元。同日，洗煤厂与原告滕州市城郊信用社签订一份质押借款合同，约定滕州市城郊信用社贷款 75 万元给洗煤厂，贷款期限为 1 个月。洗煤厂以"汇票"作为质物出质。合同签订后，洗煤厂向城郊信用社交付 5 号汇票和一份《权利质物质押声明书》，其上加盖了汇票签发行陶庄办事处和汇票收款人洗煤厂的印章，载明的主要内容为洗煤厂以其所有的 5 号汇票作为向城郊信用社借款的权利质押凭证，滕州市城郊信用社据此向洗煤厂发放贷款 75 万元。

1997 年 6 月 26 日，滕州市城郊信用社与洗煤厂之间的借款合同即将到期。渠某某担心如果洗煤厂不能按期归还贷款，滕州市城郊信用社一旦行使质权，将暴露其非法出具银行汇票的事实，于是在没有收到任何款项的情况下，又签发了编号为 VIV××316608 的银行汇票（以下简称"8号汇票"）。8 号汇票记载的出票单位亦为陶庄办事处，收款人为洗煤厂，金额为 75 万元，出票日期为 1997 年 6 月 26 日。此外，该汇票的背书人栏内加盖了洗煤厂的财务专章及法定代表人刘某某的印章，但被背书人栏内空白。该汇票的"持票人向银行提示付款签章"处加盖了"滕州市金利来洗煤厂财务专章"和法定代表人"刘某某"印章，并书写有"委托城郊信用社收款"。洗煤厂持 8 号汇票向滕州市城郊信用社换回了 5 号汇票，同时将一份注明权利质押凭证为 8 号汇票的《权利质物质押声明书》交付给滕州市城郊信用社。该声明书载明："本人（出质人）对下列有价证券滕州金利来洗煤厂汇票金额柒拾伍万元 VIV00316608 有所有权，现已向城郊信用社（贷款社名称）办理质押担保贷款。借款人滕州金利来洗煤厂，贷款金额柒拾伍万元整，期限从 1997 年 6 月 26 日至 1997 年 7 月 25 日。自即日起，对上述有价单证请停止挂失。贷款偿清后，请凭贷款社背书办理支付。如贷款到期借款人不能清偿，贷款社可凭抵押协议、催收贷款通知书及本声明支本息（或办理转让手续）。请予认定。"建行薛城区支行所属陶庄办事处与洗煤厂均在 1997 年 6 月 26 日的《权利质物质押声明书》上盖章。

洗煤厂在借款到期后未能偿还借款，滕州市城郊信用社于 1997 年 7 月 17 日将 8 号汇票提交中国人民银行滕州市支行，通过票据交换系统向建行薛城区支行收取 75 万元票款。建行薛城区支行见票后，通知陶庄办事处办理解付，原陶庄办事处副主任渠某某收到汇票后，携票潜逃，建行薛城区支行遂向检察机关报案，并拒绝向滕州市城郊信用社支付票款。渠某某潜逃三天后，将该汇票寄回建行薛城区支行处，建行薛城区支行将该汇票退回滕州市城郊信用社，但仍拒付票款。在本案的审理过程中，建行薛城区支行向滕州市城郊信用社出具退票理由书，明确退票理由：一是洗煤厂以恶意取得票据，二是该票据实际结算金额没有套写。

（二）审理要览

山东省枣庄市中级人民法院认为：《担保法》第76条规定："以汇票、支票、本票、债券、存款单、仓单、提单出质的，应当在合同约定的期限内将权利凭证交付质权人。质押合同自权利凭证交付之日起生效。"本案中，原告滕州市城郊信用社据以主张权利的8号汇票，是被告建行薛城区支行所属陶庄办事处签发的，该银行汇票记载事项齐全，记载内容清楚、明确，是有效的银行汇票。洗煤厂作为银行汇票的持票人，与滕州市城郊信用社签订的以5号汇票为权利质押凭证的质押借款合同，是双方当事人的真实意思表示。该合同内容明确、合法，汇票已交付，该质押借款合同属有效合同。借款期限即将届满，洗煤厂以8号汇票换回5号汇票时，交付滕州市城郊信用社一份注明权利质押凭证为8号汇票的声明书，故洗煤厂以8号汇票继续用作权利质押凭证的意思表示真实，以8号汇票成立的权利质押仍为有效质押。《支付结算办法》第37条第1款规定："通过委托收款银行或者通过票据交换系统向付款人或代理付款人提示付款的，视同持票人提示付款；其提示付款日期以持票人向开户银行提交票据日为准。"第2款规定："付款人或代理付款人应于见票当日足额付款。"本案中，滕州市城郊信用社作为持票人洗煤厂的开户行，在洗煤厂委托其收取8号汇票票款的情况下，有向出票行建行薛城区支行收取票款的权利。又因滕州市城郊信用社与洗煤厂之间就8号汇票的质押关系有效成立，滕州市城郊信用社对洗煤厂提示付款的汇票的票款享有质权，即所收8号汇票的票款应优先偿还洗煤厂的欠款，故滕州市城郊信用社有权向建行薛城区支行主张支付票款。建行薛城区支行作为汇票的出票行，是汇票的付款人，有见票无条件付款的义务。城郊信用社诉讼请求合法，法院予以支持，建行薛城区支行答辩理由不能成立，不予采纳。

据此，一审法院判决建行薛城区支行向滕州市城郊信用社支付票款75万元及相应利息（利息按中国人民银行规定的同期贷款利率从1997年7月17日计算至本判决生效之日）。

建行薛城区支行不服，向山东省高级人民法院提出上诉。建行薛城区支行在上诉中还认为8号汇票因其"持票人向银行提示付款签章处"已加盖了洗煤厂财务章及法定代表人印章并记载了"委托城郊信用社收款"字样，故8号汇票已由洗煤厂作委托收款使用，客观上已不能再用来进行质押。

山东省高级人民法院认为本案的争议焦点问题在于：城郊信用社与洗煤厂之间是否就8号汇票形成有效的质押关系，建行薛城区支行应否向滕州市城郊信用社支付票款。

首先，针对洗煤厂在8号银行汇票的背面作了委托收款背书后能否质押的问题，山东省高级人民法院认为，洗煤厂是票据权利人，其在票据上进行了委托收款背书之后，在委托收款行为完成之前，其有权取消委托而再对汇票进行质押处分。

因此，建行薛城区支行关于票据作了委托收款背书之后不能再为质押的上诉理由不能成立。

关于滕州市城郊信用社与洗煤厂之间是否形成有效的质押关系，除了适用《票据法》《担保法》的规定外，也应该适用《最高人民法院关于适用〈中华人民共和国担保法〉若干问题的解释》（以下简称《担保法解释》）和《最高人民法院关于审理票据纠纷案件若干问题的规定》。虽然根据《票据法》第35条第2款的规定，汇票质押时应当在汇票上背书记载"质押"字样。但《票据法》并没有规定如果未记载"质押"字样的，质押不生效或无效，即《票据法》并没有否定未记载"质押"字样的汇票质押的效力。而《担保法》第76条规定："以汇票、支票、本票、债券、存款单、仓单、提单出质的，应当在合同约定的期限内将权利凭证交付质权人。质押合同自权利凭证交付之日起生效。"因此，设定票据质权，除了背书质押这一《票据法》上规定的方式外，还可以通过订立质押合同、交付票据的方式设定票据质权。

根据《票据法》第31条第1款的规定可知，以票据出质的，质押背书是表明票据持有人享有票据质权的直接证据。如果无质押背书，书面的质押合同就是票据持有人证明其享有票据质权的合法证据。在票据持有人持有票据，并有书面质押合同的情况下，应当认定持有人享有票据质权。《担保法解释》第98条规定："以汇票、支票、本票出质，出质人与质权人没有背书记载'质押'字样，以票据出质对抗善意第三人的，人民法院不予支持。"由此，背书"质押"字样不是票据质权的取得要件，仅是票据质权的对抗要件。虽然《最高人民法院关于审理票据纠纷案件若干问题的规定》第55条规定，"依照票据法第三十五条第二款的规定，以汇票设定质押时，……或者出质人未在汇票、粘单上记载'质押'字样而另行签订质押合同、质押条款的，不构成票据质押"，但因该规定的颁布时间早于《担保法解释》，故本案应适用《担保法解释》中的规定。

综上，本案中滕州市城郊信用社与洗煤厂间订有质押合同，洗煤厂将银行汇票交付城郊信用社占有，双方在8号银行汇票上成立了有效的票据质押关系，城郊信用社取得票据质权。

洗煤厂未支付对价而取得银行汇票，作为出票人的建行薛城区支行可以对洗煤厂进行抗辩。滕州市城郊信用社以签订质押合同、交付权利凭证的方式取得的票据质权，本应继受出质人洗煤厂的票据权利瑕疵。建行薛城区支行本可以向城郊信用社行使抗辩权，但因陶庄办事处在载有"如贷款到期借款人不能清偿，贷款社可凭抵押协议、催收贷款通知书及本声明书支取本息"内容的《权利质物质押声明书》上签章，该签章行为表明其已以明示的方式放弃抗辩权，是对城郊信用社质权实现的承诺，所以建行薛城区支行在城郊信用社向其行使质权时，应按照其承诺向城郊信用社支付票款本息。建行薛城区支行关于城郊信用社无权请求其支付票款的上诉理由不能成立。

山东省高级人民法院于 2002 年 6 月 18 日作出终审判决，认定建行薛城区支行的上诉理由不能成立，驳回上诉，维持原判。

四、 规则适用

（一） 关于票据质权的设立

首先需要说明的是，《物权法》第 15 条和第 224 条的规定，改变了《担保法》第 76 条关于权利质权的成立要件与质押合同的生效要件之间的关系。从《担保法》第 76 条的规定来看，权利质押合同自权利凭证交付时才生效，显然混淆了权利质权的成立要件和质押合同的生效要件之间的关系。而《物权法》的规定则对此作出了修正，即权利凭证的交付是权利质权的成立要件，并非权利质押合同的生效要件。

在本案中，建行薛城区支行主张因 8 号银行汇票上并无背书记载"质押"字样，不符合《票据法》第 35 条第 2 款和《最高人民法院关于审理票据纠纷案件若干问题的规定》第 55 条对票据质权的设立作出的规定，故滕州市城郊信用社不能取得对 8 号银行汇票的票据质权。

但本案的两审人民法院均未支持建行薛城区支行的这一主张。《票据法》第 35 条规定了票据质权可以通过记载设质背书的方式设立，但《担保法》第 76 条还规定了票据质权可以通过交付权利凭证的方式设立。而《担保法》第 76 条的规定也得到了《物权法》的肯定。而且，票据质权仅能以记载设质背书的方式设立也不符合《票据法》第 31 条中规定的"非经背书转让，而以其他合法方式取得汇票的，依法举证，证明其汇票权利"的精神。因此，交付票据权利凭证属于票据质权设立的生效要件，而设质背书仅具有对抗第三人的效力。"由于设质背书较之于单纯地占有权利凭证更准确地向外界展示了票据质权的存在，更具有公示性，因而在票据上记载了设质背书的情况下，如果质权人再转让该票据的，第三人不能善意取得该票据权利。"①

票据质权关系作为一种物权法律关系，当然受到《物权法》和《担保法》的调整。《物权法》和《担保法》明确规定了出质人只要交付权利凭证，权利质权即可以设立，故以《票据法》是《物权法》和《担保法》的特别法为由认为应当优先适用《票据法》的规定是错误的。因此，"票据质权的设立可以仅交付权利凭证或者记载设质背书，当事人也可以在交付权利凭证的同时记载设质背书，二者并行不悖。"②

（二） 关于委托人撤销委托

委托合同是指根据双方当事人的约定，一方当事人为另一方当事人处理事务的

---

① 程啸：《担保物权研究》，中国人民大学出版社 2017 年版，第 539 页。
② 程啸：《担保物权研究》，中国人民大学出版社 2017 年版，第 539 页。

合同，其中，委托他人为自己处理事务的当事人是委托人，接受委托的当事人是受托人。① 根据《中华人民共和国合同法》第 410 条的规定，委托合同的双方当事人均享有任意的解除权，即双方当事人可以随时解除委托合同，但因解除合同给对方造成损失的，除不可归责于该当事人的事由外，应当向另一方承担赔偿责任。

在本案中，8 号汇票上背书记载了"委托城郊信用社收款"字样，应当认定洗煤厂与滕州市城郊信用社之间存在委托合同关系。虽然根据《票据法》第 35 条的规定，被背书人不得再以背书转让记载了"委托收款"字样的汇票。但该规定并没有禁止作为票据的权利人，也是委托合同的委托人的洗煤厂解除双方的委托合同并转让汇票的权利。因此，山东省高级人民法院认为即便是存在委托收款背书，也不影响洗煤厂取消委托而再对汇票进行质押处分。

（三）关于汇票质权的实现

汇票质权的标的物是证券化的债权，因此实践中很可能会出现汇票本身所代表的债权与汇票质权所担保的债权的实现期限，即汇票的付款日期与汇票所担保债务的履行期限不一致的情形。② 根据《票据法》第 25 条的规定，汇票的付款日期有四种：①见票即付；②定日付款；③出票后定期付款；④见票后定期付款。《票据法》第 53 条规定了持票人提示付款的期限：①见票即付的汇票，持票人应当在出票日起 1 个月内提示付款；②定日付款、出票后定期付款或者见票后定期付款的汇票，持票人应当自汇票到期日起 10 日内提示付款。

当汇票所担保的债务的履行期限先于汇票的付款期限届至时，汇票质权人可以采用将汇票转让或者是向银行申请贴现的方式实现汇票质权。质权人对转让汇票或者是贴现所得的价款享有优先受偿权。当汇票的付款期限先于汇票所担保的债务的履行期限届至的，根据《物权法》第 225 条的规定，为了保护质权人的利益，质权人可以兑现，并与出质人约定将兑现所得的价款用于提前清偿债务或者是提存。

五、风控提示

为了解决票据权利的转让问题，当前的民间票据贴现市场上，最为常用的措施就是签订《票据质押转让协议》。关于通过签订《票据质押转让协议》能否设立票据质权的问题，有观点认为根据《票据法》的规定是不能设立，而是只能通过背书记载的方式设立。但根据《物权法》和《担保法》的规定来看，当事人还可以通过交付权利凭证的方式设立票据质权。

综合《物权法》《担保法》和《票据法》的规定，设立票据质权的方式有：

（1）当事人之间订立书面的质押协议，有权利凭证的，应当将权利凭证交付给质权人，质权自权利凭证交付质权人时设立；

---

① 参见李永军：《合同法》，中国人民大学出版社 2012 年版，第 342—343 页。
② 参见程啸：《担保物权研究》，中国人民大学出版社 2017 年版，第 541 页。

（2）当事人之间订立书面的质押协议，没有权利凭证的，应当向有关部门办理登记，质权自有关部门办理出质登记时设立；

（3）当事人之间订立书面的质押协议，并在汇票上背书记载"质押"字样。

六、法律依据

- 《中华人民共和国物权法》（全国人民代表大会发布，2007年10月1日实施，法宝引证码：CLI.1.89386）

第二百二十四条 【以汇票等出质的质权设立】以汇票、支票、本票、债券、存款单、仓单、提单出质的，当事人应当订立书面合同。质权自权利凭证交付质权人时设立；没有权利凭证的，质权自有关部门办理出质登记时设立。

第二百二十五条 【质权人行使权利的特别规定】汇票、支票、本票、债券、存款单、仓单、提单的兑现日期或者提货日期先于主债权到期的，质权人可以兑现或者提货，并与出质人协议将兑现的价款或者提取的货物提前清偿债务或者提存。

- 《中华人民共和国担保法》（全国人民代表大会常务委员会发布，1995年10月1日实施，法宝引证码：CLI.1.12418）

第七十六条 【证券债权质押的设定】以汇票、支票、本票、债券、存款单、仓单、提单出质的，应当在合同约定的期限内将权利凭证交付质权人。质押合同自权利凭证交付之日起生效。

- 《中华人民共和国票据法》（全国人民代表大会常务委员会发布，2004年8月28日修正，法宝引证码：CLI.1.11602）

第二十五条 【付款日期的记载】付款日期可以按照下列形式之一记载：

（一）见票即付；

（二）定日付款；

（三）出票后定期付款；

（四）见票后定期付款。

前款规定的付款日期为汇票到期日。

第三十五条 【委托收款背书和质押背书及其效力】背书记载"委托收款"字样的，被背书人有权代背书人行使被委托的汇票权利。但是，被背书人不得再以背书转让汇票权利。

汇票可以设定质押；质押时应当以背书记载"质押"字样。被背书人依法实现其质权时，可以行使汇票权利。

第五十三条 【提示付款】持票人应当按照下列期限提示付款：

（一）见票即付的汇票，自出票日起一个月内向付款人提示付款；

（二）定日付款、出票后定期付款或者见票后定期付款的汇票，自到期日起十日内向承兑人提示付款。

持票人未按照前款规定期限提示付款的，在作出说明后，承兑人或者付款人仍应当继续对持票人承担付款责任。

通过委托收款银行或者通过票据交换系统向付款人提示付款的，视同持票人提示付款。

- 《最高人民法院关于适用〈中华人民共和国担保法〉若干问题的解释》（最高人民法院发布，2000年12月13日实施，法宝引证码：CLI.3.34740）

第九十八条　以汇票、支票、本票出质，出质人与质权人没有背书记载"质押"字样，以票据出质对抗善意第三人的，人民法院不予支持。

- 《最高人民法院关于审理票据纠纷案件若干问题的规定》（最高人民法院发布，2008年12月16日修正，法宝引证码：CLI.3.219037）

第五十五条　依照票据法第三十五条第二款的规定，以汇票设定质押时，出质人在汇票上只记载了"质押"字样未在票据上签章的，或者出质人未在汇票、粘单上记载"质押"字样而另行签订质押合同、质押条款的，不构成票据质押。

02 【银行未鉴别出票据上的印鉴系伪造而向他人错误付款的，具有重大过失，应当承担与其过错相应的赔偿责任】
内蒙古乾坤金银精炼股份有限公司与中国农业银行股份有限公司兰州市七里河区支行票据纠纷案

一、实务规则

［票据结算业务］银行不能鉴别出票据上的印鉴系伪造而向他人错误付款的，具有重大过失，应当承担与其过错相应的赔偿责任。

二、规则解读

银行对于票据上的印鉴的真实性负有实质性审查义务，若其不能鉴别出票据上的签章系伪造的，即便其业务操作符合相关的内部规范，也应该认定银行具有重大过失。由此给客户存款造成损失的，银行应当承担与其过错相应的赔偿责任。

三、案情概述

（一）案情简介

案例名称：内蒙古乾坤金银精炼股份有限公司与中国农业银行股份有限公司兰州市七里河区支行票据纠纷再审案

案例来源：《人民司法·案例》2013年第10期

案号：（2011）民申字第774号

关键词：票据关系的无因性　过失相抵

具体案情：

内蒙古乾坤金银精炼股份有限公司（以下简称"乾坤公司"）与卡玉龙进行黄金收购合作，从卡某某处进行黄金收购。2004年3月9日，乾坤公司在中国农业银行股份有限公司兰州市七里河区支行（以下简称"农行七里河支行"）开立户名为"内蒙古乾坤金银精炼股份有限公司西北黄金采购部"（以下简称西北采购部）的结算专户，并通过该账户及乾坤公司工作人员旭某的个人结算账户与卡某某进行结算。乾坤公司在2005年9月27日、28日和10月8日、9日先后向该结算专户中汇款，汇款金额合计3 200万元，汇款记录上载明用途为采购黄金。2005年10月11日，乾坤公司发现从卡某某处收购的黄金有假，并发现结算专户内的余额仅剩50万元，遂向公安机关报案。经公安机关立案侦查终结，由甘肃省兰州市人民检察院向一审法院提起公诉。该院作出（2007）兰法刑二初字第019号刑事判决书，判决已经发生法律效力。该判决认定：自2003年10月以来，卡某某擅自挪用应支付给他人的黄金款用于个人炒作期货，造成巨额亏损。2005年9月底及10月初，卡某某先后两次将事先镀上金粉的194块银锭谎称是自己收来的260公斤黄金，交给乾坤公司业务员封存，并声称要等到2005年10月11日客户本人来到兰州市后才能开封验货，要求提前支付货款。乾坤公司业务人员信以为真，于该年9月27日、28日将1 800万元，10月8日将1 350万元转入案涉结算专户内。随后，卡某某用乾坤公司开具的转账支票将款项全部转入旭某个人结算账户，并用来归还个人债务。

经司法鉴定书证实，卡某某于2005年9月27日至28日从西北采购部转账1 800万元所用的三张支票及印鉴均系真实的；2005年10月8日至11日所用转款的1 350万元的三张支票印鉴系伪造。另查明，在乾坤公司2005年3月8日购买转账支票（票据号码区间为05577426至05577450）时，银行的收费凭证上加盖的西北采购部财务专用章印文和"旭某印"印文与乾坤公司提交的西北采购部财务专用章印文和"旭某印"印文，不是同一枚印章盖印。而乾坤公司在2005年3月8日至同年4月4日期间进行结算时所开具的转账支票，其序号区间包括2005年3月8日在农行七里河支行购买的转账支票（票据号码05577426至05577450）的区间之内。司法鉴定书证实，该序号区间的转账支票上加盖的西北采购部财务专用章印文和"旭某印"印文与乾坤公司提交的西北采购部财务专用章印文和"旭某印"印文，是同一枚印章盖印。

（二）审理要览

甘肃省兰州市中级人民法院经审理认为，银行办理支付结算时应当做到依法准确、及时、安全。农行七里河支行在办理案涉业务时未发现该业务中所使用的印鉴系伪造，造成乾坤公司在该行结算账户中的款项被他人骗取，造成乾坤公司的财产遭受损害。本案应当定性为财产损害赔偿纠纷。

本案中乾坤公司的财产损失,即卡某某诈骗犯罪的金额为3 150万元,其中的1 800万元所用的是乾坤公司出具的真实支票。农行七里河支行依据真实支票支付1 800万元没有过错。至于剩下的1 350万元,农行七里河支行认为,其工作人员按照银行规定的正常操作程序,采用折角核对的方法进行过核对,未发现系伪造印鉴,因而对造成的损失不承担责任。针对"折角核对"这一方法,《最高人民法院关于银行以折角核对方法核对印鉴后应否承担客户存款被骗取的民事责任问题的复函》答复意见认为,折角核对虽然是《银行结算会计核算手续》规定的方法,但该规定属于银行内部规章,只对银行工作人员有约束作用,以此核对方法核对印鉴未发现存在的问题而造成存款被骗取,银行有过错,应当对不能追回的被骗款项承担民事责任。因此,农行七里河支行对西北采购部账户支付结算环节中的票据审查未尽谨慎审查义务,该错误与在结算过程中造成款项被骗取的损害结果存有关联,农行七里河支行有过错责任。

同时,乾坤公司在其设立西北采购部进行支票的购买和支付结算环节以及票据的管理使用上等存有疏漏。乾坤公司称,经鉴定,盖有假章的购买支票的收费凭证并非系该公司盖章申领。但是在该时间购买的支票号段证明该支票由乾坤公司持有和使用。乾坤公司在收购黄金的专户支付结算上有相对固定的客户,即卡某某,卡某某实际控制的账户系乾坤公司工作人员旭某开设的个人结算账户。经审查,款项在乾坤公司汇付至案涉结算账户后,卡某某持西北采购部出具的支票转到旭某的个人结算账户,而该支票上的印鉴系其伪造。上述问题的存在,也是导致农行七里河支行在善意且符合银行规定和正常操作程序审查的过程中出现错误的因素。因此,乾坤公司亦有过错责任。根据《中华人民共和国民法通则》的相关规定,受害人对于损害的发生也有过错的,可以减轻侵害人的民事责任。据此,一审法院认定农行七里河支行和乾坤公司对尚未追回的款项损失各承担赔偿50%的民事责任。被骗取的款项1 350万元,已经追回4 346 442.36元,目前尚有未追回的款项损失为9 153 557.64元。因此,法院判决农行七里河支行向乾坤公司赔偿实际损失人民币4 576 778.82元,并驳回乾坤公司的其他诉讼请求。

乾坤公司、农行七里河支行均不服,上诉至甘肃省高级人民法院。

甘肃省高级人民法院认为,由于农行七里河支行在对乾坤公司的支付结算环节中未发现伪造印鉴,而造成乾坤公司结算账户中的款项被卡某某骗取,致使乾坤公司的财产遭受损害。同时,由于乾坤公司对卡某某个人过分信任,致使乾坤公司及其西北采购部在与卡某某进行黄金买卖和货款结算过程中基本丧失了应有的警惕和有效的财务结算管理,为卡某某最后诈骗成功创造了有利的条件。因此,乾坤公司对其疏于管理而造成的损失理应承担相应责任。农行七里河支行的工作人员虽按照银行规定的正常操作程序,采用折角核对的方法进行过核对,但不能证明完全尽到了谨慎审查的义务,对事实上造成客户存款被骗的结果是有过错责任的,对此亦应承担相应的赔偿责任。因此判决驳回上诉、维持原判。

二审宣判后，乾坤公司仍不服，向最高人民法院申请再审。

最高人民法院经审查认为，在乾坤公司主张的损失中，仅最后一笔付款的1 350万元所涉三张支票的印鉴系伪造。根据原审法院查明的事实，卡某某是乾坤公司西北采购部的固定客户，且长期、多次到农行七里河支行办理转账业务，乾坤公司工作人员旭某开设的个人结算账户由卡某某实际控制；该1 350万元的空白支票，乾坤公司在未验货的情况下向卡某某出具，由卡某某在该支票上加盖了其伪造的印鉴，并通过旭某的结算账户将款转走。上述事实证明，乾坤公司在财务管理及货物交易中存在过错，为卡某某的犯罪行为提供了有利条件。一审和二审法院根据过错原则，判决乾坤公司与农行七里河支行对该部分损失各承担50%的责任并无不妥，应予维持。对于农行七里河支行依据真实支票付款的部分，乾坤公司要求其承担赔偿责任的主张，缺少事实和法律依据，因此不予支持。关于乾坤公司主张的其向一审法院申请调取卡某某刑事卷宗未被采纳的问题，经本院审查查明，二审法院已经依法调取了卡某某合同诈骗案件的相关案卷，并在此基础上作出了维持一审判决的处理。裁定驳回乾坤公司的再审申请。

四、规则适用

（一）关于票据关系的无因性

票据关系是指票据当事人基于票据所产生的票据权利义务关系，具有抽象性，即与其基础关系相分离的无因性法律关系。所谓的基础关系是指当事人之间发生票据关系的民法上的债权关系。在我国，票据基础关系与票据关系之间的关系是"一般情况下分离，特殊场合中牵连"。

1. 一般情况下分离

票据法将票据规定为无因证券，即票据关系一旦成立，就与其原因关系之间分离，二者各自独立存在，属于不同的法律制度规范，原因关系是否存在、是否有效并不影响票据关系。

2. 特殊场合中牵连

但是，在某些特殊情况下，法律规定票据关系受其原因关系的影响。主要有以下五种情形：

（1）当票据关系的当事人与原因关系中的当事人相同时，票据债务人可以依据原因关系，向票据债权人行使抗辩权。这种情况一般出现在票据授受的直接当事人之间；

（2）根据《中华人民共和国票据法》（以下简称《票据法》）第12条的规定，当持票人系不法取得票据时，如盗窃，票据债务人可以依据持票人取得票据的原因关系有瑕疵而行使抗辩权；

（3）根据《票据法》第11条的规定，如果持票人取得票据的原因关系中没有

对价或者对价不相当的,如继承取得,其票据权利不能优于前手;

(4) 为支付而授受票据时,票据授受行为不消灭原因关系中的债务;只有票据权利实现时,原因关系中的债务才消灭;

(5) 为担保债务而授受票据时,如果被担保的债权没有得到清偿,票据关系存在;只有在被担保的债权被清偿时,该票据关系才消灭。

在本案中,虽然卡某某利用镀金的银锭冒充黄金,从乾坤公司处骗取货款总额为 3 150 万元。但是,经司法鉴定,卡某某在 2005 年 9 月 27 日至 28 日转账 1 800 万元时所使用的三张支票和印鉴都是真实的。根据票据关系的无因性,其付款所依据的条件中不包含从票面上无法判断的基础关系因素,虽然该 1 800 万元支票的基础买卖关系中存在诈骗,但对支票付款行为的有效性并不产生影响。因此针对该 1 800 万元款项,农行七里河支付依照真实的票据进行支付,并不存在过错,乾坤公司不能要求其承担赔偿责任。

(二) 关于过失相抵

过失相抵,是指当受害人对于损害的发生或者损害结果的扩大具有过错时,依法减轻或者免除赔偿义务人的制度。[①] 过失相抵的特征有:

(1) 受害人因他人的侵权行为而遭受损失,如果不存在他人的侵权行为,显然不存在过失相抵;

(2) 对于损害结果的发生或者扩大,受害人也具有过错,即该损害结果是由加害人的过错和受害人的过错共同造成的;

(3) 过失相抵的法律效果是减轻或者免除加害人的责任,其制度价值在于实现加害人与受害人之间的公平。

在本案中,法院认为,卡某某之所以能够实施诈骗行为造成乾坤公司的损失,农行七里河支行存在过错,即该行未能识别出票据上的印鉴是错误的,根据《最高人民法院关于审理票据纠纷案件若干问题的规定》第 69 条第 1 款的规定,属于"重大过失"。而乾坤公司在财务管理及货物交易中存在的问题给卡某某的犯罪行为提供了有利条件,也具有过错,因此判定双方对乾坤公司的损失各承担 50% 的责任。

此外,本案发生时,《中华人民共和国侵权责任法》(以下简称《侵权责任法》)并未生效,《民法通则》第 131 条规定:"受害人对于损害的发生也有过错的,可以减轻侵害人的民事责任。"而《侵权责任法》第 26 条基本沿袭了《民法通则》的规定。但《最高人民法院关于审理人身损害赔偿案件适用法律若干问题的解释》(以下简称《人身损害赔偿司法解释》) 第 2 条则对此作出了更为具体的规定。根据《人身损害赔偿司法解释》第 2 条的规定,"过失相抵"在适用时,还要注意以下问题:

---

① 程啸:《侵权行为法》(第二版),法律出版社 2015 年版,第 721 页。

（1）如果受害人有过错的，除可以减轻加害人责任外，还可以免除加害人责任；

（2）如果加害人是故意或者重大过失，而受害人只有一般过失的，不适用过失相抵制度；

（3）如果侵权行为适用的是无过错责任，只有受害人是重大过失的，才能适用过失相抵减轻加害人责任。

五、风控提示

（一）完善印鉴核对方式，谨防票据欺诈行为

本案发生时，银行大多采取"折角印鉴"的方式核实票据上的印鉴。此操作是符合《银行结算会计支付手续》规定的。但是审判机关依据《最高人民法院关于银行以折角核对方法核对印鉴后应否承担客户存款被骗取的民事责任问题的复函》认为，该规定只是银行的内部规章，只对银行工作人员有约束力，不能排除银行的过错。自该《复函》以来，审判机关往往认定银行对支票人签章的真实性负有实质性的审查义务。银行只要在支票受理过程中不能发现签章是假的，即便是已经严格履行了相关的手续，也会被认定为具有过错而应当承担相应的赔偿责任。

随着科技的进步，犯罪分子的造假手法也越来越高明。银行本质上还是个金融机构，很难具备专门的鉴定机构所拥有的硬件设施和专业识别能力、识别水平。虽然当前银行操作实务中以少有以"折角核对"的方法对印鉴进行核对，往往采取的都是高科技的验印鉴的系统来核对，但还是和鉴定机构之间存在一定的差距。因此，为了减少因印鉴造假带来的风险，银行有必要不断更新自身的硬件设施，提高识别能力和识别水平。

（二）完善操作流程，提高一线人员的业务能力和业务水平

再好的硬件设施，也离不开人的操作。实践中有些业务人员不按照规范流程操作，对于熟悉的客户，甚至会有"事后验印"的情形。因此，为了加强自身防范风险的水平，银行除了不断更新硬件设施外，还应当只当详细的操作规范，并加强对一线业务人员的培训教育，提高员工的业务技能和义务水平，尽最大可能减少不能识别出伪造印鉴的风险。

（三）加强对客户的资金安全教育，尽到自身的告知义务

审判机关认为银行负有对印鉴真实性的实质审查义务，这一点虽然客观上与银行的专业能力不相符合，但纠纷发生之时，银行也并非没有减少损失的措施。一方面，银行可以援引《票据法》上的规定提出抗辩；另一方面，银行也应该积极主动地收集关于受害人过错的证据。在银行已经尽到了告知义务的情形下，对受害人对于资金安全的管理，例如印章的管理、支票的保管上具有的过错，提出有效的抗辩，最大限度地减少自己的责任。

六、法律依据

- 《中华人民共和国民法通则》（全国人民代表大会常务委员会发布，2009年8月27日修正，法宝引证码：CLI.1.167199）

第一百三十一条 受害人对于损害的发生也有过错的，可以减轻侵害人的民事责任。

- 《中华人民共和国侵权责任法》（全国人民代表大会常务委员会发布，2010年7月1日实施，法宝引证码：CLI.1.125300）

第二十六条 被侵权人对损害的发生也有过错的，可以减轻侵权人的责任。

- 《中华人民共和国票据法》（全国人民代表大会常务委员会发布，2004年8月28日修正，法宝引证码：CLI.1.54991）

第四条 【票据行为、票据权利与票据责任】票据出票人制作票据，应当按照法定条件在票据上签章，并按照所记载的事项承担票据责任。

持票人行使票据权利，应当按照法定程序在票据上签章，并出示票据。

其他票据债务人在票据上签章的，按照票据所记载的事项承担票据责任。

本法所称票据权利，是指持票人向票据债务人请求支付票据金额的权利，包括付款请求权和追索权。

本法所称票据责任，是指票据债务人向持票人支付票据金额的义务。

第十四条 【票据的伪造和变造】票据上的记载事项应当真实，不得伪造、变造。伪造、变造票据上的签章和其他记载事项的，应当承担法律责任。

票据上有伪造、变造的签章的，不影响票据上其他真实签章的效力。

票据上其他记载事项被变造的，在变造之前签章的人，对原记载事项负责；在变造之后签章的人，对变造之后的记载事项负责；不能辨别是在票据被变造之前或者之后签章的，视同在变造之前签章。

第五十七条 【付款人的审查义务及其过错责任】付款人及其代理付款人付款时，应当审查汇票背书的连续，并审查提示付款人的合法身份证明或者有效证件。

付款人及其代理付款人以恶意或者有重大过失付款的，应当自行承担责任。

第九十二条 【支票付款的效力】付款人依法支付支票金额的，对出票人不再承担受委托付款的责任，对持票人不再承担付款的责任。但是，付款人以恶意或者有重大过失付款的除外。

- 《最高人民法院关于审理票据纠纷案件若干问题的规定》（最高人民法院发布，2008年12月16日修正，法宝引证码：CLI.3.219037）

第六十九条 付款人或者代理付款人未能识别出伪造、变造的票据或者身份证件而错误付款，属于票据法第五十七条规定的"重大过失"，给持票人造成损失的，应当依法承担民事责任。付款人或者代理付款人承担责任后有权向伪造者、变造者依法追偿。

持票人有过错的，也应当承担相应的民事责任。

第五章　委托合同

 01【委托贷款合同中，约定"全部风险由委托人承担"的条款无效】
李某某与广汉珠江村镇银行股份有限公司委托合同纠纷案

一、实务规则

［委托贷款合同风险］委托贷款合同中，约定"全部风险由委托人承担"的条款无效，受托人应根据其过错程度承担相应的法律风险。

二、规则解读

委托贷款合同中，商业银行与委托人约定的"全部风险由委托人承担"的条款无效，商业银行不能将所有的风险都转移给委托人。商业银行作为受托人，因自己的过错给委托人造成的损失，例如未按照正常流程办理相关业务的，应当承担赔偿责任。

三、案情概述

案例名称：李某某与广汉珠江村镇银行股份有限公司委托合同纠纷案
案号：（2016）最高法民再303号
关键词：委托贷款　民间借贷　贷款风险
具体案情：

2012年5月3日，李某某与广汉珠江村镇银行股份有限公司（以下简称"珠江银行"）签订《委托贷款协议》约定：李某某将自主支配的资金委托珠江银行向李某某指定的借款人发放委托贷款，由珠江银行向借款人唐某某按0.5%的年利率收取手续费；李某某在指定发放委托贷款时须自行确定是否需要担保，自行对担保的合法性和可靠性等进行审查，并承担相关责任；李某某自行承担本委托贷款风险，不得以任何形式要求珠江银行承担风险，因借款人的原因导致贷款本金或利息不能按期归还的，李某某无权要求珠江银行承担归还贷款本金或利息的责任，本委托是李某某的自主行为，一切风险由李某某承担，珠江银行不承担任何形式的贷款风险；由李某兵、彭某某夫妇以其两宗土地使用权为本次委托贷款做担保抵押，土地证号分别为德旌区东河镇国用（2005）第0135号、德旌区东河镇国用（2008）第

0139 号，土地性质分别为工业用地和综合用地，面积分别为 2 147 平方米和 1 826 平方米。委托贷款到期后，借款人未按期归还的，李某某要向珠江银行出具书面文件，说明是否要求珠江银行起诉借款人，若要求，珠江银行应起诉，但有关诉讼费用全部由李某某承担，珠江银行要协助李某某按期收回贷款本息；珠江银行每次收回贷款本金、利息或罚息后 2 个工作日内将李某某应得部分如数划入李某某在珠江银行开立的账户。协议签订后，珠江银行按照李某某委托的事项分别与借款人唐某某及担保人李某兵签订了《借款合同》及《抵押合同》，并按李某某的指示向借款人唐某某发放贷款 300 万元。珠江银行与担保人李某兵签订的《抵押合同》约定：李某兵以德旌区东河镇国用（2005）第 0135 号及德旌区东河镇国用（2008）第 0139 号土地为唐某某借款 300 万元提供担保。2012 年 5 月 4 日珠江银行对该两宗土地办理了证书号分别为德旌区国抵他项（2012）第 090 号、第 091 号他项权利证书。

之后，因借款人唐某某逾期未归还本息，珠江银行于 2012 年 8 月 29 日、2012 年 11 月 27 日、2012 年 12 月 28 日、2013 年 4 月 23 日、2013 年 6 月 19 日、2013 年 7 月 10 日、2013 年 9 月 4 日向借款人唐某某发出《贷款逾期催收通知书》，并于 2012 年 11 月 27 日向李某某发出《关于唐某某委托贷款 300 万元逾期处理建议》，建议李本琼积极与唐某某妥善解决收回上述委托贷款本息，并书面告知珠江银行，珠江银行将在相关合同规定义务范围内积极配合；若未达成协商解决方案，建议李某某在法律规定的诉讼时效期内通过法律途径维护自身合法的权益。2014 年 1 月，珠江银行向一审法院提起诉讼，要求唐某某偿还借款本息 318 万元、违约金及罚金 516.54 万元，共计 834.54 万元，该案经双方协商一致达成调解协议，约定唐某某于 2014 年 2 月 28 日归还珠江银行借款本息共计 834.54 万元，如唐某某未按期归还上述借款本息，珠江银行对该笔借款所设立的抵押担保物（德旌区东河镇国用（2005）第 0135 号、（2008）第 0139 号土地使用权）享有优先受偿权。2014 年 1 月 8 日，一审法院依上述协议作出（2014）德民二初字第 11 号民事调解书。到期后，唐某某未按调解书确定的期限履行还款义务。

2014 年 4 月 14 日、2014 年 7 月 10 日，经向德阳市国土资源局旌阳分局（以下简称"国土局"）查询，该局并未办理过李某兵位于德阳市旌阳区东河镇七圣村一组的国有土地使用权证书；证书号为德旌区东河镇国用（2005）第 0135 号和德旌区东河镇国用（2008）第 0139 号国有土地使用权对应的土地他项权利证明书号分别为德旌区国抵他项（2012）第 090 号和德旌区国抵他项（2012）第 091 号；记载内容分别为，德阳三和石油科技有限公司于 2012 年 8 月 6 日抵押给德阳市旌阳区农村信用合作联社，四川丰联超市连锁有限责任公司于 2012 年 8 月 6 日抵押给中国建设银行股份有限公司德阳分行。2014 年 4 月 15 日，德阳市公安局旌阳分局以李某、李某兵、胡某某涉嫌贷款诈骗立案侦查，并于同年 5 月 20 日对以上人员执行逮捕，案件已经移送至德阳市旌阳区人民检察院。

一审法院审理认为，李某某与珠江银行于 2012 年 5 月 3 日签订的《委托贷款协议》合法有效。珠江银行按照李某某的委托与借款人唐某某、担保人李某兵分别签订《借款合同》及《抵押合同》，并将李某某提供的 300 万元款项出借给借款人唐某某，履行了《委托贷款协议》中约定的义务。李某某提出，《委托贷款协议》是珠江银行提供的格式合同，该合同中免除珠江银行风险责任的条款为无效条款。

对此，中国人民银行发布的《贷款通则》第 7 条规定，"委托贷款，系指由政府部门、企事业单位及个人等委托人提供资金，由贷款人（受托人）根据委托人确定的贷款对象、用途、金额期限、利率等代为发放、监督使用并协助收回的贷款。贷款人（受托人）只收取手续费，不承担贷款风险"。《中华人民共和国合同法》（以下简称《合同法》）第 39 条规定，"格式条款是当事人为了重复使用而预先拟定，并在订立合同时未与对方协商的条款"；第 41 条规定："对格式条款的理解发生争议的，应当按照通常理解予以解释。对格式条款有两种以上解释的，应当作出不利于提供格式条款一方的解释。格式条款和非格式条款不一致的，应当采用非格式条款。"本案中，双方当事人签订的《委托贷款协议》约定，珠江银行接受李某某的委托，按照其指示内容向借款人唐某某发放贷款，珠江银行从中收取手续费，不承担任何风险。双方当事人的行为符合《贷款通则》规定的委托贷款的性质。且协议约定的内容具体、明确、表述清晰，对内容的理解上不会产生歧义。从双方签订协议的目的、委托贷款的性质、结合《贷款通则》的规定，整个《委托贷款协议》是双方当事人合意的结果。李某某具有完全民事行为能力，且参与商事活动与他人签订商事合同，而以自己看不懂协议内容、珠江银行没有尽到提醒义务为由，认为该协议中免除珠江银行责任的条款应属无效格式条款的理由有悖常理，其理由不能成立。

关于珠江银行是否存在违约，应否承担本案违约责任的问题。违约责任是合同中的当事人违反合同约定所应承担的民事责任，是基于合同当事人存有违反合同约定的违约行为而产生，客观表现为合同当事人不履行合同义务或者履行合同义务不符合约定。李某某认为珠江银行存在的违约行为有：没有履行对担保财产真实性的审查义务；没有按照土地登记的规定程序到国土局办理抵押登记导致李某某没有及时发现担保物不真实；在借款人没有按期还款时，没有积极履行催款义务，没有及时提醒李某某主张权利，以致其在误认为该借款具有担保财产保障的前提下出借 300 万元，导致借款本息均未收回。对此，双方签订的《委托贷款协议》第 2 条约定：李某某在指定发放委托贷款时须自行确定是否需要担保，自行对担保的合法性和可靠性等进行审查，并承担相关责任。在该协议中李某某明确指示珠江银行向唐某某提供借款时要由自然人李某兵、彭某某夫妇以其土地证号分别为德旌区东河镇国用（2005）第 01××号、德旌区东河镇国用（2008）第 01××号两宗土地使用权为本次委托贷款做担保抵押。从《委托贷款协议》的约定看，对担保财产真实性的审查义务在李某某方,且该贷款是李某某要求珠江银行先放贷,然后进行抵押登记,并声明由其承担一切法律后果的情况下珠江银行才将款出借给唐某某,珠江银行对担保财产的真实性不具有审查义务,加之珠江银行随后也将该两宗土地办理了加盖有国土局真实印章的他项权利证书。对于珠江银行是否亲自去国土局、国土局是否按土地登记的规定程序办理抵押登记并非双方当事人在合同中约定的义务,也非法定义务。珠江银行在担保财产真实性问题的审查上不存在不履行合同义务或者履行合同义务不符合约定的情况。

珠江银行在借款到期3个月后向李某某发出《关于唐某某委托贷款300万元逾期处理建议》,并向借款人唐某某催收借款。在借款人唐某某没有按期还款时,珠江银行在诉讼时效内向李某某建议积极处理此事,并多次向唐某某催收借款;加之李某某为该笔贷款在珠江银行处开设了专门账户,在借款到期时李某某应当知道唐某某还款与否的情况,故李某某以此要求珠江银行承担违约责任缺乏事实及法律依据。综上,从双方对合同履行的陈述、所举证据及李某某提出的主张看,无证据证实珠江银行存在违约的事实。该法院对李某某的诉讼请求不予支持。一审法院依照《中华人民共和国民事诉讼法》第64条、《最高人民法院关于民事诉讼证据的若干规定》第2条之规定,判决:驳回李某某的诉讼请求。一审案件受理费62 990元,由李某某承担。

李某某不服上述判决,上诉请求二审法院依法改判支持李某某的诉讼请求或发回一审法院重审。

二审法院依法确认一审判决认定的事实。二审另查明,珠江银行与李某兵、唐某某签订的《抵押合同》第5条约定:李某兵应根据珠江银行的要求办理抵押物保险,并指定珠江银行为该保险的优先受偿人(受托人);此前已投保的,须办理以珠江银行为受托人的财产保险变更手续,在抵押权存续期内,保险期限应长于主合同的履行期限,如主合同项下的贷款展期,李某兵同意继续办理抵押物延长投保手续,未经珠江银行同意李某兵不得退保。李某某认为珠江银行未要求李某兵对案涉抵押物进行投保,违反合同约定,致使犯罪嫌疑人诈骗行为得以实施,给李某某造成损失。珠江银行辩称,该合同为格式合同,对土地不实行抵押物保险措施,因土地不易灭失,但其未举证证明。

珠江银行在一审审理过程中,向一审法院提交的一份由李某某于2012年5月3日给珠江银行出具的"声明",主要内容为:根据双方签订的《委托贷款协议》,请你行在委托资金额度内,向唐某某发放委托贷款300万元,担保要求由自然人李某兵、彭某某夫妇以其两宗土地使用权提供担保抵押,土地证号分别为德旌区东河镇国用(2005)第0135号、(2008)第0139号;鉴于唐某某急需用款,故同意贵行先行全额发放本次委托贷款,然后再进行土地抵押登记,本人愿意承担由此产生的一切法律后果。珠江银行提供该声明拟证明珠江银行应李某某的旨意早已在办理抵押登记前将贷款发放,即使珠江银行办理抵押登记过程中发现抵押物存在问题,损失亦已发生。一审审理中,李某某对该声明的真实性未提出异议,但二审审理期间李某某认为一审提供的声明与一审卷宗里的声明内容不符,但未提供有效证据证明。同时,李某某称该声明系珠江银行伪造,申请对该声明中李某某的签名、指纹是否其本人所为以及该声明是否存在嫁接的情况进行司法鉴定。李某某还认为,如珠江银行认真审查,并按规定流程办理抵押登记,可及时发现问题,可以避免抵押权落空给其造成损失。

二审法院认为,本案系因李某某主张珠江银行在履行受托义务中存在过错给其造成了损失,应承担相应赔偿责任引发的诉讼。根据案涉《委托贷款协议》为有偿委托贷款合同的性质,依照《合同法》第406条关于"有偿的委托合同,因受托人的过错给委托人造成损失的,委托人可以要求赔偿损失"的相关规定,如果珠江银行在履行案涉委托贷款事务中存在过错,且因此给李某某造成经济损失,李某某有权要求珠江银行承担相应赔偿责任。虽然双方当事人在案涉《委托贷款协议》及相关文书中,包括2012年5月3日李本琼出具的"声明"中约定珠江银行只收取手续费不承担任何风险,由李本琼自行承担所有法律后果,但以上约定的真实意思是以珠江银行正常履行受托义务,妥善完成受托事务为前提,并不包括因珠江银行不当履行受托义务给委托人造成损失后的责任承担。因此,若珠江银行在完成案涉委托事务中存在过错,且由此给李某某造成经济损失,无论该"声明"是否系李某某亲自出具,珠江银行均不能因此免除责任承担,故该"声明"的真伪对本案处理不具有实质性影响,对李某某的鉴定申请,二审法院不予准许。本案现有证据显示,李某某在本案中的抵押权无法实现,主要原因是国土局工作人员李某及李某兵、胡某某涉嫌贷款诈骗所致。李某某主张珠江银行在办理抵押物他项权证过程中存在过失,同时还主张珠江银行未按抵押合同约定要求担保人就案涉土地进行投保致使其贷款无法收回,抵押权亦无法实现,珠江银行应承担违约及赔偿责任。而李某某提供的现有证据难以证明珠江银行在办理抵押登记过程中存在严重违约或明显过错,更不能证明该过错与其所遭受损失之间的因果关系。退一步讲,即使李某某有充分证据证明珠江银行在履行受托义务中存在不当或严重过失,目前李某某的损失亦无法确定。本案中,李某某所遭受的损失应以借款人最终无力清偿的借款数额来确定,但因珠江银行未申请人民法院强制执行其与借款人唐某某之间已生效的民事调解书,唐某某能否清偿债务及清偿数额在执行终结前无法确定。此外,李某某的抵押权不能实现,担保人应否承担相应民事责任,以及公安机关在贷款诈骗案中能否从犯罪嫌疑人处挽回部分损失等,在李某某未向担保人主张民事权利和刑事案件审结之前均难以确定。因此,李某某最终所遭受的实际损失目前尚无法明确。李某某现要求珠江银行给付其借款本息318万元,并支付罚息及违约金413.23万元的诉请,因缺乏事实和法律依据,二审法院不予支持。李某某可在损失数额确定,并有充分证据证明珠江银行在履行委托贷款事务中存在过错的前提下,再行主张权利。针对李某某上诉所称的程序违法问题,二审法院认为,一审法院发现法律文书送达程序不当予以纠正的行为,不属于审判程序违法,也未对李某某的诉讼权利和实体权利造成影响。综上，李某某的上诉理由不能成立，其上诉请求二审法院依法不予支持。一审判决认定事实清楚，审理程序合法，判决结果正确，应予维持。依照《民事诉讼法》第170条第1款第（一）项之规定，判决驳回上诉，维持原判。

围绕当事人的再审请求，最高人民法院对有争议的证据和事实认定如下：

再审中，珠江银行提交了四川省德阳市中级人民法院（2015）德刑二初字第8号刑事判决书、律师见证书各一份作为新证据，拟证明国土局提供了虚假证件导致本案发生，珠江银行是按照程序和规定流程办理的《土地他项权利证明书》。律师见证书系四川君唐律师事务所律师王某、曾某2016年10月14日出具，内容为证明刘某某自愿书写了所附的《关于办理唐某某、李某某300万元委托贷款的土地抵押登记相关说明》一份。该说明落款处有"刘某某"字样，落款时间为2016年10月14日，说明内容为："李某某、唐某某与珠江银行签完相关合同后，本人与胡某某（唐某某姐夫）一起到德阳市旌阳区国土局办理相关登记，旌阳区国土局工作人员李某承接办理。按规定填制完毕相关表格并交付登记资料后，取得了土地他项权证。按银行规定交付风控部门，进入放款流程。"珠江银行称，刘某某为珠江银行与李某某签订《委托贷款协议》时的客户经理。李某某质证认为，对两份证据的真实性不持异议，但不能证明珠江银行主张事项，李某等人确被人民法院判决犯贷款诈骗罪，而且判决书载明李某是私自办理的《土地他项权利证明书》，说明珠江银行没有按照办理规范办理。

经审理，最高人民法院对原判决查明的事实予以确认。另查明：（1）一审庭审笔录载明：案涉《委托贷款协议》《借款合同》及《借款借据》等证据均已经一审质证；李某某、珠江银行均提交了《土地他项权利证明书》作为证据。一审判决书未反映该质证过程。（2）李某某称，因为2012年时有规定，土地不能抵押给个人，只能抵押给金融机构和单位，她才找了珠江银行作为中介机构做委托贷款。珠江银行认可当时存在土地抵押不能登记到个人名下的规定。（3）《委托贷款协议》第12条约定，委托贷款到期，借款人未按时归还的，珠江银行要及时通知李某某，积极向借款人或担保人催收，并代李某某向借款人征收罚息。同时，珠江银行按罚息的20%向李某某加收手续费。《借款合同》第1条约定，借款期限3个月，自2012年5月3日起至8月2日止，贷款利率为月息千分之二十；第4条约定，贷款到期或提前到期，唐某某不能按时还清贷款，珠江银行有权自逾期之日起对贷款本金按当期贷款利率加收200%计收罚息。《借款借据》载明，珠江银行于2012年5月3日向唐某某发放了300万元贷款。李某某称，其主张的罚息及违约金413.28万元（516.54×80%），是在珠江银行向唐某某主张的516.54万元的基础上计算得来，因为按照《委托贷款协议》第12条的约定，罚息中的20%应作为手续费向银行缴纳。四、（2015）德刑二初字第8号刑事判决书载明：德阳市人民检察院指控李某、李某兵伪造《国有土地使用证》《土地他项权利证明书》，应以贷款诈骗罪追究其刑事责任，德阳市人民法院认定李某、李某兵、胡某某三人犯贷款诈骗罪等，其中包括本案以唐某某的名义从珠江银行骗取贷款 300 万元，赃款被三人挥霍一空。

最高法院再审认为：证据的复印件同样可以作为证据提交，一审判决载明李某某提交《土地他项权利证明书》作为证据并无不当。一审中对证据进行了质证，但是在判决书中未论述质证和认证过程，属于判决书制作的不规范问题，如一审法院针对本案先后出具两份判决主文一致但落款时间不一致的判决书，则显属不当，但因并未影响最终的判决结果，李某某以此作为申请再审的理由并不符合《民事诉讼法》第 200 条关于再审的规定，不应予以支持。本案再审的焦点问题为，珠江银行在履行《委托贷款协议》过程中有无过错，应否赔偿李某某的损失。

《合同法》第 406 条规定："有偿的委托合同，因受托人的过错给委托人造成损失的，委托人可以要求赔偿损失。无偿的委托合同，因受托人的故意或者重大过失给委托人造成损失的，委托人可以要求赔偿损失。受托人超越权限给委托人造成损失的，应当赔偿损失。"本案李某某与珠江银行签订的是有偿委托合同，珠江银行依据该委托合同向唐某某发放了 300 万元贷款，唐某某未归还贷款，因土地抵押登记虚假，致李某某亦无法实现债权，造成损失。如珠江银行在履行委托合同的过程中有过错，且该过错与李某某的损失之间有因果关系，珠江银行应对李某某的损失承担相应的赔偿责任。

李某某主张珠江银行在履行《委托贷款协议》过程中的主要过错包括：未按照正常程序办理土地抵押登记致办理了假的《土地他项权利证明书》，未按照约定办理抵押物保险，未及时向法院申请强制执行（2014）德民二初字第 11 号民事调解书。本院认为，土地抵押登记由珠江银行负责办理，在其办理的《土地他项权利证明书》系伪造的情况下，珠江银行应提供证据证明其是按照正常程序规范办理的土地抵押登记，否则应认定珠江银行办理抵押登记有过错。珠江银行未举证证明办理土地抵押登记的正常程序，其所提供的（2015）德刑二初字第 8 号刑事判决书不能反映珠江银行办理案涉《土地他项权利证明书》的过程，刘某某的说明实为证人证言，其无正当理由并未出庭，本院对其证言不予采信。且律师见证书及所附的刘某某的相关说明也只是说明刘某某到国土局，由李某为其办理案涉业务，"按规定填制完毕相关表格并交付登记资料后，取得了土地他项权证"，不能反映出其办理土地抵押登记的具体过程符合办理规范。李某某称，因为国土局当时不办理以自然人为抵押权人的土地抵押登记，其才通过银行向唐某某委托贷款，珠江银行也承认国土局当时不办理以自然人为抵押权人的土地抵押登记属实。在这样的情况下，珠江银行更应尽到受托人对土地抵押登记的注意义务，按照正常程序规范办理抵押登记。珠江银行未能证明其是按照正常程序规范办理的抵押登记，应认定其在办理抵押登记的过程中有过错。

此外，珠江银行与借款人签订的抵押合同明确约定，借款人要根据珠江银行的要求办理抵押物保险，但珠江银行未要求借款人办理抵押物保险。本案贷款发放的时间为 2012 年 5 月 3 日，办理抵押登记的时间为 2012 年 5 月 4 日，如珠江银行在办理土地抵押登记时完全按照规范办理,并按照约定要求借款人办理抵押物保险,应可以及时发现抵押物虚假的情况,并采取收回贷款等措施防止实际损失的发生或减轻损失的程度。也因为如此,李某某的"声明"即使属实,亦不能成为珠江银行免责的依据。二审法院认为该"声明"的真伪对本案处理不具有实质性影响,对李某某的鉴定申请未予准许亦无不当。珠江银行是否及时申请强制执行,与李某某在本案所主张的损失没有因果关系。

珠江银行未按照规范办理土地抵押登记及未按照约定办理土地保险,与李某某的损失发生有因果关系,但形成李某某损失的主要原因系李某等三人以贷款诈骗而虚构抵押物,致李某某未能通过处置抵押物实现债权。《委托贷款协议》中明确约定了抵押物,且约定李某某自行对担保的合法性和可靠性等进行审查,并承担相应责任。李某某本人在签订《委托贷款协议》前未发现抵押物系虚构,对其损失亦应承担相应的责任,珠江银行未能按照规范办理土地抵押登记,按照其过错程度,对李某某的损失应承担20%的赔偿责任。案涉借款合同约定的合同期内月利率为千分之二十,逾期再加收200%的罚息远超过中国人民银行公布的金融机构人民币贷款基准利率的4倍。关于案涉《借款合同》的签订,根据《关于人民法院审理借贷案件的若干意见》[法(民)〔1991〕21号]第6条的规定,民间借贷的利率可以适当高于银行的利率,各地人民法院可根据本地区的实际情况具体掌握,但最高不得超过银行同类贷款利率的4倍(包含利率本数)。超出此限度的,超出部分的利息不予保护。据此,对李某某所主张的损失中超出中国人民银行公布的金融机构人民币贷款基准利率四倍的部分不予保护。故李某某的损失为:本金及合同期内的利息损失共计318万元,合同期外的损失以300万元为基数,按照中国人民银行公布的金融机构人民币贷款基准利率的4倍计算,自2012年8月3日起至珠江银行实际给付之日止。珠江银行对前述李某某损失的20%承担赔偿责任。

李某某未能依约收回本金和利息,其损失已经实际发生,珠江银行对其过错给李某某造成的损失,应承担相应的责任。原审认为在珠江银行申请强制执行、公安机关从犯罪嫌疑人处挽回的损失确定后才能确定损失,李某某才能向珠江银行主张赔偿损失,系为《合同法》第406条规定的委托人向有过错的受托人请求赔偿损失设置了不当的前提条件,属于适用法律确有错误,本院予以纠正。

综上所述,李某某的部分再审申请理由成立,最高人民法院依照《中华人民共和国民事诉讼法》第207条第1款、第170条第1款第2项、《中华人民共和国合同法》第406条的规定,判决如下:

撤销四川省德阳市中级人民法院(2014)德民二初字第40号民事判决和四川省高级人民法院(2015)川民终字第73号民事判决;

广汉珠江村镇银行股份有限公司于本判决生效之日起10日内对李某某的损失承担20%的赔偿责任,李某某的损失为318万元加上自2012年8月3日起的损失(以300万元为基数,按照中国人民银行公布的金融机构人民币贷款基准利率的4

倍计算至广汉珠江村镇银行股份有限公司实际给付之日止)。

如果未按本判决指定的期间履行给付金钱义务,应当依照《中华人民共和国民事诉讼法》第253条规定,加倍支付迟延履行期间的债务利息。

二审案件受理费各62 990元,由李某某负担80%,广汉珠江村镇银行股份有限公司负担20%。

四、规则适用

(一) 《贷款通则》与《合同法》法条竞合

《贷款通则》自1996年8月1日起施行,尚未被正式文件废止。其第7条第2款规定:"委托贷款,系指由政府部门、企事业单位及个人等委托人提供资金,由贷款人(即受托人)根据委托人确定的贷款对象、用途、金额、期限、利率等代为发放、监督使用并协助收回的贷款。贷款人(受托人)只收取手续费,不承担贷款风险。"该案中,珠江银行在协议签署和答辩中,主要依据的法律即是这一条。

《合同法》自1999年10月1日起施行,其第406条规定,"有偿的委托合同,因受托人的过错给委托人造成损失的,委托人可以要求赔偿损失"。

"李某某与广汉珠江村镇银行股份有限公司委托合同纠纷案"中委托贷款协议同时受到两部法律调整,二者存在法条竞合。《贷款通则》由中国人民银行制定,《合同法》由全国人民代表大会制定,根据上位法优于下位法、新法优于旧法的原则,《合同法》第406条应取代《贷款通则》第7条第2款的规定,最高人民法院在该案中的态度亦是如此。

(二) 企业间"民间借贷"已得到法律认可

"李某某与广汉珠江村镇银行股份有限公司委托合同纠纷案"中贷款人李某某和借款人唐某某均为自然人,尚不涉及新旧"民间借贷"的颠覆性变革。但企业间借贷已成为一种普遍现象,在新规定出台前,企业间借贷必须通过委托贷款形式,随着新法出台,该种模式已不是必然。

《关于人民法院审理借贷案件的若干意见》1991年7月2日通过,其第1条规定:"公民之间的借贷纠纷,公民与法人之间的借贷纠纷以及公民与其他组织之间的借贷纠纷,应作为借贷案件受理。"《最高人民法院关于审理民间借贷案件适用法律若干问题的规定》自2015年9月1日起施行,其第1条规定,"本规定所称的民间借贷,是指自然人、法人、其他组织之间及其相互之间进行资金融通的行为"。其明确了企业相互之间借贷的合法性,为企业间"民间借贷"提供了新的模式。

五、风控提示

(一) 合理设计委托贷款合同条款,妥善转移风险

在委托贷款合同中,商业银行将全部风险转移给受托人的约定无效。因此,在

签订委托贷款合同时，商业银行应当依照法律法规，合理设计相关的合同条款。具体而言，除了委托贷款合同必备的条款外，还应当在与委托人充分协商的基础上，明确约定商业银行权利和义务、商业银行处理委托贷款事务时的权限范围、贷款不能收回时的免责事由等。

（二）履行好受托人的职责，保证贷款的安全

《合同法》第406条规定，有偿的委托合同，因受托人的过错给委托人造成损失的，委托人可以要求赔偿损失。因此，在受托人未尽到审查义务等情况下，委托人可以对无法偿还的借款要求受托人承担责任。而最高人民法院的司法态度则进一步认为银行发放委托贷款也要承担风险，全部风险由委托人承担的约定无效。因此，商业银行在委托贷款合同中，应当履行好受托人应尽的注意义务。而且，商业银行作为具有经营性质的贷款人，比一般受托人具有更强的发放贷款、保证贷款安全的能力。商业银行应当充分利用自身的资源优势，对借款人的财务状况和借款的使用情况进行监控，及时向委托人汇报相关的情况，严格按照具体操作流程办理各项业务，并留存好相关的证据材料，保证贷款的安全，避免自身的损失。

六、法律依据

- 《中华人民共和国合同法》（全国人民代表大会发布，1999年10月1日实施，法宝引证码：CLI.1.21651）

第四百零六条 【受托人的损害赔偿责任】有偿的委托合同，因受托人的过错给委托人造成损失的，委托人可以要求赔偿损失。无偿的委托合同，因受托人的故意或者重大过失给委托人造成损失的，委托人可以要求赔偿损失。

受托人超越权限给委托人造成损失的，应当赔偿损失。

- 《贷款通则》（中国人民银行发布，1996年8月1日实施，法宝引证码：CLI.4.18161）

第七条 自营贷款、委托贷款和特定贷款：

自营贷款，系指贷款人以合法方式筹集的资金自主发放的贷款，其风险由贷款人承担，并由贷款人收回本金和利息。

委托贷款，系指由政府部门、企事业单位及个人等委托人提供资金，由贷款人（即受托人）根据委托人确定的贷款对象、用途、金额、期限、利率等代为发放、监督使用并协助收回的贷款。贷款人（受托人）只收取手续费，不承担贷款风险。

特定贷款，系指经国务院批准并对贷款可能造成的损失采取相应补救措施后责成国有独资商业银行发放的贷款。

02 【银行履行风险揭示义务，对格式条款作出说明，则委托理财合同不得因重大误解或显失公平而被撤销】
吴某某与渣打银行（中国）有限公司上海浦西支行委托理财合同纠纷上诉案

一、实务规则

［委托理财合同］银行委托理财合同存在一定的风险，消费者在追求高收益的同时应当谨慎，对存在的风险作出评估与预计。银行履行风险揭示义务，对格式条款作出说明，消费者对此理解，双方签订的委托理财合同是真实意思之表示，合同成立并生效，不得因重大误解或显失公平而撤销该合同。

二、规则解读

随着金融业的蓬勃发展，银行理财产品层出不穷，面目繁多。但是，银行理财产品存在着金融风险，高收益的背后往往隐藏着高风险，由于商业银行理财业务往往存在着未尽风险提示及后续信息披露义务等问题，容易造成消费者利益受损。因此，银行应认真履行说明义务，规范操作，使消费者知晓相应风险，确保合同的真实有效。

三、案情概述

（一）案情简介

案例名称：吴某某与渣打银行（中国）有限公司上海浦西支行委托理财合同纠纷上诉案

案例来源：《人民司法·案例》2009年第16期

案号：（2008）沪二中民三（商）终字第509号

关键词：委托理财合同　说明义务　重大误解　显失公平

具体案情：

2007年5月17日，吴某某购买了渣打银行（中国）有限公司上海浦西支行（以下简称"渣打银行浦西支行"）"金猪宝贝"理财产品。该产品挂钩美国上市的4家股票，包括雅培、美泰玩具、迪士尼和儿童天地等，设计于2009年12月3日到期，为投资者提供100%本金保障；投资者每半月可在指定赎回日根据届时公布的赎回价格提前赎回。吴某某在渣打银行浦西支行分别在《个人理财适应性测试》《投资确认声明》《市场联动系列客户协议》《动态回报投资——市场联动系列（股票挂钩投资账户）》《开户申请表》等文本上签字，并投入人民币10万元。其中，在《动态回报投资——市场联动系列（股票挂钩投资账户）》中有如下风险提示：股票挂钩投资账户只有在持有至到期日时才能保障本金，客户提前提取会对本金和收益产生相应影响，银行有权从本金及相应收益减扣提前终止费用，本次投资收到的实际回报可能低于预期水平，本理财计划有投资风险，只能获得合同明确的承诺收益。客户声明：本人确认已阅读并签署了《市场联动系列客户协议》《动态回报投资条款及细则》《市场联动系列附加条款及细则》，并同意受该等协议所规限，本人明白本次投资申请只有当银行确认申请成功方能生效。投资指令：本人已完成《适应性评估测试》和《投资确认声明》。本人确认并抄录风险提示（系银行人员抄录，印刷体字样为本人已经阅读上述风险提示，充分了解并清楚知晓本产品的风险，愿意承担相关风险），本人确认投资金额为人民币 100 000 元，授权银行从账户中划转同等金额开立投资账户，在到期日，将本金及收益存入此结算账户，该账户同时作为提前赎回的指定结算账户，上述投资指令信息完整正确无误。

2007 年 5 月 30 日，渣打银行浦西支行向吴某某出具交易确认书，确认吴某某已开立市场联动系列投资帐户，同时要求吴某某在 7 日内就确认书内容提出异议，说明确认书受相关协议所规限。

2008 年 3 月 28 日、4 月 10 日，渣打银行浦西支行因吴某某反映的投资收益、提前赎回计算公式、银行文件的法律合规性等问题致函吴某某，称：因受美国次贷危机等影响，该理财产品目前收益为零。2008 年 4 月 16 日，吴某某向上海市黄浦区人民法院提起诉讼，请求撤销双方签订的理财产品合同；渣打银行（中国）有限公司（以下简称"渣打银行"）向其赔偿经济损失 3 500 元。

（二）审理要览

上海市黄浦区人民法院经审理认为：本案的争议焦点在于"金猪宝贝"理财产品合同是否构成重大误解及可撤销的情形，吴某某的诉请能否得到支持。

重大误解是指误解人作出意思表示时，对决定合同所设定之权利义务的重要事项在认识上存在明显的缺陷，从而严重影响到该当事人所期待的合同权利义务，甚至不能实现缔约的目的。吴某某签字的合同文本内容对于理财产品投资的目标、确认方式、指示交易及风险提示等方面的文字表述并无歧义，足以达到签约人理解的程度。吴某某主张合同部分内容是渣打银行浦西支行强加而并非自己的真实意思表示，并且自己对此有重大误解，对此，应从当事人的举证中进行分析。第一，《个人理财适应性测试》及《投资确认声明》作为签约前吴某某表达投资意思的形式，其在不了解测试内容、没有确认项目及进行选择的情况下即在上面签字，显不合常理，而其所述银行事后操作并无证据佐证。第二，《市场联动系列客户协议》及股票投资账户表明双方已就投资理财设定权利义务达成一致并认同合同生效条件为银行采取书面确认方式。附生效条件的合同，自条件成就时生效。渣打银行浦西支行其后以交易确认书的形式开立投资账户，双方理财产品合同即成立并生效，吴某某有权在 7 日内就确认书内容提出异议。至于合同文本存放何方，并不影响双方的合同的效力。第三，按合同及原银行监督管理委员会上海监管局（以下简称"上海银监局")备案要求合同风险提示需客户自行抄写,渣打银行浦西支行虽代为抄写存在瑕疵,但最终是否认同须由吴某某签字确认,渣打银行浦西支行的瑕疵行为并不必然导致可撤销合同原因的产生。至于吴某某称合同所附相关条款及细则均未看到,对其内容并不知晓等情节,因原告作为投资权利人,其有权在合同约定的范围内向相对方主张权利,但吴某某对于相关合同文本注明已收到并未对相关条款及细则的字样提出异议,因此吴某某未能举证证明该事实成立,法院对此难以采信。

综上,上海市黄浦区人民法院依照《合同法》第45条第1款、第54条第1款第(一)项、第60条之规定,判决驳回吴某某的诉讼请求。

吴某某不服一审判决,向上海市第二中级人民法院提起上诉,请求撤销原审判决,改判支持其诉讼请求。上诉理由如下:①购买"金猪宝贝"理财产品的协议显失公平。主要表现在:被上诉人没有详细说明投资风险,风险提示由其工作人员抄写,违反有关银行规定;上诉人在合同上签字时,被上诉人没有出示全部合同条款;交易确认书上关于样本股票的内容用英文书写,以确认书形式确立合同生效系"霸王条款";合同签字文本只有一套,由被上诉人保存;②上诉人购买"金猪宝贝"理财产品,系重大误解。按照被上诉人向上海银监局的备案,该产品销售的客户群主要定位于工薪白领及中小企业主。被上诉人向上诉人推销该产品,显属不当。综上,系争委托理财合同应予撤销,被上诉人应返还资金并赔偿损失。

对此,上海市第二中级人民法院经审理认为:上诉人提出要求撤销系争"金猪宝贝"理财产品合同的两项理由,均不能成立。关于是否构成显失公平的问题,应根据合同签订时的客观要件和主观要件进行判断。

被上诉人推出"金猪宝贝"理财产品,事前曾向银行监管部门备案。合同系列文本中格式条款的各主要部分,文字表述并无歧义,可以达到投资者理解的程度。作为到期保本型的理财产品,其收益结构、提前赎回的计算方法等内容,没有导致该项投资业务关系中委托人与受托人的利益失衡,更无免除受托人过错责任和主要义务的违法条款。被上诉人于2007年5月30日以发送确认书形式确认合同生效,此合同生效方式在此前由上诉人签署的《动态回报投资——市场联动系列(股票挂钩投资账户)》中已有载明,法律亦不禁止以此方式订立合同或确认合同生效。合同文本有几份以及由哪方持有,并不影响合同的效力。若被上诉人需要,可向上诉人索取复印件。因此在客观要件方面,系争合同在形式上、内容上均未失公平要素。

从主观要件分析,一方面,投资者对于金融理财产品的投资风险相比较银行储蓄本应有相当的估计,对于特定投资产品的盈亏预期,也应当作出合理的判断。另一方面,银行不得利用优势地位订立不公平的格式条款,同时还应履行必要的告知义务。本案中,上诉人在投资决策前已经过了被上诉人的相应测试,上诉人所选取的理财产品特点与测试结果相符。上诉人签署的《投资确认声明》已将投资风险予以揭示,上诉人本人虽未亲自抄录确认风险提示,但其在同一页上签名以及在《投资确认声明》上签名的事实，足以佐证上诉人已履行了风险告知义务。就上诉人称其未看到合同条款就签字一节，本院注意到，《动态回报投资——市场联动系列（股票挂钩投资账户）》的签名页上，并无关于理财产品特点、构成、收益支付、提前终止等内容记载，而作为一名理财委托人，在未看到理财产品内容的情况下就草率签字，显然不符合投资者应有的谨慎态度，从上诉人投资保本型理财产品的行为来看，更是难以想象。因此，在主观要件方面，上诉人所称的显失公平的理由，同样难以成立。

关于是否构成重大误解的问题，上诉人的理由是被上诉人将不属于"金猪宝贝"理财产品的销售群作为推销对象，违反备案文件。但备案程序并非审批程序，且"主要定位于工薪白领以及中小企业主"，但并不是仅限于指该类人群，因此，只要委托理财合同签约人的意思表示真实，在销售对象方面，不存在重大误解的问题。

综上所述，系争委托理财合同的签订和履行系双方当事人的真实意思表示，该合同不违反法律法规的强制性规定，当属合法有效。原审判决认定事实清楚，适用法律正确，应予维持。上诉人的上诉理由缺乏事实和法律依据，不予支持。二审判决驳回上诉，维持原判。

四、规则适用

（一）银行的说明义务

近年来，金融理财产品花样繁多，但是各种委托理财合同本质都是一种格式合同，目的在于提高效率，节约缔约成本。但是，由于格式条款是由使用者单方事先拟定的，对方只能接受而无法协商改变，因此，这就很有可能造成双方权利义务失衡，侵害消费者的权利。因此，对于格式合同的使用者，法律课以其说明义务。

根据《中华人民共和国合同法》（以下简称《合同法》）第 39 条第 1 款的规定，格式条款使用人只需以合理方式提请合同相对人注意免除或限制其责任的条款，对于其他格式条款并不需要提请合同相对人注意。但多数学者认为，任何格式条款都应当由使用人向相对人提请注意，对于格式化的免责条款，条款的制定人应当尽到更高的提请注意的义务。在合同相对人的要求下，格式条款使用人负有予以说明的义务。[1]

而 2015 年修订的《中华人民共和国保险法》（以下简称《保险法》）第 17 条规定："订立保险合同，采用保险人提供的格式条款的，保险人向投保人提供的投保单应当附格式条款，保险人应当向投保人说明合同的内容。"

对保险合同中免除保险人责任的条款，保险人在订立合同时应当在投保单、保

---

[1] 参见王洪亮：《债法总论》，北京大学出版社 2016 年版，第 59 页。

险单或者其他保险凭证上作出足以引起投保人注意的提示，并对该条款的内容以书面或者口头形式向投保人作出明确说明；未作提示或者明确说明的，该条款不产生效力。对于银行委托理财合同，银行应尽与保险合同类似程度的说明义务，而不仅仅只是提醒消费者注意。因为理财产品与商业保险具有很大的类似性，都属于金融消费品。那么，提醒与说明义务的标准为何？

《最高人民法院关于适用〈中华人民共和国合同法〉若干问题的解释（二）》第6条第1款规定，"提供格式条款的一方对格式条款中免除或者限制其责任的内容，在合同订立时采用足以引起对方注意的文字、符号、字体等特别标识，并按照对方的要求对该格式条款予以说明的，人民法院应当认定符合合同法第三十九条所称'采取合理的方式'"。《最高人民法院关于适用〈中华人民共和国保险法〉若干问题的解释（二）》第11条也规定："保险合同订立时，保险人在投保单或者保险单等其他保险凭证上，对保险合同中免除保险人责任的条款，以足以引起投保人注意的文字、字体、符号或者其他明显标志作出提示的，人民法院应当认定其履行了保险法第十七条第二款规定的提示义务。"

保险人对保险合同中有关免除保险人责任条款的概念、内容及其法律后果以书面或者口头形式向投保人作出常人能够理解的解释说明的，人民法院应当认定保险人履行了《保险法》第17条第2款规定的明确说明义务。银行在委托理财合同上的提醒与说明义务可以类推适用这两项标准，根据具体情形，予以弹性变更。

在本案中，"金猪宝贝"理财产品，事前曾向银行监管部门备案。双方签订的委托理财合同文本中格式条款的各主要部分，文字表述并无歧义，可以达到投资者理解的程度。理财产品的收益结构、提前赎回的计算方法等内容，也没有导致该项投资业务关系中委托人与受托人的利益失衡，更无免除受托人过错责任和主要义务的违法条款；渣打银行也履行了必要的告知义务。上诉人在投资决策前已经过了被上诉人的相应测试，其所选取的理财产品特点与测试结果相符。上诉人签署的《投资确认声明》已将投资风险予以提示，尽管本人未亲自抄录风险提示，但其在同一页上签名以及在《投资确认声明》上签名的事实，足以佐证渣打银行已履行了风险告知义务。银行工作人员代抄虽不符合工作要求，在履行提示风险的程序性义务上存在一定瑕疵，但未达到违反告知义务的严重程度。上诉人吴某某的签字确认，亦表明其在缔约时已认识到该委托理财产品存在一定的商业风险。法院据此认定，银行已经履行了风险告知义务，委托理财合同是双方的真实意思表示，该合同合法有效。

（二）重大误解和显失公平

既然合同是双方真实意思的表示，就不会存在重大误解和显失公平。

1. 重大误解

根据《中华人民共和国民法通则》（以下简称《民法通则》）59条第1款的规

定，行为人对行为内容有重大误解的，可以请求法院变更或撤销该民事行为。《合同法》第 54 条第 1 款规定与之类似。并非所有的误解均可发生撤销权，可发生者仅限于重大误解。根据《最高人民法院关于贯彻执行〈中华人民共和国民法通则〉若干问题的意见（试行）》（以下简称《民通意见》）第 71 条的规定，行为人因对行为的性质、对方当事人、标的物的品种、质量、规格和数量等的错误认识，使行为与自己的意思相悖，并造成较大损失的，可以认定为重大误解。① 《民法通则》和《合同法》的规定，也基本被最新生效的《中华人民共和国民法总则》（以下简称《民法总则》）所吸收。根据《民法总则》第 147 条的规定，行为人有权请求人民法院或者仲裁机构撤销因重大误解而实施的民事法律行为。

在银行委托理财合同的签订过程中，委托人能否做出符合内心意愿的意思表示，一方面依赖于银行进行全面、准确的信息披露，另一方面依赖本人应承担的审慎注意义务。具体在本案，委托人做过个人理财适应性测试，该测试能够证明委托人足以认知自己的行为并意识到该行为的后果，且受托人给予了委托人较为合理的确认其行为有效性的思考时间，但后者并未在此时间内提出异议。委托人以重大误解主张撤销合同难以成立。②

2. 显失公平

《民通意见》第 72 条规定："一方当事人利用优势或者利用对方没有经验，致使双方的权利义务明显违反公平、等价有偿原则的，可以认定为显失公平。"也就是说，显失公平包含了两个要件，手段不合法，结果不公平。在本案中，据前所述，委托代理合同并无权利义务失衡的情形，那么，银行是否利用了委托人没有相关经验的情形呢？在本案中，银行提供了测试，对相关风险进行了说明，并且委托人也签署了声明。同时，银行还给予了委托人 7 天的确认时间，而委托人也没有提出异议。因此，合同并不存在显失公平的情况。理财产品未获得预期收益，这是市场经济的自发体现，是由于市场经济的上下波动造成的收益变化，这与显失公平没有关联。任何一个主体在进入交易程序之前，应当了解有关标的物的一些重要信息，为参与交易做好准备。如果认可当事人可以无特别经验为由申请撤销合同，必然会放纵一些人不做任何准备，轻率交易，后因交易对自己不利而以显失公平为由请求撤销或变更合同，最终将导致市场交易秩序的不稳定，破坏交易安全。本案商业银行代替客户抄写风险提示，虽有瑕疵，但最终确认仍需吴某某本人签名。本案上诉人吴某某作为风险投资者，应当具备基本的审慎态度，尤其在签名确认某项具有权利义务内容的文件时，更应有合理的谨慎态度。③ 值得一提的是，在最新施行的《民法总则》第 151 条中，"乘人之危"于"显失公平"两者建立起了一种逻辑关系，

---

① 参见韩世远：《合同法总论》，法律出版社 2011 年版，第 197 页。
② 参见李晗：《银行法判例与制度研究》，法律出版社 2015 年版，第 258 页。
③ 参见李晗：《银行法判例与制度研究》，法律出版社 2015 年版，第 259 页。

但是这种关系不是"乘人之危"条款和"显示公平"条款的简单叠加。该条款的真正落脚点仍在于"显失公平",其价值在于维护公平秩序。一方面,虽然乘人之危之行为本就具有可责难性,但身处围困者为摆脱危困境地,亦本就有着更强的交易需求和动机。民事法律行为系为摆脱危困处境而自愿作出还是被他人恶意利用而被迫做出,难以判别,内心真意需要凭借外部的客观表现来判断。另一方面,市场交易双方实力不均乃是常态,交易本质在于取长补短、互通有无。凭空谈论市场交易行为是否正当、是否构成对弱势方的恶意利用,难以令人信服。因此,通过以是否显失公平为客观标准,以维护公平秩序为价值侧重,更具可行性,也可避免对意思自治空间的不当侵入和对交易安全的无端破坏。以此标准来看,系争合同也不属于显失公平的合同,因为签订过程中不存在乘人之危,而最终没有收益的结果也非"显失公平",而是正常的市场活动。因此,合同不得撤销。

五、风控提示

(一)银行应健全产品设计管理机制

商业银行应本着符合客户利益和风险承受能力的原则,根据客户分层和目标客户群的需求,审慎、合规地开发设计理财产品,做到合理合法。注意避免使用带有诱惑性、误导性和承诺性的称谓和蕴含潜在风险或易引发争议的模糊性语言。在本案中,渣打银行浦西支行提供的"金猪宝贝"理财产品,事前曾向银行监管部门备案,合同条款的文字表述并无歧义,可以达到投资者理解的程度,一定程度上可以避免争议的产生。

(二)银行应做好客户评估,履行提醒与说明义务

由于金融理财产品存在一定的风险,银行应对客户做好评估工作。了解客户的风险偏好、风险认知能力和承受能力,评估客户的财务状况,提供合适的投资产品由客户自主选择。妥善保存有关客户评估和顾问服务的记录,保管好客户资料和其他文件资料。

针对合同中的格式条款,银行应尽到必要的提醒与说明义务。如理财产品的风险内容,应当做出一定的明示,采用足以引起对方注意的文字、符号、字体等特别标识,并且对此予以说明。如果合同中还存在责任免除条款的,更应对此作出相应的提示和特别说明,使对方在了解的情况下签订合同,由此确保合同的真实有效。在本案中,被上诉人不仅对风险进行了提示说明,还提供了评估测试,这就确保了委托人的知情权利,尽到了自己的告知义务,保证了双方合同的真实有效性。委托人无权以重大误解和显失公平为由,要求撤销合同。如果银行未尽到告知义务,未提示相应风险,很可能会危及合同的效力,合同可能因重大误解而被撤销,有过错一方还应当承担缔约过失责任。

（三）加强培训管理，规范程序操作

银行应当按相关规章，加强对理财业务人员的培训管理，对理财业务人员进行持续专业培训和职业操守教育，重视程序操作，避免出现代写、代签等违规操作。确保委托理财合同是双方真实意思的表达。

六、法律依据

- 《中华人民共和国民法总则》（全国人民代表大会发布，2017年10月1日实施，法宝引证码：CLI.1.291593）

第一百四十七条　基于重大误解实施的民事法律行为，行为人有权请求人民法院或者仲裁机构予以撤销。

第一百五十一条　一方利用对方处于危困状态、缺乏判断能力等情形，致使民事法律行为成立时显失公平的，受损害方有权请求人民法院或者仲裁机构予以撤销。

- 《中华人民共和国合同法》（全国人民代表大会发布，1999年10月1日实施，法宝引证码：CLI.1.21651）

第八条　【依合同履行义务原则】依法成立的合同，对当事人具有法律约束力。当事人应当按照约定履行自己的义务，不得擅自变更或者解除合同。

依法成立的合同，受法律保护。

第三十三条　【确认书与合同成立】当事人采用信件、数据电文等形式订立合同的，可以在合同成立之前要求签订确认书。签订确认书时合同成立。

第三十九条　【格式合同条款定义及使用人义务】采用格式条款订立合同的，提供格式条款的一方应当遵循公平原则确定当事人之间的权利和义务，并采取合理的方式提请对方注意免除或者限制其责任的条款，按照对方的要求，对该条款予以说明。

格式条款是当事人为了重复使用而预先拟定，并在订立合同时未与对方协商的条款。

第四十二条　【缔约过失】当事人在订立合同过程中有下列情形之一，给对方造成损失的，应当承担损害赔偿责任：

（一）假借订立合同，恶意进行磋商；

（二）故意隐瞒与订立合同有关的重要事实或者提供虚假情况；

（三）有其他违背诚实信用原则的行为。

第五十四条　【可撤销合同】下列合同，当事人一方有权请求人民法院或者仲裁机构变更或者撤销：

（一）因重大误解订立的；

（二）在订立合同时显失公平的。

一方以欺诈、胁迫的手段或者乘人之危，使对方在违背真实意思的情况下订立

的合同，受损害方有权请求人民法院或者仲裁机构变更或者撤销。

当事人请求变更的，人民法院或者仲裁机构不得撤销。

第六十条 【严格履行与诚实信用】当事人应当按照约定全面履行自己的义务。

当事人应当遵循诚实信用原则，根据合同的性质、目的和交易习惯履行通知、协助、保密等义务。

- 《最高人民法院关于适用〈中华人民共和国合同法〉若干问题的解释（二）》（最高人民法院发布，2009年5月13日实施，法宝引证码：CLI.3.116926）

第六条 提供格式条款的一方对格式条款中免除或者限制其责任的内容，在合同订立时采用足以引起对方注意的文字、符号、字体等特别标识，并按照对方的要求对该格式条款予以说明的，人民法院应当认定符合合同法第三十九条所称"采取合理的方式"。

提供格式条款一方对已尽合理提示及说明义务承担举证责任。

- 《商业银行个人理财业务管理暂行办法》（原中国银行业监督管理委员会发布，2005年11月1日实施，法宝引证码：CLI.4.60172）

第三十七条 商业银行利用理财顾问服务向客户推介投资产品时，应了解客户的风险偏好、风险认知能力和承受能力，评估客户的财务状况，提供合适的投资产品由客户自主选择，并应向客户解释相关投资工具的运作市场及方式，揭示相关风险。

商业银行应妥善保存有关客户评估和顾问服务的记录，并妥善保存客户资料和其他文件资料。

- 《商业银行个人理财业务风险管理指引》（原中国银行业监督管理委员会发布，2005年11月1日实施，法宝引证码：CLI.4.60173）

第二十二条 商业银行向客户提供财务规划、投资顾问、推介投资产品服务，应首先调查了解客户的财务状况、投资经验、投资目的，以及对相关风险的认知和承受能力，评估客户是否适合购买所推介的产品，并将有关评估意见告知客户，双方签字。

第二十四条 客户评估报告认为某一客户不适宜购买某一产品或计划，但客户仍然要求购买的，商业银行应制定专门的文件，列明商业银行的意见、客户的意愿和其他的必要说明事项，双方签字认可。

第六章　侵权纠纷

01【公共场所的管理人未尽注意义务导致他人损害的，应该承担赔偿责任】
阔某某诉招商银行股份有限公司上海金桥支行公共场所管理人责任纠纷案

一、实务规则

[公共场所管理人责任] 公共场所的管理人负有保障他人安全的注意义务，未尽到该注意义务导致他人损害的，应该承担赔偿责任。

二、规则解读

宾馆、商场、银行、车站、娱乐场所等公共场所的管理人或者群众性活动的组织者有义务保障他人的安全，未尽到安全保障义务，造成他人损害的，应当承担侵权责任。若该损害是由第三人的行为造成的，由第三人承担侵权责任，但管理人或者组织者未尽到安全保障义务的，承担相应的补充责任。

三、案情概述

（一）案情简介

案例名称：阔某某诉招商银行股份有限公司上海金桥支行公共场所管理人责任纠纷案

案例来源：中国裁判文书网

案号：（2013）浦民一（民）初字第24824号

关键词：公共场所管理人　安全保障义务　简易程序

具体案情：

2012年9月12日上午8时59分，阔某某进入招商银行股份有限公司上海金桥支行（以下简称"招商银行金桥支行"）营业厅，经过防滑垫刚踏入大理石材质的地面时因左脚打滑而摔倒在营业厅的防滑垫上。招商银行金桥支行保安发现后上来搀扶，工作人员也上前进行慰问并拨打120急救电话。随后，阔某某被送往上海市浦东新区公利医院就诊。阔某某于2012年9月18日至2012年10月11日，在上海市东方医院住院治疗了23天；2013年1月17日至2013年1月29日，在苏州市中医医院住院治疗了12天。此外，阔某某因抑郁症先后于2013年1月29日至2013年3月28日和2013年4月4日至2013年6月14日，在苏州市广济医院住院治疗59天和71天。阔某某共计花去医疗费65 068.65元，其中包含无病历对应的医疗费金额为408.60元（包含上海市精神卫生中心费用110.50元），因抑郁症在苏州市广济医院两次住院花去19 852.92元（内含医保基金给付18 499.27元），其他医保基金结付3 833.54元。招商银行金桥支行为阔某某垫付医疗费523.60元。阔某某支出伙食费550元。

司法鉴定科学技术研究所司法鉴定中心对阔某某的伤情进行鉴定。该鉴定中心于2013年10月16日出具鉴定意见书，鉴定意见为被鉴定人阔某某因故致左股骨颈骨折，后遗左下肢功能障碍相当于道路交通事故十级伤残。伤后一期治疗休息270日，护理120～150日，营养90日；今后若行二期治疗，则休息30日，护理15日，营养15日。阔某某支出鉴定费2 400元。

阔某某户籍所在地为钱万里桥街（已撤销）某某号，户别为家庭户。原告与苏州某某有限公司签订了劳动合同。苏州某某有限公司于2013年11月10日出具证明，证明阔某某为该公司聘用的员工，每月工资2 000元，2012年9月在上海发生交通事故起请假休养至今，请假期间单位未发工资。

（二）审理要览

上海市浦东新区人民法院对该案适用简易程序，经审理认为，根据《中华人民共和国侵权责任法》（以下简称《侵权责任法》）的规定，银行作为公共场所的管理人，没有尽到应尽的安全保障义务，造成他人损害的，应当承担侵权责任。招商银行金桥支行提供的事发当时的监控录像显示：阔某某从大厅入口的防滑垫刚踏入大理石材质的地面时因脚底打滑而发生摔倒事故，其作为成年人未能注意自身安全是造成本起事故的主要原因。同时，招商银行上海金桥支行铺设的光滑的大理石材质地面也是导致阔某某摔倒的因素之一。因此，根据本案的实际情况，法院酌情确定招商银行金桥支行对阔某某的损失承担30％的赔偿责任。

具体的赔偿费用包括：①医疗费。根据原告提供的病历以及医疗费发票，法院认为原告在上海市精神卫生中心的治疗费用、无病历印证的医疗费、在苏州市广济医院住院治疗抑郁症的费用以及由医保部门给付的费用不能作为因本起事故造成的原告损失，确定原告合理医疗费为40 973.59元。②护理费。原告主张6 600元，符合法律规定，予以确认。③营养费。原告主张4 200元，符合法律规定，予以确认。④误工费。原告提供的证据可以证明其存在误工损失，其主张20 000元，予以确认。⑤住院伙食补助费。原告主张550元，于法不悖，予以确认。⑥残疾赔偿金。原告要求按照城镇居民标准计算残疾赔偿金，本院予以准许，根据原告年龄以及定残日期，原告残疾赔偿金应为68 319.60元（40 188元×17年×0.1）。⑦精神损害抚慰金。原告主张5 000元，符合法律规定。⑧鉴定费。原告主张2 400元，予以确认。⑨交通费。本院根据原告就诊记录酌情确定500元。⑩律师费。原告主张5 000元，予以确认。综上所述，上述费用共计153 543.19元，被告应当赔偿原告损失的30%，计46 062.96元。该费用与被告垫付的医疗费523.60元相抵扣，被告还应当赔偿原告45 539.36元。

四、 规则适用

（一） 关于公共场所管理人的安全保障义务

根据《侵权责任法》第37条的规定，宾馆、商场、银行、车站、娱乐场所等公共场所的管理人或者群众性活动的组织者应当保障他人的人身和财产安全。如果安全保障义务人没有尽到应尽的注意义务，应当承担相应的侵权责任或者补充责任。该安全保障义务的构成要件包括：

（1）承担责任的主体是公共场所的管理人或者是群众性活动的组织者，而不是任何其他民事主体。

（2）安全保障义务人因自身过错而未尽到安全保障注意义务。司法实践中，判断义务人是否尽到安全保障义务的参考因素包括：法律法规中有无明确的义务要求，危险程度的大小，义务人对危及他人的行为的预防和控制能力的程度以及是否获利等。①

（3）他人遭受了损害。"他人"指的是安全保障义务人及其工作人员以外的人。如果是公共场所的管理人或群众性活动组织者遭受损害的，一般不适用《侵权责任法》第37条。

（4）未尽安全保障义务的行为与他人的损害之间存在因果关系，如果安全保障义务人尽到了应尽的义务，仍然不能避免他人遭受损害的，安全保障义务人不应承担侵权责任。

本案中，法院认为在招商银行金桥支行开门经营期间，原告阔某某因该行铺设的大理石地面过于光滑而摔倒，该行作为公共场所的管理人，未尽到应尽的安全保障义务，对阔某某的摔伤具有一定的过错。但阔某某摔伤的最重要的原因在于其未能注意自身安全，因此法院依据共同过错原则，判定招商银行金桥支行承担阔某某损失的30%的赔偿责任。

（二） 关于人身损害赔偿的计算标准

《侵权责任法》第16条规定："侵害他人造成人身损害的，应当赔偿医疗费、护理费、交通费等为治疗和康复支出的合理费用，以及因误工减少的收入。造成残疾的，还应当赔偿残疾生活辅助具费和残疾赔偿金。造成死亡的，还应当赔偿

---

① 参见程啸：《侵权责任法》（第二版），法律出版社2015年版，465—466页。

丧葬费和死亡赔偿金。"根据该法第 22 条的规定，因人身损害而受到精神损害的，可以请求精神损害赔偿。

根据《最高人民法院关于审理人身损害赔偿案件适用法律若干问题的解释》（以下简称《人身损害赔偿司法解释》）第 17 条的规定，受害人遭受人身损害且因伤致残的，具体赔偿范围包括医疗费、误工费、护理费、交通费、住宿费、住院伙食补助费、必要的营养费、残疾赔偿金、残疾辅助器具费、被扶养人生活费，以及因康复护理、继续治疗实际发生的必要的康复费、护理费、后续治疗费等。《人身损害赔偿司法解释》中还具体规定了医疗费等各项费用的计算方式。例如，第 25 条规定："残疾赔偿金根据受害人丧失劳动能力程度或者伤残等级，按照受诉法院所在地上一年度城镇居民人均可支配收入或者农村居民人均纯收入标准，自定残之日起按二十年计算。但六十周岁以上的，年龄每增加一岁减少一年；七十五周岁以上的，按五年计算。受害人因伤致残但实际收入没有减少，或者伤残等级较轻但造成职业妨害严重影响其劳动就业的，可以对残疾赔偿金作相应调整。"

根据《最高人民法院关于确定民事侵权精神损害赔偿责任若干问题的解释》第 8 条第 2 款的规定，人民法院可以根据受害人一方的请求判令侵权人赔偿相应的精神损害抚慰金。该法第 9 条根据损害情形的不同，将精神损害抚慰金的具体形式划分为残疾赔偿金、死亡赔偿金和其他损害情形的精神抚慰金。

本案中，法院根据原告阔某某提交的证据确定其损失包括医疗费、护理费、营养费、误工费、住院伙食补助费、残疾赔偿金，此外，还包括精神损害抚慰金、鉴定费、交通费、律师费等。其中，医疗费部分扣除了阔某某在上海市精神卫生中心的治疗费用、无病历印证的医疗费、在苏州市广济医院住院治疗抑郁症的费用以及由医保部门给付的费用；残疾赔偿金根据阔某某的户籍属性及伤残等级确定；以及根据阔某某的具体伤情和精神状况，确定精神损害抚慰金等。

（三）关于简易程序

根据《中华人民共和国民事诉讼法》（以下简称《民事诉讼法》）第 157 条的规定，基层人民法院和它的派出法庭审理事实清楚、权利义务关系明确、争议不大的简单民事案件或者是当事人双方约定适用简易程序的案件，可以适用简易程序。但根据《最高人民法院适用〈中华人民共和国民事诉讼法〉的解释》第 257 条的规定，起诉时被告下落不明的，发回重审的，当事人一方人数众多的，适用审判监督程序的，涉及国家利益、社会公共利益的，第三人起诉请求改变或者撤销生效判决、裁定、调解书的，其他不宜适用简易程序的 7 类案件，不能适用简易程序。

简易程序的特点包括：

（1）立案程序简便。适用简易程序的案件不受立案登记程序及期限的限制，可以采取简便的立案程序，对于符合起诉条件的，也可以当即审理。

（2）实行独任制。适用简易程序的案件由审判员一人独立审理，但需要由书记员负责记录。

（3）传唤方式简便。在保障当事人陈述意见的权利的前提下，法院可以用捎口信、电话、短信、传真等简便方式传唤当事人和证人，送达诉讼文书等。

（4）审理前准备简化。例如，适用简易程序的案件，举证期限短于普通程序的举证期限，而且双方当事人均表示不需要举证期限、答辩期间的，人民法院可以立即开庭审理。

（5）赋予当事人程序异议权。针对人民法院依职权决定适用简易程序的案件，法律赋予当事人就适用简易程序提出异议的权利，异议成立的，案件转入普通程序审理。

（6）开庭审理的程序简便。适用简易程序的案件开庭审理的具体程序简便，可以不受《民事诉讼法》关于法庭调查与法庭辩论顺序的具体要求的限制。

（7）审理期限较短。适用简易程序的案件一般应在立案之日起3个月内审结。审理期限到期后，双方当事人同意继续适用简易程序的，由本院院长批准，可以延长审理期限，但累计不得超过6个月。

本案中，阔某某与招商银行金桥支行之间的纠纷，案件事实清楚、权利义务关系明确、争议不大，法院依法决定适用简易程序。同时，双方当事人亦均行使了程序异议权，对法院适用简易程序的决定提出异议。在案件审理终结后，根据《诉讼费用交纳办法》第16条的规定，适用简易程序审理的案件的受理费减半，因此，法院在判决书中载明"案件受理费人民币3 944元，减半收取计人民币1 972元"。

五、风控提示

（一）积极履行安全保障义务，维护客户的安全

银行作为人们日常生活中常去的公众场所，法律对其安全保障义务作出了明确规定。然而，银行日常经营过程中，不仅人流量大，而且人员身体素质各异，难免会发生客户摔倒等事件。为了维护客户的安全，减少银行的损失，降低经营风险，银行应当履行好自身的注意义务。首先，银行应当使用符合国家标准及相关行业标准的设施、设备。例如，银行所使用的电动门应该符合相关的标准。其次，银行有义务对营业场所内外的设施、设备进行及时的检修和维护。再次，银行应该对可能发生的损害进行必要的警示或提示。例如，银行可以在显著位置贴上"小心地滑""小心台阶"等标语告知客户。最后，银行有义务对可能发生的损害进行必要的防范。例如，在门口的台阶或者滑坡上加装必要的防护栏。

（二）加大对特殊群体的保护，给予客户充分的人文关怀

银行的客户中，难免会有老年人、残疾人等特殊群体。当特殊群体客户进入银行的营业场所时，银行的工作人员应该及时发现并采取必要的帮助手段。例如，银行的大堂经理、保安等人员可以帮其开门，并搀扶至合适的休息和等待区

域。当有客户在银行的营业场所内发生事故时，银行的工作人员应当及时提供帮助，有需要的应该及时送往医院，及时解决问题，避免损失的扩大。银行也可以在营业场所内提供简单的救助措施，例如设置便民医药箱，给予客户尤其是特殊群体客户充分的人文关怀。

六、法律依据

- 《中华人民共和国侵权责任法》（全国人民代表大会常务委员会发布，2010年7月1日实施，法宝引证码：CLI.1.125300）

第十六条　侵害他人造成人身损害的，应当赔偿医疗费、护理费、交通费等为治疗和康复支出的合理费用，以及因误工减少的收入。造成残疾的，还应当赔偿残疾生活辅助具费和残疾赔偿金。造成死亡的，还应当赔偿丧葬费和死亡赔偿金。

第二十二条　侵害他人人身权益，造成他人严重精神损害的，被侵权人可以请求精神损害赔偿。

第二十四条　受害人和行为人对损害的发生都没有过错的，可以根据实际情况，由双方分担损失。

第三十七条　宾馆、商场、银行、车站、娱乐场所等公共场所的管理人或者群众性活动的组织者，未尽到安全保障义务，造成他人损害的，应当承担侵权责任。

因第三人的行为造成他人损害的，由第三人承担侵权责任；管理人或者组织者未尽到安全保障义务的，承担相应的补充责任。

- 《最高人民法院关于审理人身损害赔偿案件适用法律若干问题的解释》（最高人民法院发布，2004年5月1日实施，法宝引证码：CLI.3.51002）

第十七条　受害人遭受人身损害，因就医治疗支出的各项费用以及因误工减少的收入，包括医疗费、误工费、护理费、交通费、住宿费、住院伙食补助费、必要的营养费，赔偿义务人应当予以赔偿。

受害人因伤致残的，其因增加生活上需要所支出的必要费用以及因丧失劳动能力导致的收入损失，包括残疾赔偿金、残疾辅助器具费、被扶养人生活费，以及因康复护理、继续治疗实际发生的必要的康复费、护理费、后续治疗费，赔偿义务人也应当予以赔偿。

受害人死亡的，赔偿义务人除应当根据抢救治疗情况赔偿本条第一款规定的相关费用外，还应当赔偿丧葬费、被扶养人生活费、死亡补偿费以及受害人亲属办理丧葬事宜支出的交通费、住宿费和误工损失等其他合理费用。

第十九条　医疗费根据医疗机构出具的医药费、住院费等收款凭证，结合病历和诊断证明等相关证据确定。赔偿义务人对治疗的必要性和合理性有异议的，应当承担相应的举证责任。

医疗费的赔偿数额，按照一审法庭辩论终结前实际发生的数额确定。器官功能恢复训练所必要的康复费、适当的整容费以及其他后续治疗费，赔偿权利人可以待实际发生后另行起诉。但根据医疗证明或者鉴定结论确定必然发生的费用，可以与已经发生的医疗费一并予以赔偿。

第二十一条　护理费根据护理人员的收入状况和护理人数、护理期限确定。

护理人员有收入的，参照误工费的规定计算；护理人员没有收入或者雇佣护工的，参照当地护工从事同等级别护理的劳务报酬标准计算。护理人员原则上为一人，但医疗机构或者鉴定机构有明确意见的，可以参照确定护理人员人数。

护理期限应计算至受害人恢复生活自理能力时止。受害人因残疾不能恢复生活自理能力的，可以根据其年龄、健康状况等因素确定合理的护理期限，但最长不超过二十年。

受害人定残后的护理，应当根据其护理依赖程度并结合配制残疾辅助器具的情况确定护理级别。

第二十二条　交通费根据受害人及其必要的陪护人员因就医或者转院治疗实际发生的费用计算。交通费应当以正式票据为凭；有关凭据应当与就医地点、时间、人数、次数相符合。

第二十三条　住院伙食补助费可以参照当地国家机关一般工作人员的出差伙食补助标准予以确定。

受害人确有必要到外地治疗，因客观原因不能住院，受害人本人及其陪护人员实际发生的住宿费和伙食费，其合理部分应予赔偿。

第二十四条　营养费根据受害人伤残情况参照医疗机构的意见确定。

第二十五条　残疾赔偿金根据受害人丧失劳动能力程度或者伤残等级，按照受诉法院所在地上一年度城镇居民人均可支配收入或者农村居民人均纯收入标准，自定残之日起按二十年计算。但六十周岁以上的，年龄每增加一岁减少一年；七十五周岁以上的，按五年计算。

受害人因伤致残但实际收入没有减少，或者伤残等级较轻但造成职业妨害严重影响其劳动就业的，可以对残疾赔偿金作相应调整。

- 《最高人民法院关于确定民事侵权精神损害赔偿责任若干问题的解释》（最高人民法院发布，2001年3月10日实施，法宝引证码：CLI.3.34937）

第八条　因侵权致人精神损害，但未造成严重后果，受害人请求赔偿精神损害的，一般不予支持，人民法院可以根据情形判令侵权人停止侵害、恢复名誉、消除影响、赔礼道歉。

因侵权致人精神损害，造成严重后果的，人民法院除判令侵权人承担停止侵害、恢复名誉、消除影响、赔礼道歉等民事责任外，可以根据受害人一方的请求判令其赔偿相应的精神损害抚慰金。

第九条　精神损害抚慰金包括以下方式：

（一）致人残疾的，为残疾赔偿金；

（二）致人死亡的，为死亡赔偿金；

（三）其他损害情形的精神抚慰金。

• 《中华人民共和国民事诉讼法》（全国人民代表大会常务委员会发布，2017年7月1日实施，法宝引证码：CLI.1.297379）

第一百五十七条 基层人民法院和它派出的法庭审理事实清楚、权利义务关系明确、争议不大的简单的民事案件，适用本章规定。

基层人民法院和它派出的法庭审理前款规定以外的民事案件，当事人双方也可以约定适用简易程序。

• 《最高人民法院关于适用〈中华人民共和国民事诉讼法〉的解释》（最高人民法院发布，2015年2月4日实施，法宝引证码：CLI.3.242703）

第二百五十七条 下列案件，不适用简易程序：

（一）起诉时被告下落不明的；

（二）发回重审的；

（三）当事人一方人数众多的；

（四）适用审判监督程序的；

（五）涉及国家利益、社会公共利益的；

（六）第三人起诉请求改变或者撤销生效判决、裁定、调解书的；

（七）其他不宜适用简易程序的案件。

02【金融机构如实上报被冒名人个人征信信息的，不构成侵犯名誉权的行为】
周某某诉中国银行股份有限公司上海市分行名誉权纠纷案

一、实务规则

［名誉权纠纷］金融机构如实上报被冒名人个人征信信息的，不构成侵犯名誉权的行为。

二、规则解读

银行按照国家的相关法律、法规及监管要求报送相关信息，其报送的信息也都是源于名义持卡人名下信用卡的真实欠款记录，并非捏造，不存在虚构事实或侮辱的行为，故不构成侵害名誉权的行为。

三、案情概述

（一）案情简介

案例名称：周某某诉中国银行股份有限公司上海市分行名誉权纠纷案

案例来源：《最高人民法院公报》2012年第9期

关键词：名誉权　个人信用信息基础数据库

具体案情：

2009年5月31日，中国银行股份有限公司上海市分行（以下简称"中国银行上海分行"）收到一份申请人署名为周某某的信用卡开卡申请表。同年6月18日，中国银行上海分行审核批准并签发了一张以周某某姓名办理的卡号为622753310108××××的信用卡，申请资料中的中国银行信用卡标准审批表上记载"电话与地址匹配""已对本人电话核实"，信用卡受理登记表上记载"柜面进件""亲见申请人递交并签名""亲见申请材料原件并当场复印"。2009年9月周某某收到涉案信用卡催款通知，获悉该卡已透支，且逾期未还款，周某某因未办理过涉案信用卡，疑为他人盗用其信息所办，故向公安机关报案。后中国银行上海分行多次向周某某电话催收涉案信用卡欠款。因涉案信用卡欠款逾期未还，该卡在周某某的个人信用报告中记载为冻结。

2010年7月，为涉案信用卡欠款一事，中国银行上海分行向上海市浦东新区人民法院起诉，次月该院组织双方进行诉前调解。同年11月，中国银行上海分行向该院再次起诉要求周某某偿还信用卡欠款，后于同年12月撤回起诉。2011年3月周某某的个人信用报告中，关于涉案信用卡的不良信用记录已经消除。在该不良信用记录被消除之前，上海银行股份有限公司信用卡中心、中国建设银行股份有限公司邯郸保障支行、中信银行股份有限公司信用卡中心、招商银行股份有限公司信用卡中心分别因审批信用卡而查询过周某某的信用记录。周某某的个人信用记录中存在一项应还款金额为31 209元的呆账记录。

周某某认为在其本人未至中国银行上海分行柜面申请并递交申请材料以及该行未向其本人核实的情况下，涉案信用卡受理登记表显示该卡是其本人亲自到柜面申请并递交申请材料，且信用卡标准审批表显示已经向本人电话核实，电话和地址匹配。原告系被告的信用卡老用户，被告处应当有原告的信息资料，但被告未加以核实。中国人民银行征信系统中的不良信用记录对原告从事商业活动及其他社会、经济活动造成重大不良影响，特别是原告在国外工作生活期间，同事和朋友得知原告因信用卡纠纷被银行告上法庭，对原告名誉造成了严重的不良影响。被告在涉案信用卡申办、发放环节中没有尽到合理的审查义务，存在重大过错，后又在应当知道该信用卡欠款无法追回系其自身管理不善造成的情况下，滥用诉权，企图将损失转嫁给原告。被告的行为严重侵犯了原告的名誉权，故诉至法院，要求中国银行上海分行承担其包含精神损失费在内的各项损失，并向其书面赔礼道歉。

（二）审理要览

上海市浦东新区人民法院认为本案的争议焦点在于被告中国银行上海分行的行为是否导致原告周某某社会评价降低，名誉受到损害。

中国银行上海分行是否构成名誉侵权，应当从其是否具有过错，原告周某某名誉是否受到损害，以及两者间有无因果关系等因素加以判断。本案中，中国银行上海分行于2009年5月31日收到的开卡申请表上申请人签名一栏并非周某某亲笔签名，显然周某某并未亲至中国银行柜台申请开通涉案信用卡，而中国银行的相关材料上却记载有"亲见申请人递交并签名""已对本人电话核实"等内容，可见中国银行上海分行对涉案信用卡的开通审核未尽到合理的审查义务，存在过错。

但是周某某名誉是否受到损害，应依据其社会评价是否因中国银行上海分行的行为而降低加以判断。名誉是否受损的争议焦点在于中国人民银行征信系统上的记录是否会降低周某某的社会评价。周某某提供的个人信用报告上记载查询原因系"本人查询"，而中国银行上海分行提供的个人信用报告上记载查询原因系"贷后管理"，可见查询者包括信用卡的持卡人和发卡行，至于社会公众能否查询，则无从体现。故周某某主张其名誉因征信系统中的不良记录而受到损害，并未提供充分的证据予以证明，法院难以采信。周某某又称其同事和朋友得知其因信用卡纠纷被银行告上法庭，对其名誉造成严重的不良影响，对此，法院认为，诉讼系法治社会中解决纠纷的常用、合理手段，周某某名誉不因其被他人起诉而有所损害，故对该主张，法院不予采纳。周某某又称，中国银行上海分行侵犯了其姓名权。对此，法院认为虽然中国银行上海分行在审核过程中存在过错，该过错与实际开卡人的行为共同导致涉案信用卡未经周某某知情同意就使用了周某某姓名，但根据本案实际情况，中国银行上海分行已消除了周某某在征信系统中的不良信用记录，并撤回了催收欠款的诉讼，可见并未造成严重后果。

因此，一审法院认为在中国银行上海分行已采取措施停止侵害，消除了原告周某某的不良信用记录的情况下，周某某以侵害名誉权为由，要求中国银行上海分行赔偿损失，并书面赔礼道歉，依据不足，于2011年10月13日判决驳回原告周某某的诉讼请求。

周某某不服一审判决，向上海市第一中级人民法院提起上诉，上海市第一中级人民法院二审认为中国银行上海分行在审核信用卡申请资料中确实存在一定的过错导致上诉人周某某的信用报告在2009年至2011年期间存在不真实的记载。但是，确定中国银行上海分行是否侵害周某某的名誉权还应当结合损害后果及因果关系进行判断。首先，对于侵权行为的认定。中国银行上海分行按照国家的相关法律法规及监管要求报送相关信息，其报送的信息也都是源于周某某名下信用卡的真实欠款记录，并非捏造，不存在虚构事实或侮辱的行为，故不构成侵害周某某名誉权的行为。其次，对于损害后果的认定。名誉权受损害的损害后果应当是周某某的社会评价降低。但是，中国人民银行的征信系统是一个相对封闭的系统，只有本人或者相关政府部门、金融机构因法定事由才能对该系统内的记录进行查询，这些记录并未在不特定的人群中进行传播，未造成周某某的社会评价降低，故不能认定存在周某某名誉受损的后果。鉴于本案中侵权行为与损害后果均不存在，故无需对侵权人的主观过错以及侵权行为与损害后果间的因果关系进行考察。由于银行审核信用卡申请材料的行为并非本案中的侵权行为，故该行为中是否存在过错不属于本案中需要审查的内容。

综上，上诉人周某某的上诉请求及理由无事实和法律依据，上海市第一中级人民法院于 2011 年 12 月 5 日判决驳回上诉，维持原判。

四、 规则适用

（一） 关于侵犯名誉权

名誉权是自然人有保有和维护就其自身属性和价值所获得的社会评价的权利，是特定人受到的有关对其品行、才能、功绩、职业、资历等方面的社会评价，且不被任何人通过侮辱、诽谤或者以失实报道、诬告等行为加以损害。[①] 名誉权的特征有：

（1） 名誉权的客体是个人的名誉利益，在很大程度上取决于他人的评价，因此具有主观性；

（2） 侵犯名誉权的行为往往是以公开的方式进行的，例如侮辱、诽谤的方式；

（3） 一旦名誉权遭受了侵犯，侵权人除了应当承担停止侵害、赔偿损失的责任外，还应当承担消除影响、恢复被侵权人的名誉的责任。

以公开的方式进行，是侵犯名誉权的行为的重要特征。公开的方式，是指向第三人传播的方式，至于第三人的范围与是否构成公开之间，一般没有太大的关系。

在本案中，中国银行上海分行只是按照相关规定，将案涉透支信用卡的持卡人周某某的个人信息上按照国家的相关法律法规及监管要求报送中国人民银行征信系统，并未向社会公众进行公开。且中国银行上海分行报送的信息也都是源于周某某名下信用卡的真实欠款记录，并非捏造，不存在虚构事实或侮辱的行为。因此法院不认为中国银行上海分行的行为侵害了周某某名誉权。

需要指出的是，司法机关对于银行将被冒名人名下的信用卡的真实欠款记录上传到中国人民银行征信系统是否侵犯被冒名人名誉权的态度，存在着变化。在本案之前的另一起最高人民法院公报案例——"王某某诉张某某、江苏省南京工程高等职业学校、招商银行股份有限公司南京分行、招商银行股份有限公司信用卡中心侵

[①] 参见江平主编：《民法学》（第二版），中国政法大学出版社 2011 年版，第 509 页。

权纠纷案"① 中，法院即认为即便信用卡中心已经将被冒名人王某某的不良记录删除，但已经对其造成社会评价的降低和精神上的痛苦，且金融机构在办理案涉信用卡时没有尽到合理审查义务，具有过错，应该承担侵权责任。

（二）关于个人信用信息基础数据库

根据中国人民银行制定的《个人信用信息基础数据库管理暂行办法》（以下简称《暂行办法》）的规定，个人信用信息基础数据库里包含的数据包括个人基本信息、个人信贷交易信息以及反映个人信用状况的其他信息。该数据库的功能主要包括为商业银行和个人提供信用报告查询服务，为货币政策的制定、金融监管和法律法规规定的其他用途提供有关信息服务。商业银行有义务按照中国人民银行发布的个人信用数据库标准及其有关要求，准确、完整、及时地报送个人信用信息。根据《暂行办法》的规定，商业银行办理以下业务时，可以在个人信用信息基础数据中查询个人的信用报告：

①审核个人贷款申请；

②审核个人贷记卡、准贷记卡申请；

③审核个人作为担保人；

④对已发放的个人信贷进行贷后风险管理；

⑤审核法人或其他组织贷款申请或其作为担保人，需要查询其法定代表人及出资人信用的除外。

根据《暂行办法》的规定，商业银行只有在办理"对已发放的个人信贷进行贷后风险管理"时可以不用被查询人的书面授权，其他情况下都需要被授权人的书面授权。同时，个人可以向中国银行征信中心申请有偿查询本人的信用报告。

当前，因个人信用信息基础数据库发生的纠纷除了本案的"因冒用、盗用个人的名义办理贷款、信用卡等义务"外，主要有以下几类：

①金融机构员工因疏忽而错误录入客户信息；

②金融机构催收账款的对象错误；

③计算机处理数据时发生的技术性错误；

④金融机构泄漏客户个人信息而造成客户的损失。

本案中，法院认为周某某的名誉不存在损害后果的理由即在于只有本人或者相关政府部门、金融机构因法定事由才能对个人信用信息基础数据库内的个人信息进行查询。个人信用信息基础数据库是一个相对封闭的系统，其系统内的个人数据不会在社会公众中进行传播，因此中国银行上海分行如实报送的行为不会导致周某某的社会评价降低。

---

① 载《最高人民法院公报》2008 年第 10 期。

五、风控提示

（一）认真审查客户基本信息，防范冒用、盗用他人名义的行为

当前个人信用信息基础数据库依然还是通过金融机构"单方记录"的方式收集数据，一般公众对此的参与度不够。事实上，《暂行办法》仅仅是中国人民银行制定的部门规章，对于民事权利义务的影响可以说是微乎其微。人民法院在审理类似案件时，也缺乏相对统一的标准，如前所述，即便是最高人民法院的公报案例，也存在着态度上的转变。但前述两个公报案例中，当事人主张金融机构具有过错的主要理由均为金融机构在办理案涉信用卡业务时没有核查客户信息，导致他人盗用其名义办理信用卡并透支。金融机构为了避免诉讼中的不可预期性，有必要先落实好自身层面的审查义务，尽量避免因业务操作不规范带来的诉讼风险。

（二）如实记载及上报个人信息，积极主动与客户沟通

因个人信用信息基础数据库发生的纠纷中，有一部分是由于金融机构上报的个人征信信息有错误导致的。金融机构在客户透支等情形确实发生时，应当对相关信息进行完整准确地记载。同时，在将相关信息报送至个人信用信息基础数据库之前，最好能够积极主动与客户进行沟通，将相关情况告知客户，及早发现可能存在的错误。金融机构上报个人信用信息应该做到准确、完整、及时。个人征信信息一旦上报，金融机构有义务根据客户提出的异议进行审查和处理。如果确实是由于金融机构的错误造成的，应该向客户开具证明材料，并协助客户办理有关的手续，做好解释及善后工作，避免不必要的诉讼的发生。

六、法律依据

- 《中华人民共和国民法总则》（全国人民代表大会发布，2017年10月1日实施，法宝引证码：CLI.1.291593）

第一百一十条 【民事主体人格权】自然人享有生命权、身体权、健康权、姓名权、肖像权、名誉权、荣誉权、隐私权、婚姻自主权等权利。

法人、非法人组织享有名称权、名誉权、荣誉权等权利。

第一百二十条 【侵权责任的承担】民事权益受到侵害的，被侵权人有权请求侵权人承担侵权责任。

- 《中华人民共和国民法通则》（全国人民代表大会常务委员会发布，2009年8月27日修正，法宝引证码：CLI.1.167199）

第一百零一条 公民、法人享有名誉权，公民的人格尊严受法律保护，禁止用侮辱、诽谤等方式损害公民、法人的名誉。

- 《中华人民共和国侵权责任法》（全国人民代表大会常务委员会发布，2010

年 7 月 1 日实施，法宝引证码：CLI.1.125300）

第二条 侵害民事权益，应当依照本法承担侵权责任。

本法所称民事权益，包括生命权、健康权、姓名权、名誉权、荣誉权、肖像权、隐私权、婚姻自主权、监护权、所有权、用益物权、担保物权、著作权、专利权、商标专用权、发现权、股权、继承权等人身、财产权益。

- 《最高人民法院关于确定民事侵权精神损害赔偿责任若干问题的解释》（最高人民法院发布，2001 年 3 月 10 实施，法宝引证码：CLI.3.34937）

第一条 自然人因下列人格权利遭受非法侵害，向人民法院起诉请求赔偿精神损害的，人民法院应当依法予以受理：

（一）生命权、健康权、身体权；

（二）姓名权、肖像权、名誉权、荣誉权；

（三）人格尊严权、人身自由权。

违反社会公共利益、社会公德侵害他人隐私或者其他人格利益，受害人以侵权为由向人民法院起诉请求赔偿精神损害的，人民法院应当依法予以受理。

第八条 因侵权致人精神损害，但未造成严重后果，受害人请求赔偿精神损害的，一般不予支持，人民法院可以根据情形判令侵权人停止侵害、恢复名誉、消除影响、赔礼道歉。

因侵权致人精神损害，造成严重后果的，人民法院除判令侵权人承担停止侵害、恢复名誉、消除影响、赔礼道歉等民事责任外，可以根据受害人一方的请求判令其赔偿相应的精神损害抚慰金。

03 【银行在推出无密扣款服务的信用卡时，应告知当事人，否则将承担侵权责任】

谢某与中国工商银行股份有限公司上海市第一支行、携程计算机技术（上海）有限公司财产损害赔偿纠纷上诉案

一、实务规则

［银行信用卡"无密扣款"］银行在推出无密扣款服务的信用卡时，应告知当事人，如与当事人在领用合约中的选择——使用密码——不符的，不得进行扣款，否则将承担侵权责任。

二、规则解读

当事人在开通信用卡时，对支付方式选择使用密码的，银行与特约商户之间关于无密扣款的规定，应征得当事人的同意。未征得同意，银行与特约商户之间的约定对当事人不生效力，银行不得因当事人对特约商户发生违约而对其进行无密扣

款，否则将承当侵权责任。无密扣款服务与预授权服务存在区别，不能混同。特约商户与银行存在共同过错，构成共同侵权的，应与银行承担连带责任。

三、 案情概述

（一） 案情简介

案例名称：谢某与中国工商银行股份有限公司上海市第一支行、携程计算机技术（上海）有限公司财产损害赔偿纠纷上诉案

案例来源：上海市高级人民法院网

案号：（2011）沪二中民六（商）终字第 89 号

关键词：合同相对性　无密扣款　预授权　共同侵权

具体案情：谢某与中国工商银行股份有限公司上海市第一支行，以下简称"工行一支行"签有《信用卡领用合约（个人卡）》，申领了卡号为 427030004411×××× 牡丹贷记卡　张。在申请表申请要求中的"消费密码选择"一栏中，谢某选择"消费使用密码，输密限额 0 元（含）以上使用密码"。该领用合约第 2 条第四项载明："甲方（主卡申领人和副卡申领人）在境内外的消费、取现、转账等交易须遵守国家法律、法规和规章，以及乙方（中国工商银行发卡机构）、特约单位及信用卡组织或公司等的相关规定。"第 2 条第九项载明："甲方不得以与特约单位或受理单位发生纠纷为由拒绝支付所欠乙方的款项。"该领用合约未就信用卡担保进行约定。此外，该领用合约同时还约定按每日万分之五支付所用款项从银行记账日起至还款日止的透支利息，如申领人未能在到期还款日（含）前偿还最低还款额的，除按上述计息方法支付透支利息外，还应按最低还款额未还部分的 5% 支付滞纳金。

2010 年 8 月 14 日 16 时 35 分许，谢某通过携程计算机技术（上海）有限公司（以下简称"携程公司"）客服电话预订了上海外滩茂悦大酒店 3 间江景房，入住时间为 2010 年 8 月 17 日至 8 月 18 日，入住天数为 1 天，房费为人民币 2 013 元一间（含早餐），合计人民币 6 039 元，支付方式为前台现付，付款方式为现金支付，信用卡使用类型为：担保，订单号为：75491278。携程公司客服人员明确告知："此订单一经确认预订成功之后您不能取消，也不能更改。如果没按照约定入住，我们将会扣除您一天的房费，一共是人民币 6 039 元；如果 3 间房您有部分没有住，我们将扣除您没有住的每间房费人民币 2 013 元。"同时，谢某同意以卡号为 427030004411×××× 的牡丹贷记卡进行担保，并向携程公司客服人员提供了卡号、发卡行、信用卡有效期、信用卡 CVV 最后 3 位校验码、持卡人姓名以及持卡人身份证号码等信息。

2010 年 8 月 17 日中午约 12 时，谢某致电携程公司客服人员，要求取消系争订单，携程公司客服人员告知其经和上海外滩茂悦大酒店协调后不同意原告要求，当天如果不入住将会按照预订房间时的约定，扣除 3 间江景房房费合计人民币 6 039

元。谢某遂致电工行客服热线，要求拒付，工行客服人员明确表示由于卡未作冻结，建议作挂失处理并与商户协调。2011年8月24日，谢某系争信用卡被扣划人民币6 039元。根据牡丹贷记个人卡对账单，该笔款项的交易类型为"预授权确认"，金额为人民币6 039元。嗣后，由于谢某为该笔款项进行交涉，延期支付该笔款项，产生了利息和滞纳金，各方当事人确认该笔款项产生利息为人民币101.19元，滞纳金人民币29.78元，谢某已经向工行归还上述款项合计人民币6 169.97元。

工行一支行与上海华程西南旅行社有限公司（以下简称"华程公司"）曾经签订《邮购结算业务合作协议书》，其中第1条甲方（工行一支行）责任中第四项列明，"对于乙方（上海华程西南旅行社有限公司）受理的本市牡丹卡每笔业务，甲方依照乙方提供的牡丹信用卡卡号、姓名、身份证件号码、有效期等要素操作并给出授权号码。甲方不对要素来源的可靠性负责"。第三条亦载明，"鉴于邮购业务运作的特殊性和风险性，甲方仅负责为每笔本市牡丹卡交易提供授权服务；或应乙方要求为每笔异地牡丹卡交易提供查询止付名单服务。乙方承诺承担一切因受理信用卡所造成的误受理过期卡；信用卡被冒用、伪造；持卡人退货、拒付等经济损失"。携程公司曾于2004年1月1日向其关联公司华程公司出具委托书，委托其为客户提供机票、酒店相关服务费用的结算服务。

2010年9月9日，携程公司汇划人民币10 065元至收款人为"上海世茂北外滩开发建设有限公司"、户名为"外滩茂悦大酒店"、账号为"0349230004000××××"的账户。根据携程公司提供的网上打印的财务付款单，其中有一笔订单号为754912××、金额为人民币6 039元的款项。上海外滩茂悦大酒店于2011年3月23日出具了情况说明，对系争订单情况进行了说明，并认可房费已按双方协议扣除人民币6 039元，同时载明，"根据携程与我司的合作协议，凡携程提供担保的订单，在世博会期间，客人没有实际入住仍按协议收取房费"。

（二）审理要览

上海市黄浦区人民法院经审理后认为，本案的争议焦点为：工行一支行、携程公司的行为是否构成侵权。

关于争议焦点，工行一支行是否构成侵权责任。一审法院认为：（1）谢某与工行一支行的领用合约中虽未明确涵盖信用卡担保业务，但由于谢某与携程公司缔约中同意以信用卡进行担保，认为担保不成立于法无据。至于谢某主张其与携程公司缔约过程中未明确表示同意担保、担保的意思表示没有达成，但根据其与携程公司的通话记录，在携程公司客服人员明确告知其需要以信用卡进行担保及其应当承担的相关义务后，谢某继续完成订单的预订，谢某的主张不能成立。（2）密码、签字均系授权的一种方式，其目的在于防范他人在违背持卡人本人真实意思表示的基础上冒用持卡人信用卡。本案中，订单的完成系谢某本人所为，谢某也提供了信用卡卡号、有效期限、校验码、持卡人本人姓名、身份证号码等具体信息，特别是持卡人本人身份证号码并非信用卡卡面信息,应当认为谢某对信用卡用于担保进行了授权。且结合本案的实际情况,谢某信用卡被扣款系因其对携程公司违约所致,与工行一支行的行为并无直接的因果关系,即使工行一支行未根据密码扣款构成瑕疵,该笔款项的支付亦属谢某应当履行的义务。(3)谢某向工行客服人员提出拒付后,工行客服人员明确告知其可以通过挂失及与商户沟通来防止损失发生,工行一支行已经尽到了善良管理者的注意义务。且工行一支行与持卡人本人的领用合约也已经约定持卡人不得以与特约单位或受理单位发生纠纷为由拒绝支付所欠的款项,鉴于工行一支行无法也无必要对所有交易发生事项进行一一查证,谢某的主张不能成立。(4)至于谢某所称的"即使担保的违约事实发生,工行一支行和携程公司也应当通过诉讼等公力救济手段确定各方责任、不能自行扣划款项"的主张,对此,若实现债权必须通过公力救济的手段,则加重了各方当事人的义务,转嫁了各方当事人纠纷解决的成本,亦与信用卡担保所设置的本来目的不一致,不予认可。综上所述,工行一支行的侵权责任不能成立。

至于携程公司的侵权责任是否成立,一审法院认为:(1)双方当事人有权自由约定合同的内容。鉴于法律、行政法规未明确禁止居间方设定以信用卡进行担保的条款,商事交易中仍应遵守诚实信用原则,谢某主张的本案系争的信用卡担保不属于《中华人民共和国担保法》规定的担保形式因此无效的主张不能成立。(2)携程公司在缔约时已经就该事项及其法律后果进行了明确说明,谢某仍继续完成了订单的预订,不能认为订单"不可取消不可修改"系霸王条款,对谢某不发生效力。(3)至于系争纠纷损失的范围,由于携程公司提供了其已经向案外人上海外滩茂悦大酒店支付房费人民币6 039元的相关证据,谢某方亦无法举证说明案外人上海外滩茂悦大酒店或携程公司的具体损失金额,且纠纷发生之时正值世博会,谢某在应入住当日12点左右临时取消预订的行为确实对案外人上海外滩茂悦大酒店的营业造成了财产损失的可能性,谢某的主张不成立。至于房费人民币6 039元所产生的相关利息和滞纳金,亦系根据谢某与工行一支行的领用合约产生,谢某未按照约定的期限进行还款,仍应承担这些款项的支付义务。

综上,一审法院作出判决:对谢某的诉讼请求不予支持。

一审判决后,上诉人谢某不服,向上海市第二中级人民法院提起上诉称:(1)一审法院认定事实不清,未就2010年8月24日携程公司向工行一支行发出扣款请求该节事实进行认定。(2)一审法院适用法律存在错误。信用卡担保,是在担保法规定之外的担保方式,应为无效。依据《中华人民共和国商业银行法》第29条及第73条的规定,在谢某与携程公司发生了纠纷并已经通知了银行不同意扣划款项的情况下,银行不顾持卡人的反对,依然扣划了上诉人的款项,造成了上诉人的损失,依法应当承担赔偿责任。(3)一审法院混淆了法律关系。本案是侵权纠纷,法院只需要判断携程公司和工行一支行联合起来扣划款项是否合法、是否有法律依据即可;至于上诉人谢某是否需向携程公司或者酒店支付全额房费则是另一层法律关系，不是本案的审理范围。（4）如果放任携程公司可以轻易地通过银行扣划款项，显然是对消费者权利的一种侵害。故请求二审法院撤销一审判决，改判工行一支行与携程公司就损失人民币6 169.97元承担连带赔偿责任。

经审理查明，一审查明事实属实，二审法院予以确认。

二审期间，法院另查明以下事实：2011年8月23日，携程公司向工行一支行发出从上诉人信用卡中扣款人民币6 039元的请求。2011年8月24日，工行一支行从系争信用卡中扣划人民币6 039元至携程公司关联方华程公司名下的账号。

二审法院认为，鉴于上诉人谢某以侵权为由提起本案损害赔偿之诉，本案二审期间的争议焦点在于：一是两被上诉人在上诉人未输入密码的情况下扣划上诉人信用卡资金（即进行"无密扣款"）是否存在过错；二是上诉人是否因此遭受损失及损失金额。

关于争议焦点一，二审法院认为，本案两被上诉人进行"无密扣款"存在过错。理由是：①上诉人谢某在申领系争信用卡时，在申请表上明确选择"消费使用密码，输密金额0元（含）以上使用密码"。两被上诉人进行信用卡扣款，应当遵循该约定。②预订酒店过程中，上诉人谢某向携程公司表示同意将信用卡作为担保，并将信用卡卡号、身份证号码、校验码等告知携程公司。对持卡人谢某而言，其同意以信用卡担保的意思是明确的，但并不能得出告知上述事项就意味着授权银行和携程公司可以进行"无密扣款"。故被上诉人工行一支行和被上诉人携程公司主张预订过程中，谢某已经就"无密扣款"进行了授权，并不能成立。③携程公司关联公司华程公司与工行一支行之间签订的《邮购结算业务合作协议书》，基于合同的相对性原则，只能约束合同的当事人，而不能约束本案上诉人谢某。况且，该协议也未事先告知谢某。故两被上诉人认为该协议可作为其进行"无密扣款"的依据之主张，亦不能成立。④二审期间，被上诉人工行一支行提交的《银联业务规则》第4.3.3条款针对的是预授权业务，而非本案系争信用卡担保下的"无密扣款"，故并不适用于本案之情形。⑤在邮购服务中通过信用卡进行"无密扣款"作为银行和特约商户联合推出的一项新类型银行卡业务，银行以及特约商户在推出该项业务的同时，当与持卡人原先约定的"消费凭密码"方式冲突时，负有事先告知客户的义务。而本案两被上诉人无证据证明通过任何方式事先已就"无密扣款"进行告知。至于工行一支行提出，当事人可以事先进行电话询问。但事实上，当一项类型新颖、专业性强的信用卡新业务推出时，赋予持卡人对此类新业务下信用卡扣划方式之注意义务，将过分加重金融消费者的负担，有失公允。况且，若新类型业务下信用卡扣划方式根本改变了银行与持卡人之间的事先约定，应得到持卡人的明确同意。综上，银行在联合特约商户进行信用卡支付结算方式创新的同时，应充分尊重包括知情权、财产权在内的广大持卡人权利保护。本案中，工行一支行以及携程公司在未事先告知信用卡担保将进行"无密扣款"的情形下，扣划了上诉人的系争款项，存在过错。

关于争议焦点二，二审法院认为，就两被上诉人扣划上诉人信用卡资金是否给上诉人造成损失，基于系争侵权行为是发生在信用卡资金结算过程中，应充分关注本案系争信用卡扣款行为是为了结算谢某与携程公司之间的信用卡担保债务。当上诉人谢某取消预订而未得到携程公司及案外人上海外滩茂悦大酒店的同意之情形下，谢某应当按照合同约定即使不入住也应支付全额房费。这时，基于谢某的违约行为，其与携程公司之间的法律关系转化为信用卡担保法律关系，谢某对携程公司负担了一笔信用卡担保债务。从商业操作实践来看，在通过中介公司预订酒店后，中介公司可以直接收取房费，亦可直接要求客户提供担保，而并非仅仅收取居间费用。故谢某关于本案信用卡担保是其向酒店作出的、该担保法律关系成立于其和上海外滩茂悦大酒店之间的主张不能成立。

本案两被上诉人未经上诉人谢某授权进行"无密扣款"造成了谢某信用卡资金及利息、滞纳金损失人民币6 169.97元。尽管携程公司与工行一支行进行"无密扣款"存在过错，但是，该笔资金的划付是清偿了一笔应付信用卡担保债务。对丁信用卡担保债务，基于上诉人谢某明确认可了信用卡担保的存在，也在预订时明确同意预订不可取消、未入住也要全额扣款，故谢某就信用卡担保项下应向携程公司承担的担保责任是确定的，即全额房费人民币6 039元。客观上，该笔款项支付给了携程公司，携程公司又支付给上海外滩茂悦大酒店。庭审过程中，携程公司亦主张该笔债务的抵销。故，两被上诉人对谢某信用卡进行"无密扣款"，该法律行为构成对谢某侵权的同时，同一法律行为亦使谢某在客观上受益，即消灭了该笔信用卡担保债务。因而，客观受益部分即该笔信用卡担保债务金额人民币6 039元，应当在全部损失金额人民币6 169.97元中予以相抵。至于上诉人主张不应当将上诉人与上海外滩茂悦大酒店之间的房费违约纳入本案的审理范围，法院认为，上海外滩茂悦大酒店并非本案当事人，上诉人与上海外滩茂悦大酒店之间涉及房费的服务合同纠纷应另案处理。而本案中，信用卡担保债务存在于携程公司与谢某之间，将上诉人谢某客观受益部分即该笔信用卡担保债务金额人民币6 039元，在全部损失金额中予以相抵，兼顾了信用卡支付结算法律关系与基础关系之间存在的关联性，亦符合诉讼经济原则。因此，本案两被上诉人进行"无密扣款"给谢某造成的实际损失金额为人民币130.97元。

综上所述，一审认定事实基本清楚，但认定责任有所不当。据此，依据《中华人民共和国侵权责任法》第6条、第8条、《中华人民共和国民事诉讼法》第153条第1款第（二）项之规定，判决如下：

（1）撤销（2011）黄民五（商）初字第808号民事判决；

（2）被上诉人中国工商银行股份有限公司上海市第一支行于判决生效之日起10日内赔偿上诉人谢某损失人民币130.97元；

（3）被上诉人携程计算机技术（上海）有限公司对本判决第（2）项确定的款项承担连带责任；

（4）驳回上诉人谢某一审其他诉讼请求。

本判决为终审判决。

四、规则适用

（一）信用卡预授权与无密扣款

1. 信用卡预授权交易

信用卡预授权交易是针对酒店、汽车租赁公司或医院等类特约商户的交易特点而专门设计的一种交易业务类型。信用卡预授权交易通常包括预授权和预授权完成两个交易环节。预授权环节，也即信用卡持卡人在特约商户开始消费时，须在 POS 终端上刷卡，输入密码（如预留）和在预授权单据上签名，银行则根据预授权金额对持卡人账户资金进行冻结，其法律效果是特约商户获得银行在预授权金额范围内无条件支付的承诺。① 预授权完成又称"预授权确认"，发生于持卡人离店结算时，通过预授权完成环节进行信用卡支付。预授权完成环节的完结是一个完整的预授权交易流程的终点。预授权业务涉及三方主体——持卡人、银行、特约商户，三者之间形成 3 种相互独立的民事法律关系，即持卡人与特约商户之间的关系、银行与特约商户之间的关系以及持卡人与银行之间的关系。② 预授权完成环节无需持卡人在 POS 终端再次输入密码，这一做法已经成为信用卡预授权业务的行业操作惯例。

在预授权交易环节中，预授权交易单据的重要性不容忽视。对于持卡人预留密码且与银行约定将输入正确密码作为支付条件的信用卡而言，输入正确密码而产生的交易单据是证明交易是由持卡人本人所为的主要依据；而对于持卡人不预留密码而是与银行约定将本人签名作为支付条件的信用卡而言，交易单据上的签名与信用卡背面的签名是否一致就成为判断预授权交易真假的重要依据。因此，此时预授权交易单据成为主张权利的重要的证据。

而在本案中，当事人谢某在携程公司预订酒店时，向携程公司提供了信用卡卡号、身份证号码等信息，这可以视为一种使用信用卡作为担保的同意，但是一方面，谢某并没提供（输入）信用卡密码，而且也未在预授权交易单据上签名，甚至可以说，此时都不存在预授权交易单据。因此，当事人与携程公司/酒店之间并未形成预授权交易关系。银行将划扣款项的交易类型归为"预授权确认"缺乏法律依据。而谢某在与银行签订的领用合约中明确选择了"使用密码支付"，这与预授权确认环节无需再次输入密码即可进行扣款相矛盾。因此，银行基于携程公司的请求而从谢某信用卡中划款人民币 6 039 元的行为与法不合，是一种侵权行为。

2. 无密扣款的法律性质

无密扣款，简单地说就是在与商户的交易中，持卡人不需要输入密码，银行便

---

① 参见董建军：《信用卡预授权交易纠纷对银行的启示》，载《金融法苑》2008 年 9 月。
② 参见肖亮亮：《信用卡预授权业务及其法律风险防控》，载《金融与法》2009 年第 3 期。

可以划扣持卡人卡中的金额。这是金融市场的竞争加剧与金融创新下的产物，是一种新型的支付方式。"无密扣款"是持卡人对银行的一种授权，授权其在一定金额/交易范围内可以直接对自己银行卡账户内的资金进行划扣，而无需持卡人输入密码确认。授权行为是一种法律行为，需要持卡人明确向银行作出授权，或者持卡人向银行作出表示同意的意思表示。

在本案中，谢某与银行签订《牡丹信用卡领用合约（个人卡）》时，其就在申请要求中的"消费密码选择"一栏中，选择了"消费使用密码"，很明显，谢某的真实意思表示是与无密扣款相悖离的。虽然谢某在预订酒店过程中，向携程公司表示同意将信用卡作为担保，并将信用卡卡号、身份证号码、校验码等告知携程公司。对持卡人谢某而言，其同意以信用卡担保的意思是明确的，但担保与授权有着明显的区别，不能将担保与授权两者混淆，谢某在电话预订酒店的过程中，完全没有授权银行与携程公司进行"无密扣款"的意思。因此并不能得出告知上述事项就意味着谢某对无密扣款行为进行了授权，从始至终，谢某的意思都是反对无密扣款的。因此，一审法院"结合本案的实际情况，谢某信用卡被扣款系因其对携程公司违约所致，与工行一支行的行为并无直接的因果关系，即使工行一支行未根据密码扣款构成瑕疵，该笔款项的支付亦属谢某应当履行的义务"的观点无疑是错误的。首先，谢某违约行为与银行卡扣款没有必然联系，其次，银行卡扣款直接基于银行的"无密扣款"操作，这一行为是重大的侵权行为，而不仅仅是"瑕疵"。二审法院认为谢某的行为只是对"使用信用卡作为担保"的同意而不是预授权，银行、携程公司"无密扣款"行为违背持卡人的真实意思。二审法院的认定意见更加合理。

（二） 合同的相对性原则

合同相对性原则是合同法中古老的原则，意指经由双方相对的意思表示合致而产生的合同，其效力不得及于第三人，除非有法律的特殊规定或者第三人同意。在本案中，工行一支行与华程公司（携程公司关联公司）曾签约约定，"对于乙方（华程公司）受理的牡丹卡每笔业务，甲方依照乙方提供的牡丹信用卡卡号等要素操作并给出授权号码。甲方不对要素来源可靠性负责"。携程公司曾于2004年1月向其关联公司华程公司出具委托书，委托其为客户提供酒店相关服务费用的结算服务。也就是说，银行可以基于上海华程公司提供的相关信息，对华程公司受理的每笔牡丹卡业务进行无密扣款，这显然是对持卡人的一种不利益。这是一份涉他合同，在本案中，谢某一方面不知道有这份协议存在，而且也没有对无密扣款表示同意，因此，这份合同效力不得及于谢某。工行一支行与携程公司不得以之作为抗辩的理由。

（三） 共同侵权

狭义上的共同侵权，是指二人以上基于事前意思联络，即共同故意或者至少共同过失致使他人损害。① 在本案中,工行一支行与携程公司构成共同侵权,理由在于:第一,携程公司与工行一支行具有共同的过错。华程公司作为携程公司的关联公司,之前曾与银行签订了关于"无密扣款"的协议,双方有着一致的意思联络。而携程公司在谢某拒绝付款的情况下,要求银行划扣款项,而银行在明知持卡人选择密码支付并且拒绝支付的情况下,依旧根据商户请求,划扣了持卡人相应房费,二者对"无密扣款"具有共同的过错;第二,携程公司与银行具有共同的侵权行为,本案中"无密扣款"不是银行单方的行为,而是银行与携程公司根据双方之间的协议,共同开展的一项业务,侵害了金融消费者谢某的知情权和财产权;第三,持卡人谢某受有损害。第四,原告谢某的财产损害与两被告行为存在直接因果关系。由于银行的无密扣款行为,导致原告谢某的财产损害,包括滞纳金与利息,3项合计共损失 6 000 多元。因此,综合上述分析,银行与携程公司对持卡人谢某构成共同侵权,应当对其承担连带赔偿责任。

五、风控提示

(一)银行应切实履行新型的支付方式的告知义务

银行要履行告知和说明义务,通过适当方式提前将"无密扣款"等新型支付方式/业务的操作流程、权利义务关系、潜在风险、责任分配和相关注意事项提前告知客户,并做好解释和说明工作,确保持卡人在充分知悉有关交易规则的情况下作出同意的表示,不至于产生误解。在未得到持卡人同意时,不得采取侵害当事人权利的方式进行扣款操作。与特约商户签订关于新兴支付方式的合约时,应对在商户进行消费和结算的持卡人发出提醒或通知,如采取短信、微信或者电话询问的方式,询问当事人是否同意采取新型支付方式,当事人未同意的,不得采取相关方式,而应以领用合约上规定的支付方式为准。本案中,银行与华程公司私自签订了对第三人产生效力的合约,在不经持卡人同意的情况下就采取了无密扣款的方式,这一行为,显然侵犯了持卡人的知情权。

银行为避免今后出现类似纠纷,可以考虑完善信用卡领用申请表的栏目选择,比如在本案中,在"消费密码选择"一栏中,可以增加复选选项即"特殊邮购服务中,在持卡人提供了卡号、发卡行、信用卡有效期、信用卡 CVV 最后 3 位校验码、持卡人姓名与身份证号码的情况下,允许无密扣款"。对已有持卡人,可以通过网络、电话、短信的方式进行补充告知,请持卡人作出明确选择并进行记录。

(二)银行应规范操作,做好相应业务的阐明工作

无论是预授权业务还是无密扣款义务,都是新兴的具有专业技术性的银行业务。持卡人在面对银行与特约商户时,对新型业务流程环节的把握以及相应的权利

---

① 参见朱岩:《侵权责任法通论》(上册),法律出版社 2011 年版,第 203 页。

义务的熟知程度处于相对弱势，因此，作为经济实力和技术水平均处于强势地位的银行应履行必要的告知义务，区分两种业务。而在本案中，银行作为一个理论上的阐明者，对预授权业务与无密扣款业务产生了混淆，实施了侵权行为。持卡人谢某一来没有做出无密扣款的同意；二来没有做出实施预授权交易的授权行为，银行本不应在当事人未输入密码的情况下划扣钱款，但是银行显然没有规范操作，在没有获得预授权交易单与预授权确认单的情况下，竟将无密扣款作为"预授权确认"的方式，私自划扣了持卡人的钱款，没能切实保障持卡人的利益。

六、法律依据

- 《中华人民共和国侵权责任法》（全国人民代表大会常务委员会发布，2010年7月1日实施，法宝引证码：CLI.1.125300）

第六条 行为人因过错侵害他人民事权益，应当承担侵权责任。

第八条 二人以上共同实施侵权行为，造成他人损害的，应当承担连带责任。

- 《中华人民共和国商业银行法》（全国人民代表大会常务委员会发布，2015年8月29日修正，法宝引证码：CLI.1.256594）

第二十九条 商业银行办理个人储蓄存款业务，应当遵循存款自愿、取款自由、存款有息、为存款人保密的原则。

对个人储蓄存款，商业银行有权拒绝任何单位或者个人查询、冻结、扣划，但法律另有规定的除外。

第七十三条 商业银行有下列情形之一，对存款人或者其他客户造成财产损害的，应当承担支付迟延履行的利息以及其他民事责任：

（一）无故拖延、拒绝支付存款本金和利息的；

（二）违反票据承兑等结算业务规定，不予兑现，不予收付入账，压单、压票或者违反规定退票的；

（三）非法查询、冻结、扣划个人储蓄存款或者单位存款的；

（四）违反本法规定对存款人或者其他客户造成损害的其他行为。

有前款规定情形的，由国务院银行业监督管理机构责令改正，有违法所得的，没收违法所得，违法所得五万元以上的，并处违法所得一倍以上五倍以下罚款；没有违法所得或者违法所得不足五万元的，处五万元以上五十万元以下罚款。

第七章 其他纠纷

01 【办理保理业务的银行仅将债权转让登记于应收账款质押系统，不具有通知的效力】

中国工商银行股份有限公司上海市青浦支行与上海康虹纺织品有限公司等合同纠纷上诉案

一、实务规则

［保理合同］商业银行办理保理业务时，应当通知该保理业务所涉应收账款的债务人，仅在应收账款质押系统进行登记的，不具有通知的效力。

二、规则解读

保理合同首先适用债权转让相关法律进行规制。债权转让未通知债务人的，对债务人不发生效力。商业银行仅将债权转让登记于应收账款质押系统，不具有通知的效力。

三、案情概述

（一）案情简介

案例名称：中国工商银行股份有限公司上海市青浦支行与上海康虹纺织品有限公司等合同纠纷案

案例来源：《人民司法·案例》2013年第18期

案号：（2012）沪二中民六（商）终字第147号

关键词：保理合同　债权让与

具体案情：

2011年11月23日，中国工商银行股份有限公司上海市青浦支行（以下简称"工行青浦支行"）与上海康虹纺织品有限公司（以下简称"康虹公司"）签订了《国内保理业务合同》《应收账款转让清单》及明细。双方约定：康虹公司作为上海大润发有限公司（以下简称"大润发公司"）的销货方，将其对大润发公司总额3 788 766.01元的应收账款转让给工行青浦支行，并向该行申请办理有追索权的335万元国内保理融资业务；保理融资到期后，工行青浦支行未收到购货方付款，或购货方付款金额不足以偿付融资本金及利息等费用的，康虹公司应按照工行青浦支行的通知事项对未收回的应收账款进行回购，也可以行使在应收账款到期时直接向购货方追索等多项措施；对未按期偿还合同项下融资本金及利息的（含被宣布提前到期的），工行青浦支行有权自逾期之日起在原融资利率基础上加收50%的利率计收罚息。应收账款还款日为2011年11月23日，保理融资发放日为2011年11月23日，保理融资到期日为2012年1月6日；同时还约定了贷款利率为6.405%，利息计收方式为按月，手续费为4050元。同日，工行青浦支行在中国人民银行征信中心应收账款质押登记系统（以下简称央行登记系统）对该债权转让作了应收账款转让登记；并与康虹公司共同出具了《应收账款债权转让通知书》；与施某某、杨乙签订了《保证合同》一份，由施某某、杨乙为康虹公司在保理合同项下所负的全部债务提供连带责任保证。

2011年11月25日，工行青浦支行向康虹公司发放了335万元保理融资款。康虹公司支付了至2011年12月20日止的利息。2012年1月6日，保理融资到期，工行青浦支行未收到大润发公司的应收账款，康虹公司等人亦均未履行相应的义务。

此外，康虹公司曾于2011年11月4日向大润发公司发出《更改付款账户申请》，明确因康虹公司在工行青浦支行处办理应收账款保理贷款业务，按照银行的信贷审批要求将货款结算账户变更到康虹公司在中国工商银行股份有限公司上海市徐泾支行的账户，并要求将原来的支票付款变更为贷记凭证等直接付款。大润发公司同意并按康虹公司的更改意见执行。至2012年2月5日，因康虹公司对外另有债务，上海市闸北区人民法院等多家法院向大润发公司发出协助执行通知书，要求协助冻结康虹公司对大润发公司的应收账款。

（二）审理要览

一审法院认为，工行青浦支行与康虹公司所签订的国内保理业务合同及应收账款转让明细所约定的保理融资金额、保理融资到期日、贷款利率等，是各方当事人真实意思表示，且不违反我国法律、行政法规的禁止性规定，合法有效。保理合同签订后，工行青浦支行虽与康虹公司订立了《应收账款转让清单》及明细，也共同出具了《应收账款债权转让通知书》，但康虹公司未将应收账款债权转让事实通知大润发公司。由于康虹公司未履行债权转让通知义务，工行青浦支行与康虹公司之间的应收账款债权转让对大润发公司不发生效力，工行青浦支行与康虹公司之间及康虹公司与大润发公司之间的原有的合同权利与义务关系未发生改变。同时，在本案诉讼前，诸多法院依法冻结了康虹公司在大润发公司处的应收账款，上述应收账款因受司法限制，现已无法转让。因此，工行青浦支行按约向康虹公司发放了335万元保理融资款，在保理合同所约定的保理融资到期日到期后，工行青浦支行不能依据保理合同的约定要求大润发公司在应收账款到期时直接支付应收账款本金及利息的诉讼请求。保理合同明确约定了康虹公司的偿还责任，在应收账款债权转让不成立的前提下，工行青浦支行可以要求康虹公司在保理融资本金 335 万元及利息的范围内承担清偿责任。且根据《保证合同》的约定，工行青浦支行可以要求施某某等人承担各自的担保责任。

工行青浦支行不服，上诉至上海市第二中级人民法院。二审法院认为，康虹公司与工行青浦支行签订《国内保理业务合同》的目的，在于以转让对大润发公司的债权为对价，获得工行青浦支行的资金融通。本案争议的核心在于债权转让通知是否已到达债务人大润发公司。首先，案涉《更改付款账户申请》中，康虹公司未就以下事项予以明确：①未通知大润发公司就哪一部分应收账款进行保理贷款，债权转让标的不明；②未告知保理贷款合同（对大润发公司而言即债权转让合同）是否成立并生效；③未明确表明债权转让的意思，变更后的结算账户户名仍为康虹公司。因此，虽然大润发公司确认收到该申请，也不能从该申请推定出康虹公司履行了系争保理合同项下债权转让的通知义务。其次，央行登记系统根据《中华人民共和国物权法》等规范性法律文件，为应收账款质押登记而设。中国人民银行《应收账款质押登记办法》第 4 条规定："中国人民银行征信中心是应收账款质押的登记机构。征信中心建立基于互联网的登记公示系统，办理应收账款质押登记，并为社会公众提供查询服务。"上述规定明确了央行登记系统对应收账款质押登记的法律效力。保理业务中的债权转让登记无法律法规赋予其法律效力。从原《中国人民银行征信中心应收账款质押登记操作规则》①"附则"部分第 25 条的表述看，央行登记系统对债权转让登记的定位为"公示服务"，对债权转让登记并不作实质性审查，故与应收账款质押登记不同，债权转让登记于央行登记系统不发生强制性排他对抗效力。《中华人民共和国合同法》（以下简称《合同法》）明确规定债权转让对债务人发生法律效力的前提是通知，法律、司法解释或相关规范性法律文件未赋予任何形式的登记以债权转让通知的法律效力。因此，即便债权转让在系争登记系统中进行了登记，也不能免除《合同法》确定的债权转让通知义务。在债权转让通知到达大润发公司前，对于大润发公司而言，其仍对康虹公司负有债务。康虹公司因涉及另案纠纷，相关法院在本案保理融资到期日前向大润发公司发出协助执行通知书，要求协助冻结康虹公司在大润发公司的应收账款。上述司法保全行为使康虹公司与工行青浦支行向大润发公司再行通知义务成为不能。因此，二审驳回工行青浦支行针对大润发公司的诉请，终审维持原判。

四、规则适用

（一）关于债权转让

债权转让与是在保持债权统一性的前提下以移转该债权为目的的让与人与受让

---

① 需要说明的是，《中国人民银行征信中心中征动产融资统一登记平台操作规则》第 33 条明确规定废止了《中国人民银行征信中心应收账款质押登记操作规则》。

人之间的诺成、不要式的合同，属于具有债权处分行为性质的准物权行为。《合同法》第 79 条原则上肯定了债权的自由转让，即债权人可以将其享有的全部或者部分权利转让给第三人，但同时也作出了特殊的限制。不得转让的债权包括：

（1）根据合同性质不得转让的债权。一般而言，包括：

①变更债权人会导致给付的内容完全变更的债权；

②变更债权人会导致权利的行使发生显著的差异的债权，比如雇主对雇员享有的债权；

③债权的目的是为了保障债权人的生活的，比如退休金债权；

④当事人之间互为交互计算的债权；

⑤属于从权利的债权原则上不能转让；

⑥不作为债权。

（2）按照当事人约定不得转让的债权。但当事人的特别约定不得对抗善意且无过失的第三人。受让人善意且无过失的，债权转让合同有效，受让人有权要求债务人清偿，债务人有损失的，可以追究债权人的违约责任。但如果受让人是恶意或者是有过失的，债务人可以主张该债权转让无效。

（3）依照法律规定不得转让的债权。

根据《合同法》第 80 条的规定，债权转让只有在通知了债务人之后，才对债务人发生效力。且该条将通知的主体限定为债权人，但一般认为对于此规定作扩张解释，即允许受让人也作为通知的主体。只不过从保护债务人的角度而言，受让人作出债权转让的通知时，必须提出取得债权的证据，例如基础合同、让与公证书等。除受让人同意外，债权人作出的债权转让通知不得撤销。

债务人在接到债权转让的通知后，可以向受让人主张其对转让人的抗辩。且债务人可以向受让人主张其对转让人的抵销权。该抵销权的构成要件包括：

①在接到转让通知时债务人已经享有债权；

②该债权先于转让的债权到期或者同时到期。

（二）关于保理业务

原中国银行业监督管理委员会（以下简称"银监会"）于 2014 年发布《商业银行保理业务管理暂行办法》（以下简称《办法》）。该《办法》第 6 条将保理业务定义为"是以债权人转让其应收账款为前提，集应收账款催收、管理、坏账担保及融资于一体的综合性金融服务"。该《办法》要求债权人将应收账款相关的全部权利及权益让渡。就具体规定而言，该《办法》对于保理业务中的债权转让属性予以了肯定，并对商业银行从事这一业务作出了更为详细的操作规则。但需要指出的是，该《办法》中的一些限制并不能作为判断保理业务中债权转让行为的效力。首先，该《办法》只是部门规章，在效力层级上不符合《中华人民共和国民法总则》和《合同法》中的规定；其次，就该限制规范的目的而言，旨在规范商业银行的保理行为，而非规范商业银行的保理行为的效力。

在本案中，康虹公司将其对大润发的债权转让给工行青浦支行，以获取保理融资，实践中应按照我国民法中的关于民事法律行为和债权让与的相关规定予以处理。工行青浦支行能否向大润发公司主张债务的关键，在于其与康虹公司之间的债权转让行为对大润发公司发生效力——即是否履行了《合同法》第 80 条规定的通知义务。工行青浦支行虽然与康虹公司共同出具了《应收账款债权转让通知书》，并将该笔债权转让登记于中国人民银行征信中心应收账款质押登记系统。针对该转让通知书，法院认为，康虹公司虽然曾向大润发公司发出过《更改付款账户申请》，但法院认为该申请并非是对案涉保理业务涉及的债权转让的通知，因为康虹公司并没有通知大润发公司具体进行保理贷款业务的应收账款的范围；也没有告知债权转让合同是否成立并生效；变更后的结算账户户名仍为康虹公司，应该说该《变更付款账户申请》并无债权转让的意思表示。至于康虹公司与工行青浦支行共同出具的通知书，事实上，债务人大润发公司并未收到该通知书。

针对在应收账款质押登记系统登记的问题，实践中，有不少开展保理业务的银行都将保理债权转让在该系统中进行登记。但法院认为，从该系统设立目的来看，该登记系统主要是为债权质押登记而设。关于债权转让登记，根据原《中国人民银行征信中心应收账款质押登记操作规则》"附则"部分第 25 条的规定，该系统对债权转让登记的意义在于提供"公示服务"，且其对债权转让登记并不作实质性审查。从现有法律依据来看，保理业务中债权转让登记无法律法规赋予其对抗效力。而且，从法学理论上分析，法律未对债权转让规定强制登记制度，该债权转让行为仍为一种合同债权关系，也不可能有任何一个登记系统可以辅助其物权化，并产生强制性排他对抗效力。法律更不能要求债务人在未接到债权转让通知的情况下负有去该登记系统查询的义务。所以，即便债权转让在系争登记系统中进行了登记，也不能免除《合同法》确定的债权转让通知义务。据此，工行青浦支行以在央行征信登记系统登记为由，对抗大润发公司和其他法院对系争债权查封的意见，并无根据。

因此，本案中，法院认定因案涉保理合同中的债权转让事实并未通知债务人大润发公司，且案涉应收账款已经被多家法院冻结，事实上已经不再能转让，因此，工行青浦支行不能要求大润发公司支付应收账款的本金及利息。

五、风控提示

（一）完善应收账款转让手续，认真履行转让通知义务

应收账款转让的形式要件主要包括对债务人进行通知和转移有关单据。我国现行民事立法虽然没有对"如何通知"作出具体的规定，目前国内银行从事保理业务除由转让人向债务人通知外，更合适的方式应该是由保理银行发出通知。具体而言，保理银行和转让人一同在转让通知上签章，并通过邮政特快专递的方式送达债

务人。除在详情单上标明邮寄的是《应收账款债权转让通知书》外,还要留存收件人签收后的底单复印件,并及时对相关文件进行归档保存。

此外,银行还应该获得代表应收账款所有权的单据,即商业发票。为保证获得完整的权利,银行在实际受让应收账款时还应当要求转让人提供与货物所有权转移有关的文件,并对该应收账款进行严格的审查,例如,所受让的应收账款是否符合《合同法》规定的可以转让的债权,保证自己权利的实现。

(二) 预防债务人抗辩权和撤销权带来的风险

《合同法》规定了债权转让中债务人有权将其对债权人的抗辩权转移到受让人,以及债务人得向受让人行使其对债权人的撤销权的情形。银行在进行保理业务时,应当防范因此带来的对实现应收账款的不利影响,尽量将抗辩事由和撤销事由作为要求转让人回购应收账款的条件,以便于将该融资风险提前转移,避免由此带来的不利境地。

(三) 严格执行银监会规定,避免遭受行政处罚

原银监会出台的《商业银行保理业务管理暂行办法》虽然不能影响交易中的民事法律行为的效力,但该办法第五章"法律责任"部分明确规定了商业银行经营保理业务违反该办法时的监管措施。应当说,《商业银行保理业务管理暂行办法》对于保理业务的操作进行了较为详细的规范,对商业银行的保理业务的风险防范具有重要意义,若商业银行能严格按照该《办法》操作,能够避免大部分的风险。例如,该《办法》第13条要求"商业银行不得基于不合法基础交易合同、寄售合同、未来应收账款、权属不清的应收账款、因票据或其他有价证券而产生的付款请求权等开展保理融资业务",并对前述各类不得进行保理融资业务的应收账款进行了定义。

此外,虽然目前央行登记系统进行转让登记的行为仅仅是对银行内信贷管理方面的要求,但从最大限度地保护保理银行的权益的角度出发,银行有必要在开展保理融资业务时在该公示系统中进行查询,避免出现转让人故意隐瞒事实对同一笔应收账款进行了多重转让的问题,同时,银行也应当积极办理应收账款债权转让的登记工作。

六、 法律依据

- 《中华人民共和国合同法》(全国人民代表大会发布,1999 年 10 月 1 日实施,法宝引证码:CLI.1.21651)

第七十九条 【债权的转让】债权人可以将合同的权利全部或者部分转让给第三人,但有下列情形之一的除外:

(一) 根据合同性质不得转让;

(二) 按照当事人约定不得转让;

（三）依照法律规定不得转让。

第八十条 【债权转让的通知义务】债权人转让权利的，应当通知债务人。未经通知，该转让对债务人不发生效力。

债权人转让权利的通知不得撤销，但经受让人同意的除外。

第八十一条 【从权利的转移】债权人转让权利的，受让人取得与债权有关的从权利，但该从权利专属于债权人自身的除外。

第八十二条 【债务人的抗辩权】债务人接到债权转让通知后，债务人对让与人的抗辩，可以向受让人主张。

第八十三条 【债务人的抵销权】债务人接到债权转让通知时，债务人对让与人享有债权，并且债务人的债权先于转让的债权到期或者同时到期的，债务人可以向受让人主张抵销。

- 《商业银行保理业务管理暂行办法》（原中国银行业监督管理委员会发布，2014年4月3日实施，法宝引证码：CLI.4.223511）

第六条 本办法所称保理业务是以债权人转让其应收账款为前提，集应收账款催收、管理、坏账担保及融资于一体的综合性金融服务。债权人将其应收账款转让给商业银行，由商业银行向其提供下列服务中至少一项的，即为保理业务：

（一）应收账款催收：商业银行根据应收账款账期，主动或应债权人要求，采取电话、函件、上门等方式或运用法律手段等对债务人进行催收。

（二）应收账款管理：商业银行根据债权人的要求，定期或不定期向其提供关于应收账款的回收情况、逾期账款情况、对账单等财务和统计报表，协助其进行应收账款管理。

（三）坏账担保：商业银行与债权人签订保理协议后，为债务人核定信用额度，并在核准额度内，对债权人无商业纠纷的应收账款，提供约定的付款担保。

（四）保理融资：以应收账款合法、有效转让为前提的银行融资服务。

以应收账款为质押的贷款，不属于保理业务范围。

第九条 本办法所指应收账款的转让，是指与应收账款相关的全部权利及权益的让渡。

第十三条 商业银行应当根据自身内部控制水平和风险管理能力，制定适合叙做保理融资业务的应收账款标准，规范应收账款范围。商业银行不得基于不合法基础交易合同、寄售合同、未来应收账款、权属不清的应收账款、因票据或其他有价证券而产生的付款请求权等开展保理融资业务。

未来应收账款是指合同项下卖方义务未履行完毕的预期应收账款。

权属不清的应收账款是指权属具有不确定性的应收账款，包括但不限于已在其他银行或商业保理公司等第三方办理出质或转让的应收账款。获得质权人书面同意解押并放弃抵质押权利和获得受让人书面同意转让应收账款权属的除外。

因票据或其他有价证券而产生的付款请求权是指票据或其他有价证券的持票人无需持有票据或有价证券产生的基础交易应收账款单据，仅依据票据或有价证券本身即可向票据或有价证券主债务人请求按票据或有价证券上记载的金额付款的权利。

第三十三条 商业银行违反本办法规定经营保理业务的，由银监会及其派出机构责令其限期改正。商业银行有下列情形之一的，银监会及其派出机构可采取《中华人民共和国银行业监督管理法》第三十七条规定的监管措施：

（一）未按要求制定保理业务管理办法和操作规程即开展保理业务的；

（二）违反本办法第十三条、十六条规定叙做保理业务的；

（三）业务审查、融资管理、风险处置等流程未尽职的。

02【当事人与具备从事金融衍生品发行资格的主体签订的黄金期权合约不是期货合约】

李某某与中国银行股份有限公司北京上地信息路支行期货欺诈责任纠纷上诉案

一、实务规则

［金融机构衍生产品交易合同］当事人与具备从事金融衍生品发行资格的主体签订的黄金期权合约不是期货合约，由该合约而产生的纠纷的法律性质为金融衍生品种交易纠纷，适用《中华人民共和国合同法》（以下简称《合同法》）《银行业金融机构衍生产品交易业务管理暂行办法》（以下简称《暂行办法》）等法律法规中的规定。

二、规则解读

当事人与符合《暂行办法》第 2 条规定的，具备从事金融衍生品发行资格的主体（如商业银行、信托公司等）签订的黄金期权合约，双方的法律关系是金融衍生品交易关系，如合约是当事者双方间真实意思的表示，不存在《合同法》第 52 条列举的情形的，合同有效。

三、案情概述

（一）案情简介

案例名称：李某某与中国银行股份有限公司北京上地信息路支行期货欺诈责任纠纷上诉案

案例来源：《人民司法·案例》2012 年第 20 期

案号：（2011）海民初字第 12709 号；（2011）一中民终字第 10830 号

关键词：金融衍生产品交易　期货交易　欺诈

具体案情：

2010年2月4日，李某某在中国银行股份有限公司北京上地信息路支行（以下简称"信息路支行"）的营业所购买了黄金期权产品（80盎司的一周A黄金看涨期权，期权费为970.40美元；80盎司的一周C黄金看涨期权，期权费为869.60美元）。当日，李某某向信息路支行支付了全部1 840美元期权费。其后，李某某上述两笔期权交易业务全部亏损。

根据信息路支行官方网站对黄金期权的定义，信息路支行所提供的黄金期权业务，是客户根据自己对国际黄金价格未来变动的判断，向银行支付一定金额的期权费后买入相应面值、期限和协定黄金价格的期权（看涨期权或看跌期权），在期权到期日，如果汇率变动对客户有利，则客户通过执行期权可获得较高收益，如果汇率变动对客户不利，则客户可选择不执行期权。

李某某认为信息路支行不是期货交易所，没有权利制定黄金期权合约，其提供的黄金期权合约根本不是期权合约，其出售黄金期权合约给客户的行为是一种以非期权合约冒充期权合约的欺诈行为。他认为其于2010年2月4日在信息路支行购买黄金期权产品的合同因信息路支行的欺诈行为而无效，信息路支行应当赔偿自己因此所受到的损失。2011年4月6日，李某某以信息路支行的黄金期权业务对他存在欺诈为由，将其起诉到北京市海淀区人民法院，要求信息路支行赔偿自己上述两笔黄金期权交易业务损失12 047.77元（按照起诉当日中国银行官方网站公布的汇率100美元＝654.77元人民币，将1 840美元换算成人民币而得出），并由信息路支行承担案件诉讼费。

信息路支行答辩称：根据《中国银行业监督管理委员会关于中国银行开办衍生产品交易业务有关问题的批复》的规定，原中国银行业监督管理委员会（以下简称"银监会"）已批准信息路支行开办金融衍生产品交易业务。信息路支行作为商业银行，已经取得原银监会关于办理期权业务的资格，有权开办黄金期权交易业务，其与李某某之间的黄金期权交易业务合法有效。请求法院驳回李某某的全部诉讼请求，维护信息路支行的利益，保障金融市场的交易秩序。

（二）审理要览

北京市海淀区人民法院经审理认为，作为国务院银行业监督管理机构，原银监会于2004年7月15日作出了《中国银行业监督管理委员会关于中国银行开办衍生产品交易业务有关问题的批复》，信息路支行作为中国银行的分支结构，已经获得原银监会关于办理期权业务的资格，有权开办黄金期权交易业务，其与李某某之间的黄金期权交易业务合法有效。李某某主张信息路支行提供的黄金期权合约根本不是期权合约，信息路支行出售黄金期权合约给客户的行为是一种以非期权合约冒充期权合约的欺诈行为，双方的期权交易关系无效，并要求信息路支行赔偿其损失

12 047.77 元，缺乏法律依据，不予支持。依照《中华人民共和国银行业监督管理法》第 2 条第 1 款、第 2 款，第十六条，以及《中华人民共和国商业银行法》（以下简称《商业银行法》）第 3 条第 1 款第（十四）项的规定，北京市海淀区人民法院判决：驳回李某某全部诉讼请求。

李某某不服一审判决，以一审判决对信息路支行提交的证据理解错误，信息路支行未经合法审批无权开展黄金期权业务，提供的黄金期权业务明显缺乏公开性和公平性，未按照《暂行办法》相关规定对他进行风险评估、揭示交易风险，以及北京市海淀区人民法院对案件没有管辖权等为由，向北京市第一中级人民法院提起上诉，请求确认一审判决无效。

北京市第一中级人民法院经审理认为，本案争议的焦点是李某某与信息路支行进行的黄金期权业务的法律关系性质的认定。根据《期货交易管理条例》《商业银行法》《暂行办法》等相关规定，原银监会作为国务院银行业监督管理机构，于 2004 年 7 月 15 日作出《中国银行业监督管理委员会关于中国银行开办衍生产品交易业务有关问题的批复》，信息路支行作为中国银行的分支结构，有权开办黄金期权交易业务。李某某与信息路支行之间的法律关系的性质为金融衍生品种交易纠纷。根据《最高人民法院关于修改〈民事案件案由规定〉的决定》《最高人民法院关于审理期货纠纷案件若干问题的规定》等相关规定，北京市海淀区人民法院拥有管辖权。

北京市第一中级人民法院认为李某某作为具有完全民事行为的主体，应当对其从事黄金期权业务所面临的风险具有清醒认识。法院经审理查明李某某一共做过 4 笔（信息路支行 3 笔、月坛支行 1 笔）黄金期权业务，除本案涉及的在信息路支行开展的 2 笔黄金期权业务之外，之前，李某某在信息路支行的另外一笔黄金期权业务盈利 1 100 多元，这表明李某某理解黄金期权交易所能带来的盈利并且享受了相应的利益。李某某以信息路支行未对其进行风险评估、揭示交易风险，也没有要求其提供声明和确认函为抗辩，明显违背诚实信用原则，不予采信。关于信息路支行提供的黄金期权业务缺乏公开性和公平性的上诉理由，因李某某未提交证据予以证明，不予采信。

综上，北京市第一中级人民法院认为一审法院认定事实清楚，适用法律正确，论理不当之处予以调整，但处理结果并无不当，应予维持。依照《中华人民共和国民事诉讼法》第 153 条第 1 款第（一）项之规定，二审法院判决驳回上诉，维持原判。

四、规则适用

（一）金融衍生品交易关系与期货法律关系

1. 金融衍生品交易关系的法律性质

《暂行办法》第 3 条规定："本办法所称衍生产品是一种金融合约，其价值取决于一种或多种基础资产或指数，合约的基本种类包括远期、期货、掉期（互换）和期权。衍生产品还包括具有远期、期货、掉期（互换）和期权中一种或多种特征的混合金融工具。"因此，金融衍生品的本质是一种合同。

《合同法》第52条规定了合同无效的5种情形，《中华人民共和国民法总则》（以下简称《民法总则》）第153条也规定了法律行为违反法律、行政法规的强制性规定无效，但是该强制性规定不导致民事法律行为无效的除外。因此，金融衍生品交易关系的效力应当根据《民法总则》《民法通则》《合同法》及《暂行办法》来判断。

在本案中，当事人李某某在信息路支行的营业所购买了黄金期权产品，其与信息路支行间的法律关系是否存在金融衍生品交易关系呢？根据《暂行办法》第3条的规定，期权是金融合约中的一种基本种类，另外，《暂行办法》第2条、第5条分别对交易双方的主体资格进行了规定。其中，根据《暂行办法》第5条的规定，金融衍生品交易合同中的客户是指除金融机构以外的个人客户和机构客户，李某某无疑属于个人客户。那么，信息路支行是否属于第2条规定的"金融机构以及政策性银行"？根据信息路支行提供的《中国银行业监督管理委员会关于中国银行开办衍生产品交易业务有关问题的批复》中第2条的规定，中国银行业监督管理委员会已经同意该行开办代客商品类衍生产品交易业务。该行可以在遵守《期货交易管理暂行条例》（失效）和其他相关规定的前提下，集中于少数优势交易品种为客户提供套期保值服务，但不得进行投机交易。而且在未经原银监会批准的情况下，该行无权开办自营商品类衍生产品交易业务（贵金属除外）。《根据中华人民共和国银行业监督管理法》的规定，原银监会负责全国银行业金融机构及其业务活动的监管工作。该法第16条规定："国务院银行业监督管理机构依照法律、行政法规规定的条件和程序，审查批准银行业金融机构的设立、变更、终止以及业务范围。"根据《商业银行法》第3条第1款第（十四）项的规定，商业银行可以经营"经国务院银行业监督管理机构批准的其他业务"。根据《暂行办法》第6条的规定，银行业金融机构开办衍生产品交易业务，应当经中国银监会批准，接受中国银监会的监督与检查。根据上述规定可以看出，银行等金融机构开办衍生产品交易业务，须经原银监会审批并接受其监管，而黄金期权业务属于衍生品交易的一种，商业银行经营此项业务不得违反前述的各项规定。信息路支行作为商业银行，已经取得了原银监会关于办理期权业务的资格，有权开办黄金期权交易业务，所以，双方主体适格，双方的黄金期权交易属于金融衍生品交易关系，双方的期权交易合约并不违返法律、行政法规的强制性规定。

2. 期货法律关系

期货交易是指在期货交易所进行的期货合同及选择权合同买卖。期货交易的基本要素有：期货交易所设计、未来交割、标准化合约。2012年修改后的《期货交易管理条例》（以下简称《管理条例》）第2条规定："期货交易是指采用公开的集中交易方式或者国务院期货监督管理机构批准的其他方式进行的以期货合约或者期权合约为交易标的的交易活动。本条例所称期货合约，是指期货交易场所统一制定的、规定在将来某一特定的时间和地点交割一定数量标的物的标准化合约。期货合约包括商品期货合约和金融期货合约及其他期货合约。本条例所称期权合约，是指期货交易场所统一制定的、规定买方有权在将来某一时间以特定价格买入或者卖出约定标的物（包括期货合约）的标准化合约。"因此，判断 项交易是否构成期货交易，形式上应具备标准化合约、集中交易、保证金制度、对冲交易等期货交易规则，实质上应不以转移商品所有权为目的，而是期望在价格波动中赚取差额利润。[1]

由此可见，期货法律关系中应当包含标准化合约——由期货交易所统一制定。而在本案中，正如上诉人所言，信息路支行并非期货交易所，二者之间签订的黄金权合约不符合《管理条例》（2012修订）第2条中"标准化合约"，因此，《管理条例》第86条规定："不属于期货交易的商品或者金融产品的其他交易活动，由国家有关部门监督管理，不适用本条例。"双方之间的黄金期权交易就不受《管理条例》调整，其适用的法律应当为上文所述的《暂行办法》。而不能如上诉人所说，由于信息路支行并非期货交易所，没有权利制定黄金期权合约，进而认为信息路支行提供的黄金期权合约根本不是期权合约，其出售黄金期权合约给客户的行为是一种以非期权合约冒充期权合约的欺诈行为。我国的各种法律法规之间是一个有机联系的整体，《管理条例》所不调整的法律关系，《暂行办法》可以调整。因此，金融衍生品交易关系与以标准化合约为特征的期权法律关系存在着交叉与重叠，法院在此案中没有选择《管理条例》作为法律依据，此认定是十分正确的。

（二）关于欺诈的法律行为的效力

欺诈作为影响法律行为效力的一种事由，它是指以使他人陷于错误为目的而为意思表示，故意陈述虚伪事实或者隐瞒真实情况的行为。其构成通常需要包含以下要件：①欺诈行为；②欺诈的故意；③因果关系，它包含两层含义：一是相对人因欺诈而陷于错误，二是当事人因错误而做出意思表示；④欺诈的违法性。[2] 具体到本案，信息路支行并没有欺诈的故意，也没有欺诈行为，信息路支行有权制定黄金期权合约，并且当事人李某某知道自己签订的是一个期权合约，唯其因为自己到行权期后发现自己无法获得预期收益，反而要承担损失，故提出信息路支行出售黄金期权合约给客户的行为是一种以非期权合约冒充期权合约的欺诈行为，并且认为信息路支行在程序上存在问题，如未对他进行风险评估、揭示交易风险等，目的在于撤销合同，弥补自己的损失。但是，一方面，如前文所述，当事人间的法律关系不是受《管理条例》调整的期权关系，而是受《暂行办法》调整的金融衍生品交易

---

[1] 参见赵元松：《非法期货交易的司法认定及民事责任———以杨某诉九汇公司"现货白银"交易为例》，载《法制与经济》2016年2月。

[2] 参见韩世远：《合同法总论》，法律出版社2011年版，第184—188页

关系，因此，并不存在欺诈因素。另外，由于法院经审理查明李某某一共做过4笔（信息路支行3笔、月坛支行1笔）黄金期权业务，并且有一笔黄金期权业务盈利1 100多元，这表明李某某理解黄金期权交易所能带来的盈利并且享受了相应的利益。事实与李某某的上诉理由相矛盾，以信息路支行未对其进行风险评估、揭示交易风险，也没有要求其提供声明和确认函作为抗辩，明显违背诚实信用原则。诚信原则中突出的一点就是不得自相矛盾。合同不存在欺诈因素，李某某又是一个完全民事行为能力人，信息路支行又具备开展金融衍生品交易的资格，两者签订的合同不违背法律、行政法规的强制性规定，因此，双方的黄金期权合同是有效的，《合同法》第8条规定："依法成立的合同，对当事人具有法律约束力。当事人应当按照约定履行自己的义务，不得擅自变更或者解除合同。依法成立的合同，受法律保护。"李某某的诉讼请求于理不合。

五、风控提示

（一）银行应遵守相应程序，履行告知义务

由于金融衍生品交易与期货交易虽然是两类不同法律关系性质的交易，但是两类交易存在一定的交叉重合，这就容易为日后产生纠纷埋下隐患。银行经原银监会批准开展此类金融衍生业务的时候，应遵守相应程序，并对客户负有告知义务，因为金融衍生产品业务的具体情形并不为一般客户所知晓，因此在办理此类业务时，应该对自身的资质、业务的性质、种类、风险进行告示和提示，履行自己的告知义务和风险提示义务，以清晰易懂、简明扼要的文字表述向客户提供衍生产品介绍和风险揭示的书面资料，相关披露以单独章节、明白清晰的方式呈现，不得以页边、页底、脚注或小字体等方式说明，并且经过客户的确认，获取由客户提供的声明、确认函等形式的书面材料，保证客户在知情的情况下进行购买，杜绝纠纷的产生。

此外，根据《合同法》第60条的规定，当事人有义务在合同履行的过程中依据诚实信用原则履行相应的通知义务。这一义务在金融衍生业务中应当得到银行的注意。银行应该及时将合同履行过程中的相应情况告知客户，使客户能够更加准确地判断交易情况，避免不必要的损失。在本案中，尽管银行自身符合提供金融衍生品的资质，但是并没有向上诉人明示，而且，在交易过程中，也没有按要求的方式向对方提供风险提示，这一点，信息路支行存在一定的程序性瑕疵。本案二审法院认为，当事人进行了其他期权交易，并有所获利，说明上诉人知道风险，即从另一方面认定了作为交易相对人的客户，比一般的储户具有更高的注意义务和更强的风险识别能力，进而驳回了上诉。但即便如此，银行在交易中也应当依据诚实信用原则，履行好相应的告知义务。

（二）银行应遵守相关法律法规，避免产生欺诈性交易行为

金融衍生产品交易中，银行应遵守相应法律法规，提供合规的金融产品，杜绝

金融产品欺诈性交易，即在金融衍生品如利率、汇率、股指、黄金、白银期货及期权、掉期及其他衍生品交易中，投资银行、商业银行等使用策略、阴谋或计谋欺骗客户的交易活动。银行应遵守诚实信用原则，诚信经营，不得非法侵害客户的正当利益，应当客观公允地陈述所售衍生产品的收益与风险，不得误导客户对市场的看法，不得夸大产品的优点或缩小产品的风险，不得以任何方式向客户承诺收益。

六、法律依据

- 《中华人民共和国民法总则》（全国人民代表大会发布，2017年10月1日实施，法宝引证码：CLI.1.291593）

第一百五十三条 【违反强制性规定与违背公序良俗的民事法律行为的效力】违反法律、行政法规的强制性规定的民事法律行为无效，但是该强制性规定不导致该民事法律行为无效的除外。

- 《中华人民共和国合同法》（全国人民代表大会发布，1999年10月1日实施，法宝引证码：CLI.1.21651）

第八条 【依合同履行义务原则】依法成立的合同，对当事人具有法律约束力。当事人应当按照约定履行自己的义务，不得擅自变更或者解除合同。

依法成立的合同，受法律保护。

第五十二条 【合同无效的法定情形】有下列情形之一的，合同无效：

（一）一方以欺诈、胁迫的手段订立合同，损害国家利益；

……

（五）违反法律、行政法规的强制性规定。

第六十条 【严格履行与诚实信用】当事人应当按照约定全面履行自己的义务。

当事人应当遵循诚实信用原则，根据合同的性质、目的和交易习惯履行通知、协助、保密等义务。

- 《中华人民共和国银行业监督管理法》（全国人民代表大会常务委员会发布，2007年1月1日实施，法宝引证码：CLI.1.80997）

第二条 国务院银行业监督管理机构负责对全国银行业金融机构及其业务活动监督管理的工作。

本法所称银行业金融机构，是指在中华人民共和国境内设立的商业银行、城市信用合作社、农村信用合作社等吸收公众存款的金融机构以及政策性银行。

……

第十六条 国务院银行业监督管理机构依照法律、行政法规规定的条件和程序，审查批准银行业金融机构的设立、变更、终止以及业务范围。

- 《中华人民共和国商业银行法》（全国人民代表大会常务委员会发布，2015年8月29日修正，法宝引证码：CLI.1.256594）

第三条　商业银行可以经营下列部分或者全部业务：

……

（14）经国务院银行业监督管理机构批准的其他业务。

- 《期货交易管理条例》（中华人民共和国国务院发布，2017年3月1日实施，法宝引证码：CLI.2.293183）

第二条　任何单位和个人从事期货交易及其相关活动，应当遵守本条例。

本条例所称期货交易，是指采用公开的集中交易方式或者国务院期货监督管理机构批准的其他方式进行的以期货合约或者期权合约为交易标的的交易活动。

本条例所称期货合约，是指期货交易场所统一制定的、规定在将来某一特定的时间和地点交割一定数量标的物的标准化合约。期货合约包括商品期货合约和金融期货合约及其他期货合约。

本条例所称期权合约，是指期货交易场所统一制定的、规定买方有权在将来某一时间以特定价格买入或者卖出约定标的物（包括期货合约）的标准化合约。

第八十五条　不属于期货交易的商品或者金融产品的其他交易活动，由国家有关部门监督管理，不适用本条例。

- 《银行业金融机构衍生产品交易业务管理暂行办法》（原中国银行业监督管理委员会发布，2011年1月5日修订，法宝引证码：CLI.4.154327）

第二条　本办法所称银行业金融机构是指依法设立的商业银行、城市信用合作社、农村信用合作社等吸收公众存款的金融机构以及政策性银行。依法设立的金融资产管理公司、信托公司、企业集团财务公司、金融租赁公司，以及经中国银行业监督管理委员会批准设立的其他银行业金融机构从事衍生产品业务，适用本办法。

第三条　本办法所称衍生产品是一种金融合约，其价值取决于一种或多种基础资产或指数，合约的基本种类包括远期、期货、掉期（互换）和期权。衍生产品还包括具有远期、期货、掉期（互换）和期权中一种或多种特征的混合金融工具。

第四十八条　银行业金融机构应当以清晰易懂、简明扼要的文字表述向客户提供衍生产品介绍和风险揭示的书面资料，相关披露以单独章节、明白清晰的方式呈现，不得以页边、页底或脚注以及小字体等方式说明，内容包括但不限于：

（一）产品结构及基本交易条款的完整介绍和该产品的完整法律文本；

……

（三）与交易相关的主要风险披露；

……

第五十二条　与客户达成衍生产品交易之前，银行业金融机构应当获取由客户提供的声明、确认函等形式的书面材料，内容包括但不限于：

（一）客户进行该笔衍生产品交易的合规性；

……

03 【银行不能提供证据证明客户多取款的,不能要求客户承担不当得利返还的责任】
江苏省大丰市农村信用合作联社大龙分社与吴某某不当得利纠纷上诉案

一、实务规则

［不当得利纠纷］银行不能提供证据证明客户多取款的,不能要求客户承担不当得利返还的责任。

二、规则解读

银行不能提供足够且直接的证据证明客户从银行多取款的,不能认定客户对银行的损失构成不当得利。

三、案情概述

（一）案情简介

案例名称：江苏省大丰市农村信用合作联社大龙分社与吴某某不当得利纠纷上诉案

案例来源：《人民司法·案例》2007年第10期

案号：（2006）盐民一再终字第4号

关键词：不当得利　证明标准　高度盖然性

具体案情：

2004年9月28日,吴某某持面额为1 200元的到期存单到江苏省大丰市农村信用合作联社大龙分社（以下简称"大龙分社"）取款。该社柜台出纳员丁某某接到存单后即办理取款手续,结息19.16元。吴某某取款后不久即到同街邮电所邮政储蓄处存款5 000元。当日下午,出纳员丁某某轧账时,发现少款10 800元。由于信用社的监控器在案发前发生故障未能修复,不能反映当日取款情况。经查流水账,当日只有宗某某存款12 000元和吴某某取款1 200元。丁某某经回忆排除对宗某某业务出错的可能性,遂怀疑可能因差错而多支付吴某某10 800元。

大龙分社遂向派出所报案。派出所当即派员调查,吴某某表示没有多取款。案发次日,在吴某某后面的取款人李某在派出所民警调查时证实："在我前面有个女的正在取钱,她取多少我不晓得,但我看她走的时候手上抓了一大把钱,都是100元的票面,不止一公分厚。"此后,派出所和法律服务所先后进行调解未果,大龙分社向法院提起诉讼,请求判令吴某某返还10 800元。

在审理期间,大丰市人民法院征得吴某某、丁某某同意后,委托南通市中级人民法院进行心理测试。2004年11月心理测试鉴定结论为："吴某某从原告处拿走的是 12 000 元，丁某某没有占有 10 800 元钱。"

（二）审理要览

大丰市人民法院经审理后认为，大龙分社工作人员丁某某误将吴某某 1 200 元存单付款 12 000 元给吴某某，虽没有直接证据证明，但所提供的间接证据形成了锁链。依据《中华人民共和国民法通则》（以下简称《民法通则》）第 92 条的规定，该院判决被告吴某某返还大龙分社人民币 10 800 元。

一审判决生效后，盐城市人民检察院以本案中证人李某的证言不能证实吴某某取了多少钱，且未能出庭作证；证人高某某是受丁某某的委托去吴某某处做工作的，其证言的证明力较低；心理测试结论不属于《中华人民共和国民事诉讼法》（以下简称《民事诉讼法》）第 63 条规定的证据形式之一为由，向盐城市中级人民法院提出抗诉，认为案件中除丁某某自称少款 10 800 元以外，没有其他证据来佐证这一事实；现有证据不能证实吴某某多取了信用社 10 800 元。

大丰市人民法院再审认为，大龙分社工作人员丁某某误将吴某某 1 200 元存单当作 12 000 元付款给吴某某，虽没有直接证据证明，但所提供的间接证据形成了证据锁链。依照《民法通则》（1991 年）第 92 条、《民事诉讼法》第 184 条的规定，该院再审维持了一审判决。

被告吴某某不服再审判决，向盐城市中级人民法院提起上诉。盐城市中级人民法院经审理认为，本案被上诉人大龙分社提供证据主张上诉人吴某某不当得利，提供的间接证据虽然能够形成高度盖然性的证据优势，但未能完全排除关键性证人丁某某侵吞公款这一合理性疑点。据此，依照《民事诉讼法》（1991 年）第 184 条、第 185 条第（三）项之规定驳回信用社对吴某某的诉讼请求。

四、规则适用

（一）关于不当得利

不当得利是民法上的一项重要制度，在日常生活中经常发生，其实质是财产的损益在没有合法根据的情况下发生变动。根据《民法通则》第 92 条的规定，不当得利的一般构成要件包括：

（1）一方获得财产上的利益。如果没有人获得财产上的利益，也就不存在"得利"，更不用考虑"当"与"不当"的问题。因此，一方在财产上获得了利益是成立不当得利的前提。受益人获得财产上利益可以表现为两个方面：积极的受益和消极的受益。所谓积极的受益是指受益人的财产或者利益积极地增加；所谓消极的受益是指受益人的财产或者利益本来应该减少而没有减少。

（2）他人有损失。如果只有一方获得利益，而他人没有损失，即发生所谓的"利己不损人"的时候，不构成不当得利。但需要说明的是，在不当得利制度下，受益人获得的利益和受损人的损失内容可以不一样。以无权处分为例，在买受人善意取得标的物的情况下,原所有权人的损失是标的物的所有权,而无权处分的受益是价金。虽然损失和受益的内容不一样,但依然成立不当得利。

(3) 受损人的损失与受益人的受益之间存在因果关系,即损失是受益所造成的结果或者是受益是建立在损失的基础之上。

(4) 没有合法根据。没有合法根据是成立不当得利的重要构成要件,受益人获得的利益之所以不被法律保护,最重要的原因就是其获得利益没有法律上的原因。

根据发生的原因是否是基于给付关系,可以将不当得利分为基于给付而发生的不当得利和基于给付以外的事实而发生的不当得利。其中,在因给付而发生的不当得利中,一方当事人所获得的利益是由另一方当事人的给付带来的,受益人的利益和给付人的损失是同一的,故因给付而发生的不当得利构成要件中,无需再单独考虑损失这一要件。

本案中,大龙分社诉吴某某不当得利纠纷属于因给付而发生的不当得利,法庭审查的重点是被告吴某某是否存在受益,即是否从原告大龙分社处多领款。如果大龙分社能列举足够充分的证据证明被告吴某某获益这一事实存在,则基本可以证明该信用社所遭受的损失。在本案中,由于大龙分社没有提供直接证据,例如监控录像证明吴某某有从该社多领存款的事实,而只是出具了书面的对账凭证、证人证言等其他间接的证据。二审法院认为,大龙分社提供的间接证据不能排除其他的合理怀疑,即不能证明被告吴某某有从该社多领存款的事实,因此驳回了该社对吴某某的诉讼请求。

(二) 关于"高度可能性"的证明标准

民事诉讼的证明标准是指诉讼中要求承担证明责任的当事人提出证据证明案件事实所要达到的程度,对法院的裁判行为起着重要的指导作用,决定着法院在当事人提出的证据达到何种可信程度才能据以认定案件事实。①

《最高人民法院关于适用〈中华人民共和国民事诉讼法〉的解释》第108规定了民事诉讼中"高度可能性"的证明标准。根据该条的规定,人民法院确信待证事实的存在具有高度可能性的,应当认定该事实存在;认定待证事实真伪不明的,应当认定该事实不存在。"高度可能性"的证明标准是"法律真实"在民事诉讼中的具体体现,是在承认认识的绝对性和相对性的基础上产生的,符合人类的认识规律和当前大多数国家的立法通例,体现了诉讼中的公正与效率相结合的原则。② 同时,根据《最高人民法院关于民事诉讼证据的若干规定》第73条第1款的规定,当双方当事人对同一事实举出相反证据且无法否定对方证据时,法院通过衡量证据证明力大小来确定哪一方的举证符合"高度可能性"标准,如果双方都不能达到"高度可能性"标准,则依据举证责任的分配规则裁判。

---

① 参见宋朝武主编:《民事诉讼法学》(第四版),中国政法大学出版社2015年版,第210页。
② 同上注。

本案中，大龙分社因监控出故障，未能出具现场录像作为直接证据；在间接证据方面，提供了吴某某取存款记录及陈述、当日流水账，出纳员丁某某、储蓄户李某、高某某等人的证人证言。吴某某则否认了得利事实，应当说大龙分社提出的认定被告吴某某得利的盖然性间接证据占优势。第一，吴某某取款后马上到邮电所存款5 000元，与其陈述的取款目的不符，也有违日常生活经验。第二，9月29日流水账反映吴某某取款1 200元与出纳员丁某某证言证实轧账少款10 800元并回忆可能支吴某某12 000元的事实，从日常工作经验分析，数额出入正好符合，证明了存在出纳员出错多付款给吴某某的可能性。第三，证人李某证言证实看到吴某某取款时手持一大把百元的且不止一公分厚的事实，有助于认定吴某某取款多于1 200元的事实。第四，证人高某某证言证实吴广连同意返还5 000元，证明了其多领款得利的可能性。第五，心理测试鉴定结论证明被告人吴某某说谎多得10 800元的可能性。

但是本案中就被告吴某某相对于大龙分社而言，在举证能力上处于明显弱势地位。如若对信用社等金融机构业务活动中因自身原因出错而适用高度盖然性原则，势必使其胜诉概率高于普通客户。若其中原因源自金融机构内部从业人员主观恶意行为，势必会使处于弱势的客户蒙受冤屈，带来归责上的不公平；同时，也不利于金融机构加强内部管理，有效防范类似现象的发生。因此对于在金融机构交易发生的给付不当得利案件的证明标准应当适用严格的高度盖然性原则，排除合理疑点，达到令人信服的程度。

就本案而言，虽然原告信用社对主张事实提供的大量证据与被告的辩解相比确实形成占优势的盖然性，但间接证据不能完全排除合理疑点，即未能排除出纳员丁某某侵吞的可能性。从本案案情分析，原告信用社诉被告吴某某不当得利源于丁某某称轧账时发现少10 800元，怀疑被告得利。丁某某是业务经手人，与本案有重大利害关系，而高某某受丁某某委托去做吴某某的思想工作，根据《最高人民法院关于民事诉讼证据的若干规定》第69第2款的规定，丁某某和高某某的证言证明力较低，不能单独作为认定案件事实的依据。在此，原告信用社负有证明丁某某没有欺诈隐瞒侵吞公款的举证责任。但原告由于内部管理监督不完备，监控出现故障，导致未能提供可以作为直接证据的现场录像，同时也未能提供相应的审核凭证等书面证据，故客观上不能排除这一合理疑点。

五、风控提示

（一）加强对业务员的培训教育，避免出现业务上的失误

银行的一线业务人员代表银行与客户进行交易时，应当符合银行的操作规范，谨慎认真地做好每一笔业务。在业务员身上把好关，尽可能地减少操作失误，可以大大降低银行的涉诉风险。一方面，银行应该制定完备的义务操作指南，让业务员

在办理具体业务时有章可循；另一方面，银行应该制定相应的内部惩罚机制，既能督促业务员严格按照操作指南办理业务，也能弥补因业务员操作失误所造成的损失。

（二）维护好各类设施设备，做好证据材料的留存工作

银行日常经营的业务量较大，尤其是现金的流动大，要做到完全不出错误是很难的。当出现业务上的错误时，完善的设施设备和书面材料，能够为银行及时发现错误的原因提供帮助。尤其是在涉诉时，完整的监控录像有助于银行履行好自己的举证责任，形成完成的证据链，增强法院支持银行的诉讼请求的可能性。

六、法律依据

- 《中华人民共和国民法总则》（全国人民代表大会发布，2017 年 10 月 1 日实施，法宝引证码：CLI.1.291593）

第一百二十二条 【不当得利】因他人没有法律根据，取得不当利益，受损失的人有权请求其返还不当利益。

- 《中华人民共和国民法通则》（全国人民代表大会常务委员会发布，2009 年 8 月 27 日修正，法宝引证码：CLI.1.167199）

第九十二条 没有合法根据，取得不当利益，造成他人损失的，应当将取得的不当利益返还受损失的人。

- 《最高人民法院关于适用〈中华人民共和国民事诉讼法〉的解释》（最高人民法院发布，2015 年 2 月 4 日实施，法宝引证码：CLI.3.242703）

第一百零八条 对负有举证证明责任的当事人提供的证据，人民法院经审查并结合相关事实，确信待证事实的存在具有高度可能性的，应当认定该事实存在。

对一方当事人为反驳负有举证证明责任的当事人所主张事实而提供的证据，人民法院经审查并结合相关事实，认为待证事实真伪不明的，应该认定该事实不存在。

法律对于待证事实所应达到的证明标准另有规定的，从其规定。

- 《最高人民法院关于民事诉讼证据的若干规定》（最高人民法院发布，2008 年 12 月 31 日实施，法宝引证码：CLI.3.219034）

第六十九条 下列证据不能单独作为认定案件事实的依据：

（一）未成年人所作的与其年龄和智力状况不相当的证言；
（二）与一方当事人或者其代理人有利害关系的证人出具的证言；
（三）存有疑点的视听资料；
（四）无法与原件、原物核对的复印件、复制品；
（五）无正当理由未出庭作证的证人证言。

第七十三条 双方当事人对同一事实分别举出相反的证据,但都没有足够的依据否定对方证据的,人民法院应当结合案件情况,判断一方提供证据的证明力是否明显大于另一方提供证据的证明力,并对证明力较大的证据予以确认。

因证据的证明力无法判断导致争议事实难以认定的,人民法院应当依据举证责任分配的规则作出裁判。

04 【银行行使提单质权的方式与行使提单项下动产质权的方式相同】中国建设银行股份有限公司广州荔湾支行与广东蓝粤能源发展有限公司等信用证开证纠纷案

一、实务规则

[信用证开证] 提单具有债权凭证和所有权凭证的双重属性,提单持有人是否取得物权以及取得何种类型的物权,取决于当事人之间的约定。银行行使提单质权的方式与行使提单项下动产质权的方式相同。

二、规则解读

提单具有债权凭证和所有权凭证的双重属性,提单持有人是否因受领提单的交付而取得物权以及取得何种类型的物权,取决于合同的约定。开证行根据其与开证申请人之间的合同约定持有提单,结合当事人的真实意思表示以及信用证交易的特点,对信用证项下单据中的提单以及提单项下的货物享有质权的,开证行行使提单质权的方式与行使提单项下动产质权的方式相同,即对提单项下货物折价、变卖、拍卖后所得价款享有优先受偿权。

三、案情概述

(一)案情简介

案例名称:中国建设银行股份有限公司广州荔湾支行与广东蓝粤能源发展有限公司等信用证开证纠纷案

案例来源:《最高人民法院公报》2016年第5期

案号:(2015)民提字第126号

关键词:提单 权利质权 让与担保 信托收据

具体案情:

2011年12月5日,中国建设银行股份有限公司广州荔湾支行(以下简称"建行荔湾支行")与广东蓝粤能源发展有限公司(以下简称"蓝粤能源")《贸易融资额度合同》及相关附件,约定自2011年12月22日起至2012年11月25日,建行荔湾支行向蓝粤能源提供最高不超过等值5.5亿元的贸易融资额度,其中包括开立承付期限 90 天（含）以内、额度为等值 5.5 亿元整的远期信用证。2011 年 12 月 5 日，建行荔湾支行（乙方）又分别与广东粤东电力工程有限公司（以下简称"粤东电力"）、广东蓝海海运有限公司（以下简称"蓝海海运"）、蓝某某（甲方）签订了编号分别为 2011 荔最高额××5 号、2011 荔最高额××6 号的《最高额保证合同》及编号为 2011 荔自保××0 号的《最高额自然人保证合同》，约定：甲方为上述蓝粤能源《贸易融资额度合同》项下的债务提供最高限额为 26.7 亿元的连带责任保证。担保范围为主合同项下全部债务，包括但不限于全部本金、利息（包括复利和罚息）、违约金、赔偿金、债务人应向乙方支付的其他款项（包括但不限于乙方垫付的有关手续费、电讯费、杂费、信用证项下受益人拒绝承担的有关银行费用等）、乙方实现债权与担保权利而发生的费用（包括但不限于诉讼费、仲裁费、财产保全费、差旅费、执行费、评估费、拍卖费、公证费、送达费、公告费、律师费等）。合同还约定：如果主合同项下债务到期或者乙方根据主合同的约定或法律规定宣布债务提前到期，债务人未按时足额履行，或者债务人违反主合同的其他约定，甲方应在保证范围内承担保证责任。如果甲方未在乙方要求的期限内全部支付应付款项，应自逾期之日起至甲方向乙方支付全部应付款项之日止，根据迟延付款金额按每日万分之五的标准向乙方支付违约金。在此情形下，甲方承担的保证责任与上述违约金之和不以合同约定的最高责任限额为限。

2012 年 11 月 2 日，蓝粤能源向建行荔湾支行申请开立贸易融资额度为 8 592 万元的远期信用证。同时为申请开立上述信用证，蓝粤能源向建行荔湾支行出具了《信托收据》和签订了编号为 2012 荔质 185 号的《保证金质押合同》。《信托收据》确认自该收据出具之日起，建行荔湾支行即取得上述信用证项下所涉单据和货物的所有权，建行荔湾支行与蓝粤能源之间确立信托法律关系，建行荔湾支行为委托人和受益人，而蓝粤能源则作为上述信托货物的受托人。《保证金质押合同》则约定蓝粤能源交纳 950 万元保证金，后又追加保证金 31 万元，为上述债务提供质押担保。建行荔湾支行于 2012 年 11 月 2 日为蓝粤能源开出了编号为 44016010002089 号的跟单信用证，并向蓝粤能源发出《开立信用证通知书》。信用证开立后，蓝粤能源进口了 164 998 吨煤。随后建行荔湾支行对该信用证进行了承兑，并向蓝粤能源放款 84 867 952.27 元，用于蓝粤能源偿还建行首尔分行信用证垫付款。蓝粤能源在款项到期后未能足额清偿欠款，构成违约。

2012 年 12 月 6 日，建行荔湾支行与蓝某某签订编号为 2012 荔最高额质 018 号的《最高额权利质押合同》，约定蓝某某以其所持有的蓝粤能源 6% 的股权，为建行荔湾支行与蓝海海运、蓝粤能源为进行贷款、银行承兑汇票等多项授信业务而于 2008 年 1 月 1 日至 2012 年 12 月 31 日间签订的借款合同主合同项下的债务提供最高额权利质押担保。最高额权利质押项下担保责任的最高限额为 238 978.02 万元。2012 年 12 月 7 日，广东省工商行政管理局为上述股权质押办理了股权出质登记手续。

2013年3月21日、4月21日,建行荔湾支行两次向粤东电力、蓝海海运、蓝某某发出逾期贷款(垫款)催收通知书,要求粤东电力、蓝海海运、蓝某某履行保证责任,清偿蓝粤能源拖欠的84 867 952.27元本金及551 641.69元利息。粤东电力、蓝海海运、蓝某某未能清偿上述欠款。

另查明,蓝粤能源进口的164 998吨煤炭提货单由蓝粤能源交付给了建行荔湾支行。但因其他纠纷,该批煤炭被广西防城港市港口区人民法院查封。建行荔湾支行就该保全查封已向广西北海海事法院提起了异议,该异议尚在审理中。因该批煤炭被法院查封,建行荔湾支行未能提货变现。

(二) 审理要览

广州市中级人民法院认为,本案中,建行荔湾支行并非就164 998吨煤炭的权属问题与蓝粤能源、粤东电力、蓝海海运、蓝某某发生争议。该批煤炭被其他法院查封后,建行荔湾支行也已寻求其他救济途径予以解决。建行荔湾支行要求确认164 998吨煤炭权属的请求,不属于本案审理的范围,对其该项诉请应予驳回。建行荔湾支行虽持有164 998吨煤炭的货运提单,但建行荔湾支行与蓝粤能源并未就该提单依法定程序设定质押。信托收据及提单的交付即便具有为本案债务进行担保的含义,其效力也仅限于双方当事人之间,不产生对抗第三人的效力。尽管蓝粤能源已将164 998吨煤炭的提单交付给了建行荔湾支行,但双方并未约定直接以煤炭抵偿欠款。且该提单是否为清洁提单,建行荔湾支行能否凭该提单提取货物抵偿欠款等事项均未确定。根据查明的事实,因其他债务纠纷,该提单项下的煤炭已被有关法院查封,建行荔湾支行并未实际提取煤炭,其债权并未得到实现。蓝粤能源及粤东电力、蓝海海运、蓝某某对其拖欠建行荔湾支行的本金及利息金额予以确认,建行荔湾支行有权要求蓝粤能源清偿垫付的本金84 867 952.27元及利息。至于该债务以何种方式清偿、提单如何处理,双方可自行协商。虽然建行荔湾支行与粤东电力、蓝海海运、蓝某某签订的保证合同中,对保证人到期不履行清偿义务约定了需承担每日万分之五的违约金责任,且在主债务人蓝粤能源到期未能履行还款义务的情形下,建行荔湾支行亦向保证人进行了催收。但鉴于蓝粤能源在与建行荔湾支行订立合同时,即将信用证项下的煤炭提单交付给了建行荔湾支行,双方存在以煤炭变现款清偿债务的意思表示。现因第三方原因不能提取煤炭,双方对应履行的债权债务金额尚存纠纷的情况下,建行荔湾支行以粤东电力、蓝海海运、蓝文彬已构成违约为由,要求其承担每日万分之五的违约金责任不当。再则,建行荔湾支行于本案起诉要求蓝粤能源偿还的84 867 952.27元本金及利息中,已经包含复利、罚息,蓝粤能源及粤东电力、蓝海海运、蓝文彬对该欠款本金及利息均无异议。该金额系对建行荔湾支行本金及利息损失的补偿。在此基础上要求保证人再承担每日万分之五的违约金,无疑加重了保证人的责任,系对保证人进行双重惩罚,不符合《中华人民共和国合同法》(以下简称"合同法")第113条"损失赔偿额应当相当于因违约所造成的损失"的规定,故对建行荔湾支行的该项诉请不予支持。至于针对蓝某某持有的6%的蓝粤能源股权的优先受偿权,因该权利质押经合法登记依法成立,建行荔湾支行、蓝粤能源及蓝某某对此均无异议,对此予以支持。

因此,一审法院支持了建行荔湾支行要求蓝粤能源及其保证人粤东电力、蓝海海运、蓝某某清偿本金84 867 952.27元及利息,以及对蓝某某持有的蓝粤能源6%的股权享有优先受偿权的请求,驳回了该行的其他诉讼请求。

建行荔湾支行不服一审判决,向广东省高级人民法院(以下简称"广东高院")提起上诉。广东高院二审认为,一审判决认定事实清楚,处理结果并无不当,建行荔湾支行的上诉请求和理由依据不足,驳回上诉,维持原判。

建行荔湾支行不服二审判决,向最高人民法院申请再审,仍请求判决支持其一审提出的全部诉讼请求。最高人民法院再审认为,根据《中华人民共和国海商法》(以下简称《海商法》)第71条的规定,提单既是证明运输合同成立的证据,也是承运人保证交付货物的单证。又根据《海商法》第78条第1款的规定,提单持有人享有提单载明的债权请求权,亦即提单是提单持有人请求承运人交付货物的债权请求权凭证,从这一意义上而言,提单是债权凭证。与此同时,在海上货物运输合同中,货物所有权人将货物交付给承运人并由承运人实际占有后,并未丧失所有权。既然货物所有权人对货物仍然享有所有权,其当然可以基于对货物的所有权请求承运人返还货物,此为基于所有权产生的原物返还请求权,属于物权请求权的范畴。提单是据以向承运人提取货物的唯一凭证,自然可以表征基于货物所有权所产生的原物返还请求权。从这一意义上说,提单亦系所有权凭证。由此可见,提单具有债权凭证与所有权凭证的双重属性。根据《最高人民法院关于审理无正本提单交付货物案件适用法律若干问题的规定》第3条第1款的规定,提单持有人之所以可以要求承运人承担违约责任,是基于提单的债权凭证属性,其系享有提单所载权利的债权人;而提单持有人之所以可以要求承运人承担侵权责任,是基于提单的所有权凭证属性,其系提单项下货物的所有权人或基于所有权所设定的他物权人。显然,该司法解释亦认可了提单具有所有权凭证和债权凭证的双重属性。

本案中,建行荔湾支行持有提单乃不争之事实,但其是否就享有提单项下货物所有权,取决于其与蓝粤能源之间的有关合同如何约定。建行荔湾支行与蓝粤能源于2011年12月5日签订的《贸易融资额度合同》及《关于开立信用证的特别约定》,均没有关于在蓝粤能源不能付款赎单情况下建行荔湾支行对提单项下货物享有所有权的任何约定。而根据《信托收据》的上述记载,建行荔湾支行虽持有提单,但并非当然对提单项下货物享有所有权,只有在建行荔湾支行将提单或提单项下货物交由蓝粤能源处置的情况下,蓝粤能源才让与其提单项下货物的所有权。事实上,建行荔湾支行并未将案涉提单或提单项下货物交由蓝粤能源处置,《信托收据》当然亦不能作为其取得提单项下货物所有权的合同依据。因此,建行荔湾支行关于"提单是所有权凭证,其合法持有提单,就享有提单项下货物所有权"的主张,缺乏事实与法律依据,本院不予支持。建行荔湾支行还称,其主张提单项下货物所有权的最终目的是以货物的处置价款优先清偿信用证垫款产生的债权,不足的差额部分再由蓝粤能源继续清偿。由此可见,其意在以蓝粤能源让与提单项下货物所有权的形式担保债权的实现。但是:其一,有关合同没有建行荔湾支行所称的"以其享有所有权的货物处置价款优先清偿信用证垫款,不足的差额部分再由蓝粤能源继续清偿"的具体明确约定,该主张缺乏合同依据;其二,即便有相应的合同约定,我国现行法律没有关于以让与动产所有权担保债权这一担保物权类型的规定,根据物权法关于物权法定原则的规定,不能产生物权效力,何来优先受偿?在没有合同依据又没有法律依据的情况下,如果既认定建行荔湾支行对提单项下货物享有所有权,又认定蓝粤能源承担信用证项下全部款项的偿付义务,将导致双重受偿的后果。

本案中,建行荔湾支行主张其享有提单权利质权。根据《中华人民共和国物权法》(以下简称《物权法》)第 224 条的规定,设立提单权利质押应当同时具备两个要件:一是双方签订了设立提单权利质押的书面合同;二是满足物权公示要件,将权利凭证即提单交付质权人。建行荔湾支行持有提单,具备了提单权利质押设立的公示要件,故考察其是否享有提单权利质权,关键要考量是否具有合同依据。建行荔湾支行主张蓝粤能源向建行荔湾支行出具的《信托收据》具有质押合同的性质,但就《信托收据》的内容来看,蓝粤能源意在将提单及提单项下货物所有权让与建行荔湾支行,以此作为履行还款义务的担保。《信托收据》所载内容虽然体现了以提单及提单项下货物担保建行荔湾支行债权的意思表示,但该意思表示是以让与提单项下货物所有权来提供担保,明显区别于动产质押或权利质押,不应作为认定设立提单权利质押的合同依据。

但蓝粤能源与建行荔湾支行签订的《关于开立信用证的特别约定》第 9 条第 2 款中约定,一旦蓝粤能源违约或发生《贸易融资额度合同》中约定的可能危及建行荔湾支行债权的情形之一的,建行荔湾支行有权行使下述一项或几项权利,其中第四项约定有权"行使担保权利",第五项约定有权"要求甲方追加保证金和乙方认可的其他担保"。由于第四项和第五项的约定具有不同的功能与法律意义,在第五项约定的"其他担保"指向明确的情况下,第四项约定的"担保权利"应是指向第五项约定的担保权利之外的担保。至于第四项约定所称的"担保权利"是一种什么性质的担保,综合合同约定以及案件事实,可以认为其指的就是提单权利质押,理由如下:其一,跟单信用证的基本机制和惯例就是开证行持有提单,开证申请人付款赎单,开证申请人不付款,开证行就不放单,可见,开证行持有提单的目的是为了担保其债权的实现。如前所述,开证行对提单项下货物并不享有所有权,如果不认定其对提单或提单项下货物享有担保物权,这将完全背离跟单信用证制度关于付款赎单的交易习惯及基本机制,亦完全背离跟单信用证双方当事人以提单等信用证项下的单据担保开证行债权实现的交易目的。其二,《关于开立信用证的特别约定》第9条第2款除约定了上述第四项、第五项内容外,还约定了第三项,即一旦蓝粤能源违约或发生《贸易融资额度合同》中约定的可能危及建行荔湾支行债权的情形之一的,建行荔湾支行有权"处分信用证项下单据及/或货物"。该约定表明,建行荔湾支行有权以自己的意思处分提单及/或提单项下货物,处分当然包括设定提单质押。由于这种处分权的事先赋予,建行荔湾支行事后作出将自己所持有的提单设定质权的意思表示完全符合第三项的约定。当然,即便建行荔湾支行事后作出以提单项下货物所有权担保其债权实现的意思表示亦符合第三项的约定,只是以货物所有权担保其债权实现,违反物权法定原则。在建行荔湾支行既主张以提单项下货物所有权担保其债权,又主张提单质权的情况下,应当支持更符合法律规定的主张,认定该项约定所谓的处分为设定提单质权。综上,建行荔湾支行持有提单,提单可以设立权利质权,有关合同既有设定担保的一般约定,又有以自己的意思处分提单的明确约定,因此应当认定建行荔湾支行享有提单权利质权。根据查明的事实,提单项下货物已被其他法院所查封,且有关法院已依据生效判决采取执行措施。建行荔湾支行可以依据该判决向执行法院请求参加执行分配,其提单质权如果与其他债权人对提单项下货物所可能享有的留置权、动产质权等权利产生冲突的,可在执行分配程序中依法予以解决。

粤东电力、蓝海海运分别与建行荔湾支行签订的《最高额保证合同》中约定的担保范围为主合同项下全部债务,包括但不限于全部本金、利息(包括复利和罚息)、违约金、赔偿金、债务人应向建行荔湾支行支付的其他款项、实现债权与担保权利而发生的费用。原一审判决将利息、逾期付款违约金合并在一起按每日万分之五计算,各方当事人均无异议,可资作为分析担保范围内违约金计算标准的依据。每日万分之五的利息、逾期付款违约金计算标准相当于年利率18.25%,而近10年金融机构人民币贷款中,5年以上档次最高利率仅为7.83%。即便以该最高年利率计算建行荔湾支行实际利息损失,每日万分之五的利息、逾期付款违约金计算标准中,违约金计算标准相当于年利率10.42%(18.25%-7.83%),无疑已远远超过实际利息损失的30%。在建行荔湾支行未主张且亦未举证证明逾期付款利息损失之外存在其他损失的情况下,保证人仅以担保范围为限所承担的逾期付款违约金就已超过其实际损失的30%。在此情况下,《最高额保证合同》又约定保证人在担保范围之外另行承担每日万分之五的迟延付款违约金,显然属于《合同法》第114条所规定的约定违约金过分高于损失的情形,根据该条及最高人民法院《关于适用〈中华人民共和国合同法〉若干问题的解释(二)》[以下简称《合同法司法解释(二)》]第29条之规定,人民法院可以基于债务人的主张对违约金进行酌减。此外,建行荔湾支行仅请求蓝海海运、粤东电力承担该项责任,并未向蓝某某提出该项诉讼请求,原审判决将蓝某某与蓝海海运、粤东电力并列,分析三人应否承担该项责任,超出了建行荔湾支行的诉讼请求。但由于原审判决并未增加蓝某某的该项责任,最高人民法院在纠正原审判决错误的同时,亦维持其结果。

综上，最高人民法院判决中国建设银行股份有限公司广州荔湾支行对案涉信用证项下提单对应的货物处置所得的价款享有优先受偿权，并驳回中国建设银行股份有限公司广州荔湾支行的其他诉讼请求。

四、规则适用

（一）关于提单的性质

根据《海商法》第 71 条的规定，提单既是证明运输合同成立的证据，也是承运人保证交付货物的单证。根据《海商法》第 78 条第 1 款的规定，提单持有人享有提单载明的债权请求权，因此提单是债权凭证。又根据《最高人民法院关于审理无正本提单交付货物案件适用法律若干问题的规定》第 3 条的规定，正本提单的持有人可以要求承运人承担违约责任，也可以要求承运人承担侵权责任。因此，提单可以具有以下三方面的作用——运输合同成立的证明文件、债权凭证和物权凭证。

提单持有人对提单项下的货物具体享有的权利，依据的是双方当事人之间的约定。本案中，最高人民法院认为建行荔湾支行与蓝粤能源签订的《贸易融资额度合同》《关于开立信用证的特别约定》和《信托收据》中均不包含在蓝粤能源不能付款赎单时建行荔湾支行可以享有提单项下货物的所有权的约定。因此，建行荔湾支行不能享有案涉煤炭的所有权。

（二）关于权利质权的设立

《物权法》第 223 条规定了可以出质的权利范围，其中第三项即肯定了仓单、提单作为出质的权利。根据该法第 224 条的规定，以提单出质的，当事人应当签订书面合同，有权利凭证的，权利凭证交付时质权设立，否则自有关部门办理出质登记时质权设立。

本案中，通过对双方签订的《关于开立信用证的特别约定》第 9 条第 2 款的整体解释，建行荔湾支行持有提单的目的是为了担保其债权的实现，且其有权以自己的意思处分提单及提单项下的货物，处分应当包括设定"提单质权"，因此双方约定的第四项下的"担保权利"应当认定为是提单权利质权。双方当事人已经订立了书面的质权协议，且蓝粤能源已经将相应的提单交付给了建行荔湾支行，故双方之间的提单权利质权已经设立，建行荔湾支行对该提单下的煤炭所得的价款享有优先受偿权。

（三）关于违约金的调整

《合同法》第 114 条规定了人民法院或者仲裁机构根据当事人的申请酌情调整"违约金"的权力。《合同法司法解释（二）》第 29 条第 2 款规定了违约金"过分高于造成的损失"的一般标准是"超过造成损失的 30%"。在本案中，违约金按每日万分之五的利息计算，年利率为 18.25%，而近 10 年金融机构人民币贷款中，5 年以上档次最高利率仅为 7.83%。即便以该最高年利率计算建行荔湾支行实际利息损失,每日万分之五的利息、逾期付款违约金计算标准中,违约金计算标准相当于年利率10.42%(18.25% -7.83%),无疑已远远超过实际利息损失的30%。在建行荔湾支行未主张且亦未举证证明逾期付款利息损失之外存在其他损失的情况下,保证人仅以担保范围为限所承担的逾期付款违约金就已超过其实际损失的30%。因此,法院根据当事人的申请,对违约金进行了酌减。

(四) 关于信托收据

一般情况下,信托收据下所有权发生两次转移:第一次是进口商将其进口的货物单据或货物所有权转移给银行;第二次是债务人偿还信用证下借款后,银行将货物所有权再转让给进口商。在信用证下,银行与进口商之间形成一笔债权债务关系,同时又通过信托收据取得信用证下货物的所有权,而我国立法尚未确定让与担保法律制度,因此银行获得的所有权和债权之间存在着冲突。

本案中,法院认为双方之间成立了提单质押担保,并不能认为建行荔湾支行享有对案涉煤炭的所有权。建行荔湾支行主张其享有以货物的处置价款优先清偿债权,不足部分再由蓝粤能源清偿,实际上其主张的意图是享有让与担保权。但我国现行法律没有关于以让与动产所有权担保债权这一担保物权类型的规定,在物权法定原则下,即便双方有这样的约定,也不能产生优先受偿的效力。如果既认定建行荔湾支行对提单项下货物享有所有权,又认定蓝粤能源承担信用证项下全部款项的偿付义务,将导致双重受偿的后果。

五、风控提示

(一) 认真审查开证申请人的资信能力,做好风险前移工作

实践中一些开证申请人在自身资信状况较差的情况下,通过关联公司相互担保等方式申请开立信用证,进行国际贸易。当前大多数集团公司为了规避经营风险,往往将进出口义务交由下属的子公司进行,这些子公司本身的资本金小,负债较大。一旦出现风险,集团公司为了降低损失,往往会选择弃车保帅的策略。因此,银行在开具国际贸易的信用证之前,有必要对开证申请人的资信状况以及开证申请人与担保人、保证人之间的关系进行严格的审查,尽量避免给资信状况较差、负债严重的申请人开具信用证。

(二) 规范担保协议,注意担保形式的合法性

信用证开证业务中的权利质押等必须以书面的形式完成,为有效防止法律风险,各商业银行有必要制定统一的格式文本,在文本中明确约定相关的权利义务。担保协议应该明确约定担保的形式,明确双方的意思表示,尽量不要以本案中的合同解释的方式得出担保形式的情形。且担保形式必须符合《物权法》等相关法律的规定,严格按照担保法律的相关要求操作,避免因违反"物权法定"的规定而不能产生物权效力的情形。同时,担保物权的设立除了当事人之间的约定外,法律往往

也会要求当事人进行相应的物权公示。银行在与当事人订立抵押协议后，应当在放款前办理必要的抵押或者质押手续，尽可能保障债权的实现。

六、法律依据

- 《中华人民共和国物权法》（全国人民代表大会发布，2007年10月1日实施，法宝引证码：CLI.1.89386）

第二百二十三条 【可以出质的权利范围】债务人或者第三人有权处分的下列权利可以出质：

（一）汇票、支票、本票；

（二）债券、存款单；

（三）仓单、提单；

（四）可以转让的基金份额、股权；

（五）可以转让的注册商标专用权、专利权、著作权等知识产权中的财产权；

（六）应收账款；

（七）法律、行政法规规定可以出质的其他财产权利。

第二百二十四条 【以汇票等出质的质权设立】以汇票、支票、本票、债券、存款单、仓单、提单出质的，当事人应当订立书面合同。质权自权利凭证交付质权人时设立；没有权利凭证的，质权自有关部门办理出质登记时设立。

- 《中华人民共和国合同法》（全国人民代表大会发布，1999年10月1日实施，法宝引证码：CLI.1.21651）

第一百一十四条 【违约金】当事人可以约定一方违约时应当根据违约情况向对方支付一定数额的违约金，也可以约定因违约产生的损失赔偿额的计算方法。

约定的违约金低于造成的损失的，当事人可以请求人民法院或者仲裁机构予以增加；约定的违约金过分高于造成的损失的，当事人可以请求人民法院或者仲裁机构予以适当减少。

当事人就迟延履行约定违约金的，违约方支付违约金后，还应当履行债务。

- 《最高人民法院关于适用〈中华人民共和国合同法〉若干问题的解释（二）》（最高人民法院发布，2009年5月13日实施，法宝引证码：CLI.3.116926）

第二十九条 当事人主张约定的违约金过高请求予以适当减少的，人民法院应当以实际损失为基础，兼顾合同的履行情况、当事人的过错程度以及预期利益等综合因素，根据公平原则和诚实信用原则予以衡量，并作出裁决。

当事人约定的违约金超过造成损失的百分之三十的，一般可以认定为合同法第一百一十四条第二款规定的"过分高于造成的损失"。

- 《中华人民共和国海商法》（全国人民代表大会常务委员会发布，1993年7月1日实施，法宝引证码：CLI.1.6023）

第七十一条 【提单定义】提单,是指用以证明海上货物运输合同和货物已经由承运人接收或者装船,以及承运人保证据以交付货物的单证。提单中载明的向记名人交付货物,或者按照指示人的指示交付货物,或者向提单持有人交付货物的条款,构成承运人据以交付货物的保证。

第七十八条 【提单效力】承运人同收货人、提单持有人之间的权利、义务关系,依据提单的规定确定。

收货人、提单持有人不承担在装货港发生的滞期费、亏舱费和其他与装货有关的费用,但是提单中明确载明上述费用由收货人、提单持有人承担的除外。

• 《最高人民法院关于审理无正本提单交付货物案件适用法律若干问题的规定》(最高人民法院发布,2009年3月5日实施,法宝引证码:CLI.3.114215)

第三条 承运人因无正本提单交付货物造成正本提单持有人损失的,正本提单持有人可以要求承运人承担违约责任,或者承担侵权责任。

正本提单持有人要求承运人承担无正本提单交付货物民事责任的,适用海商法规定;海商法没有规定的,适用其他法律规定。

05 【银行未履行审查义务造成客户存款损失的,应当承担相应的责任】
张某某与中国工商银行股份有限公司昌吉回族自治州分行、新疆证券有限责任公司、杨某、张某民财产损害赔偿纠纷案

一、实务规则

[开户审查义务] 银行有义务对客户的申请进行实质审查,因未履行审查义务造成客户存款损失的,银行有过错,应当承担相应的责任。

二、规则解读

银行为客户办理开设、变更、挂失、注销等手续时,有义务对客户提供的身份证件、委托文件的真实性进行实质审查。银行未履行相应的审查义务,具有过错,造成客户存款损失的,应当对客户的损失承担相应的赔偿责任。

三、案情概述

(一) 案情简介

案例名称:张某某与中国工商银行股份有限公司昌吉回族自治州分行、新疆证券有限责任公司、杨某、张某民财产损害赔偿纠纷案

案例来源:《最高人民法院公报》2013年第2期

案号:(2011)民提字第320号

关键词：共同侵权　开户审查义务

具体案情：

2005年4月25日，张某某与其子董某某到昌吉市延安南路新疆证券有限责任公司（以下简称"证券公司"）昌吉营业部，咨询过户其丈夫名下股票的相关事宜，该营业部营业员杨某和高某告知张某某，如按正规手续需公证后才能办理过户，手续很复杂，可以采取简便方式，即先将其丈夫董某某名下的股票卖掉变成现金，然后再以张某某的名义开一个股票账户，将资金存入该账户，再用现金把卖出的股票买入。张某某同意这种方式。

2005年4月27日，张某某将股票交易密码告知杨某。杨某遂即将张某某丈夫名下的特变电工股份有限公司（以下简称"特变电工"）股票卖出，并为张某某办理了股票电话委托手续。2005年4月28日，杨某将卖出的股票金额68 482.12元转入张某某股票账户，并于5月份分两次买入特变电工9 900股股票，之后杨某将张某某的身份证、股票交易卡及银行储蓄卡等交给张某某。

2005年11月17日，杨某通过中国工商银行股份有限公司昌吉回族自治州分行（以下简称"工行昌吉州分行"）长宁分理处员工孙某某在工商银行以张某某的名字办理了一张牡丹灵通卡，并利用证券公司员工的授权权限及证券公司操作平台，办理银证转账开销户手续。

2005年12月12日杨某将张某某股票账户上的12 870股特变电工股票以92 299.35元的价格卖出。2005年12月13日杨某又通过证券公司的操作平台，利用员工权限将张某某股票账户的对应关系改变至自己办理的牡丹灵通卡上，并开通了张某某股票交易卡的驻留委托业务（无卡交易）。同日，杨某还将张某某股票账户上的20 000元转至自己持有的银行卡上，在工行昌吉州分行亚中商城长宁分理处的ATM机取款1 000元。2005年12月15日，杨某又一次将张某某股票账户上的45 000元转入自己的牡丹灵通卡上，12月16日、18日、19日、21日、22日，杨某分别在中国工商银行（以下简称"工行"）、中国农业银行（以下简称"农行"）自动取款机上取款24 000元。2005年12月23日杨某告诉孙某某上次办的卡丢失了，又一次要求孙某某以张某某的名字在工行昌吉州分行办理了一张卡号为955880300410219××××的牡丹灵通卡，同日杨某利用证券公司的操作平台及工作人员的权限进入证券公司股票操作系统，将前面银证转账对应关系撤销后，将张某某的银证转账对应关系转至新卡上。2005年12月26日至2006年1月6日，杨某将张某某股票账户上40 500元转入该牡丹灵通卡上，并于2005年12月27日、28日、29日，2006年1月1日、2日、3日、4日、5日分别在昌吉农行、工行自动取款机上取款40 000元。2006年1月6日杨某又一次将张某某账户上的12 500元转至自己持有的银行卡上，并于2006年1月6日、7日、8日分别在昌吉农行、工行和乌鲁木齐银行自动取款机上取款12 900元，前后两张银行卡共计取款91 270元。杨某将款取出后，分别于2006年1月16日、1月20日存入自己掌握的其舅舅徐某某的证券账户中，后陆续将钱取出。最后一笔40 050元是由其丈夫张某民于2006年6月15日取出，上述款项均未追回。

新疆维吾尔自治区昌吉市人民法院于 2006 年 12 月 1 日判决杨某犯盗窃罪,处以有期徒刑 14 年,杨某不服上诉至新疆维吾尔自治区昌吉回族自治州中级人民法院(以下简称"昌吉州中院"),2007 年 3 月 2 日,昌吉州中院作出驳回上诉、维持原判的刑事裁定。

(二)审理要览

本案中,法院判决杨某、证券公司、工行昌吉州分行和张某民均应承担相应的责任。其中,针对工行昌吉州分行的责任,新疆维吾尔自治区乌鲁木齐市中级人民法院一审认为,工行昌吉州分行作为发卡机构,在杨某以他人名义开户时,没有谨慎审核杨某的身份和授权的合法性,给杨某以张某某的名义开设牡丹灵通卡,严重违反了操作规程,致使证券账户所有人张某某丧失对证券账户的控制,为杨某实施犯罪行为提供了便利条件,其行为有明显过错,故应承担本案的民事赔偿责任。杨某、证券公司、工行昌吉州分行之间虽不存在共同故意或共同过失,但 3 被告的侵权行为直接结合,导致张某某遭受财产损害,构成共同侵权,故三被告应当对张某某的经济损失承担连带赔偿责任。股票是一种随着证券市场行情变化进而发生股值涨跌的有价证券,股票被盗之后,如何计算可得利益损失,法律并无明确规定,加之本案系刑事判决之后受害人提起的民事诉讼,而附带民事诉讼的赔偿采取全额赔偿直接损失的原则,故本案的股票损失数额应当参考涉案股票在刑事部分确定的数额来认定。

张某和工行昌吉州分行均提起上诉。新疆维吾尔自治区高级人民法院于 2010 年 5 月 11 日作出(2010)新民二终字第 14 号民事判决,驳回上诉,维持原判。

张某不服二审判决,向最高人民法院申请再审。最高人民法院认为本案的争议焦点是:①张春英的损失应如何计算?②证券公司、工行昌吉州分行应承担何种责任?

最高人民法院认为,首先,根据《中华人民共和国公司法》的规定,股票所代表的股权的内容包括自益权和共益权,其中的自益权主要包括股利分配请求权、剩余财产分割请求权、新股认购优先权等权利。其中的股利分配,实践中主要包括以配股方式分配的股利和以现金方式分配的股利。因此,盗卖投资者股票获取价金,不仅侵害了投资者的股票所代表的当时的股权价值,也使投资者基于其股东地位本应享有的其他权益尤其是股利分配请求权遭受损害。其次,与其他财产权不同的是,股票所代表的股权的价值会随着公司经营状况、市场行情等因素的变化而增长或降低。同时,股票价值的实际价值也与投资者的投资习惯密切相关。因此,在侵权人盗卖投资者股票获取价金的情况下,判断被侵权人所遭受损失的范围应当综合考虑受害人的投资习惯、市场行情的变化等因素。最后,从因果关系上看,侵权人盗卖投资者股票获取价金的情况下,如果受害人的投资行为表现为短线操作、通过股票涨跌变化,以频繁买入、卖出方式获取投资收益,则其股票被盗卖的损失未必包含股票被盗卖后的股票本身升值部分以及相应的股利;如果该受害人的投资行为表现长线操作、主要通过对股票的长期持有,获取股票增值以及相应的股利等收益,则其股票被盗卖的损失通常应当包括股票被盗卖后的升值部分以及相应的股利。

本案中，张某某被盗卖的股票是继承其丈夫董某某的遗产而得。并且，在张某某通过证券公司办理开户手续并重新购入特变电工股票的情况来看，张某某不了解如何开户，对股票交易的相关手续一无所知，对股票市场也知之甚少，更谈不上通过短线操作方式获取利益。另外，从张某某通过证券公司办理完手续至发现股票被盗卖的1年多时间内未查看股票账户、未作出任何交易指令的事实也足以证明，张某某进行短线交易的可能性很小。因此，基于前述分析，张某某的损失应当包括股票被盗卖后的股利损失和升值损失。

关于张某某损失的计算方法问题，证券公司员工杨某于2005年12月12日将张某某股票账户上的12 870股特变电工股票全部卖出，张某某于2007年4月10日起诉至新疆维吾尔自治区昌吉市人民法院，2008年10月14日，该案被移送至新疆维吾尔自治区乌鲁木齐市中级人民法院。2008年11月17日，张某某向新疆维吾尔自治区乌鲁木齐市中级人民法院交纳了诉讼费。张某某主张以侵权行为发生之时即2005年12月12日至其起诉前特变电工最后一次配股即2008年5月30日止为计算损失的时点，并无不当。根据该期间的分红记录和配股记录，截止2008年5月30日，张某某的股票应增至36 808股，根据在此期间的每日平均收盘价计算，股票的价值为588 928元，现金分红为4 131.27元，张某某的各项损失分别为现金损失91 270元，现金股利损失4 131.27元，股票溢价损失588 928 - 91 270 = 497 658元，总额为593 059.27元。张某某一审诉讼请求股票损失457 320元和分红损失4 131.27元共计461 451.27元，应予支持。

关于工行昌吉州分行的责任问题，最高人民法院则认为，银行作为发放银行卡的专业机构负有谨慎审核办卡人身份及在他人代办时审查授权合法性的义务，本案中，工行昌吉州分行在杨某以张某某名义办理银行卡过程中，未按照规程审核其代理手续、未按要求审查代理人签名，具有过失，为杨某实施侵权行为提供了条件，并造成了杨某通过该银行卡非法取得盗卖股票所得的91 270元的损害后果。因此，工行昌吉州分行虽与杨某无共同的故意或过失，但工行昌吉州分行的过失行为与杨某的故意行为直接结合，共同造成受害人张某某91 270元的损失，工行昌吉州分行、杨某和证券公司应当对该91 270元的损失承担连带责任。对于超出91 270元之外的其他损失，因工行昌吉州分行的过失行为导致的损失只能是杨某利用银行卡盗卖股票的价金损失，而被盗卖股票的其他损失是因股票被盗卖所产生的，而与工行昌吉州分行的过失行为并无因果关系，工行昌吉州分行对此部分损失不应承担责任。张某某主张工行昌吉州分行应对所有损失承担连带责任，无法律根据，原审判决对此认定正确，本院予以维持。

综上所述，原审判决认定事实清楚，但适用法律错误。最高人民法院判决杨某和新疆证券有限责任公司对张某某损失461 451.27元承担连带赔偿责任；中国工商银行股份有限公司昌吉回族自治州分行就张某某损失461 451.27元中的91 270元范围内与杨某、证券公司承担连带赔偿责任。

四、规则适用

（一）关于共同加害行为

《中华人民共和国民法通则》第130条，《最高人民法院关于贯彻执行〈中华人民共和国民法通则〉若干问题的意见（试行）》第148条，《中华人民共和国侵权责任法》第8条、第9条，以及《最高人民法院关于审理人身损害赔偿案件适用法律若干问题的解释》（以下简称《人身损害赔偿司法解释》）第3条的规定构成了我国"共同加害行为"的体系。共同加害行为是指2人以上共同实施侵权行为造成他人损害的，应当承担连带责任的情形。从上述规定来看，我国的共同加害行为的构成要件如下：

（1）加害人须有2人以上，否则只能构成单独的侵权行为。至于各个行为人是否具有完全的民事行为能力，则在所不问。①

（2）每一个加害人的行为均符合客观构成要件，即给他人造成了损失且都实施了侵权行为，侵权行为之间与被害人损失之间还具有因果关系。

（3）关于如何理解"共同加害行为"中的"共同"一词，从《人身损害赔偿司法解释》第3条所规定的精神来看，应做广义的理解，既包括主观上的共同，即共同故意或过失，也包括客观上的关联。具体而言，主观上各加害人均有过错，既可能是故意，也可能是过失，且过错的内容是相同或者相似的，但不要求有共同的故意或意思上的联络；或者是客观上各加害人的行为构成一个不可分割的整体，具有关联性，且是造成被害人损失的不可或缺的原因。

本案中，虽然工行昌吉州分行与杨某和证券公司之间主观上并不存在共同故意或共同过失，但是，由于工行昌吉州分行的工作人员在杨某利用职务上的便利，以张某某的名义开立账户时，未按照相关的操作规范审核杨某的代理手续，且未按要求审查代理人签名，为杨某实施侵权行为提供了条件，主观上具有过错，并造成了杨某通过该银行卡非法取得盗卖股票所得91 270元的损害后果。因此，为了保护被侵权人张某某的合法利益，本案的三级人民法院均认定工行昌吉州分行应当对杨某通过银行卡而取得的91 270元，与杨某和证券公司之间承担连带赔偿责任。

（二）关于银行的开户审查义务

《个人存款账户实名制规定》《中国人民银行关于加强金融机构个人存取款业务管理的通知》（失效）《人民币银行结算账户管理办法实施细则》等相关规定均要求银行对申请开办个人账户的客户的身份证件进行审查，并登记身份证件上的姓名和号码。实践中，为了银行能够更好地开展业务，中国人民银行的规定更多地是要求银行

---

① 参见程啸：《侵权责任法》（第二版），法律出版社2015年版，第341页。

履行"形式审查"义务即可，例如根据中国人民银行发布的《支付结算办法》第 17 条的规定，银行支付相应的金额时，只要善意且符合规定、按照正常的操作程序进行审查，对于"伪造、变造的票据和结算凭证上的签章以及需要交验的个人有效身份证件"没有发现异常的，银行对于出票人或者付款人也不再承担委托付款的责任，对于持票人或收款人不再承担付款的责任。

但是，法院的司法实践为了更好地保护存款人等的存款安全，更多地是采取"实质审查"的标准要求银行履行好相应的审查义务。例如，在最高人民法院再审的"聂某某与中国工商银行股份有限公司宾阳县支行储蓄存款合同纠纷案"中，法院即认为"'审核'一词应含审查、核实之义，审核所要做的基本工作就是要将提款人提交的资料与银行记载的存款资料相对照"。一方面，银行有义务审查存款事实是否存在；另一方面，银行有义务审核提款人的身份。

本案中，当杨某以张某某的名义挂失、开办存款账户时，工行昌吉州分行的工作人员并未要求杨某出示必要的身份证件和委托代办手续，亦未向张某某进行核实。三级人民法院在审理过程中，均以此认定工行昌吉州分行具有过错，与杨某就张某某因股票被盗卖后通过银行卡被取走的 91 270 元损失构成共同侵权。工行昌吉州分行应当就张某某的该部分损失承担连带清偿责任。

五、风控提示

（一）积极利用联网核查系统，按实质审查标准开办业务

根据《个人存款账户实名制规定》第 7 条的规定，银行等金融机构为客户开立个人存款账户时，应当要求客户出示本人身份证件，加以核对，并对身份证件上的姓名和号码进行登记。代理他人开立个人存款账户的，银行等金融机构应当要求其出示被代理人和代理人的身份证件，加以核对，并将被代理人和代理人的身份证件上的姓名和号码进行登记。2015 年，《中国银监会办公厅关于加强银行业金融机构内控管理有效防范柜面业务操作风险的通知》中更是明确要求银行要加强对开户文件和印鉴、开户申请人意愿和开户申请人身份的真实性的审核。

早在 2007 年，中国人民银行就已经和公安部共同建立了联网核查公民身份信息系统。全国各银行业金融机构都可以通过该系统核查相关个人的公民身份信息，可以及时有效地对客户提供的身份证件的真实性进行审核。在日常的柜面业务中，银行应当积极依照"实质审查"的标准核查当事人的身份信息，防范风险，避免纠纷。

（二）加强与外部机构的合作，完善相应的权限机制

本案中，杨某之所以能够实施犯罪行为，与其利用职务上的便利有直接的关系。银证转账等业务，本身是为了便利客户，但在实践中，也为不法分子提供了可乘之机。如何在便利客户和维护客户资金安全之间寻求安全，是银行等各类金融机构均应该重视的问题。银行有必要加强与外部机构的合作，对外部机构的人员权限进行必要

的限制，在未经客户同意的情况下，不得变更、挂失、注销客户的相应银行账户，以达到维护客户资金安全的最低要求。同时，在为客户办理相应业务授权时，银行和外部机构均有义务提醒客户相应的授权会带来的风险，引起客户的重视，避免不必要的损失。

六、法律依据

- 《中华人民共和国民法通则》（全国人民代表大会常务委员会发布，2009 年 8 月 27 日修正，法宝引证码：CLI.1.167199）

第一百三十条　二人以上共同侵权造成他人损害的，应当承担连带责任。

- 《关于贯彻执行〈中华人民共和国民法通则〉若干问题的意见（试行）》（最高人民法院发布，1988 年 4 月 2 日实施，法宝引证码：CLI.3.3689）

第一百四十八条　教唆、帮助他人实施侵权行为的人，为共同侵权人，应当承担连带民事责任。

教唆、帮助无民事行为能力人实施侵权行为的人，为侵权人，应当承担民事责任。

教唆、帮助限制民事行为能力人实施侵权行为的人，为共同侵权人，应当承担主要民事责任。

- 《中华人民共和国侵权责任法》（全国人民代表大会常务委员会发布，2010 年 7 月 1 日实施，法宝引证码：CLI.1.125300）

第八条　二人以上共同实施侵权行为，造成他人损害的，应当承担连带责任。

第九条　教唆、帮助他人实施侵权行为的，应当与行为人承担连带责任。

教唆、帮助无民事行为能力人、限制民事行为能力人实施侵权行为的，应当承担侵权责任；该无民事行为能力人、限制民事行为能力人的监护人未尽到监护责任的，应当承担相应的责任。

- 《最高人民法院关于审理人身损害赔偿案件适用法律若干问题的解释》（最高人民法院发布，2004 年 5 月 1 日实施，法宝引证码：CLI.3.51002）

第三条　二人以上共同故意或者共同过失致人损害，或者虽无共同故意、共同过失，但其侵害行为直接结合发生同一损害后果的，构成共同侵权，应当依照民法通则第一百三十条规定承担连带责任。

二人以上没有共同故意或者共同过失，但其分别实施的数个行为间接结合发生同一损害后果的，应当根据过失大小或者原因力比例各自承担相应的赔偿责任。

- 《个人存款账户实名制规定》（中华人民共和国国务院发布，2000 年 4 月 1 日实施，法宝引证码：CLI.2.27162）

第七条　在金融机构开立个人存款账户的，金融机构应当要求其出示本人身份证件，进行核对，并登记其身份证件上的姓名和号码。代理他人在金融机构开立个人存款账户的，金融机构应当要求其出示被代理人和代理人的身份证件，进行核对，并登记被代理人和代理人的身份证件上的姓名和号码。

不出示本人身份证件或者不使用本人身份证件上的姓名的，金融机构不得为其开立个人存款账户。

- 《中国银监会办公厅关于加强银行业金融机构内控管理有效防范柜面业务操作风险的通知》（原中国银行业监督管理委员会发布，2015 年 6 月 5 日实施，法宝引证码：CLI.4.249679）

四、加强开户管理。银行业金融机构应坚持"了解你的客户"原则，加强开户真实性审核，包括开户文件和印鉴的真实性、开户申请人意愿的真实性和开户办理人身份的真实性等；对客户实行分类管理，对于重点关注客户和异地客户开户应坚持上门核实。在本行已开立基本账户的企业申请开立一般账户，应与开立基本账户时留存的开户文件、印鉴进行核对，如核对不一致应与客户进行核实确认。